Petra Michaela Schneider

# Alfred Hosp ein guter Freund von Bruno Gröning

## Vorträge über das Wissen von Bruno Gröning
### Band 1

Alfred Hosp

*Bibliografische Information der Deutschen Nationalbibliothek: Die Deutsche Nationalbibliothek verzeichnet diese Publikation in der Deutschen Nationalbibliografie; detaillierte bibliografische Daten sind im Internet über* dnb.dnb.de *abrufbar.*

*©2024 Petra Michaela Schneider*

„Verlag: BoD · Books on Demand GmbH, In de Tarpen 42, 22848 Norderstedt"
„Druck: Libri Plureos GmbH, Friedensallee 273, 22763 Hamburg"

ISBN: 978-3-7597-8678-4

# Inhaltsverzeichnis

# Vorwort

Alfred Hosp, auch genannt Fredy, war ein guter Freund von Bruno Gröning. Man darf sicher behaupten, einer der besten Freunde.
Er wurde am 01. März 1933 in Wien geboren. Er war der einzige Sohn der Eheleute Alfred und Hermine Hosp. Fredy erlitt einen Unfall, kurz nach seiner Geburt. Es war eine Unachtsamkeit der Hebamme. Beim Waschen rutschte ihr Fredy aus den Händen und er schlug mit dem Hinterkopf gegen das Waschbecken. Dieses hatte eine Blutung im Kleinhirn zur Folge. Somit benötigte er ständige Pflege. Er war schwerst körperbehindert, seine Sprache war gestört, er war spastisch gelähmt und daher an den Rollstuhl gebunden. Fredy musste wie ein Baby betreut werden. Von den Ärzten war Fredy aufgegeben. Er konnte nicht zur Schule gehen und bekam von einer pensionierten Schuldirektorin Privatunterricht. Im Alter von dreizehn Jahren kam noch eine ältere Dame, sehr religiös, die ihm die höhere Mathematik beibrachte. Im Laufe der Pubertät verschlimmerte sich sein Gesundheitszustand immer mehr. Im Alter von siebzehn Jahren begegnete er Bruno Gröning. Seit dieser Zeit bemerkte er Veränderungen an seinem Körper. Oft durfte er Bruno bei Zusammenkünften erleben und erlebte den Heilstrom, ein Gefühl, dass er vorher nie kannte. Immer wieder durfte er Zeit mit Bruno verbringen, von 1950 bis 1958. Sein Selbstbewusstsein steigerte sich, seine Sprache verbesserte sich. Er wurde zu einem frohen, glücklichen Menschen. Er durfte viele Teilheilungen erleben. In seinen Vorträgen erzählt Fredy nur über selbst erlebte Begebenheiten. So gab Fredy selbst Gemeinschaftsstunden. Auch schrieb er mit einem Finger Bücher.
Kräfte des Geistes
In geistiger Führung
Der Geist bestimmt die Materie

2012 durfte Fredy heimgehen.

Lilo – seine Ehefrau, geb. 1921, seit ihrem fünften Lebensjahr war auch sie an den Rollstuhl gebunden, infolge einer Kinderlähmung. Lilo wurde Fredys zweite Lehrerin und brachte ihm ein Allgemeinwissen bei. 1995 durfte sie heimgehen zu unserem lieben Vater.

Lisl – seine Betreuerin

Da die Sprache von Fredy manches Mal schwer verständlich ist, habe ich diese einfach mit …… ergänzt.

In (….), habe ich Wörter aus dem österreichischen Dialekt übersetzt.

Ich habe mich sehr bemüht, die Worte von Fredy und den anderen Sprechern, so wahrheitsgetreu wie nur möglich, weiterzugeben. Bruno sagte ja auch: „Wenn Sie auch nur ein Wort weglassen, oder ein Wort hinzufügen, dann ist es nicht mehr meine Lehre!"

In tiefer Dankbarkeit an Alfred Hosp, der diese Vorträge sprach, werde ich dieses Buch schreiben.

Dieses Buch beinhaltet Mitschnitte von Vorträgen, gehalten von Alfred Hosp, über das Wissen von Bruno Gröning, Verein zur Förderung seelisch-geistiger und natürlicher Lebensgrundlagen, Klagenfurt.

Diesen Verein gründete Bruno Gröning am 06.01.1958 selbst.

Sprecher auf den CDs: Alfred Hosp, Frau Professor Wünsch, Herr Wallner, Peter Györfy, Frau Fuchs, Christian Vasold, Johanna Welisek und ein paar unbekannte Sprecher.

Auch die Originalstimme von Bruno Gröning ist zu hören, aus einem seiner Vorträge.

Bruno Gröning:

**„Es gibt vieles, das nicht erklärt werden, aber nichts, das nicht geschehen kann!"**

Mitschnitt vom 27.06.1995 in Klagenfurt

## Jeder ist seines Glückes Schmied

Fredy: Und freue mich, dass wir so zahlreich heute beisammen sitzen. Wir haben so wie gestern das Thema, weiterzuerklären und zu behandeln, das ja auch schon auf der Einladung steht. Es heißt, der Mensch ist seines Glückes Schmied. Meine Freunde, dazu ist noch sehr, sehr viel zu sagen. Denn man muss ja auch die Anleitung wissen. Wie wir schmieden sollen, was wir tun sollen, um unser Glück, das heißt, auch unser geistiges Glück, zu erarbeiten. Das ist die wichtige Frage, was ist überhaupt Glück? Viele Menschen verstehen unter Glück materielle Dinge. Und wenn sie die materiellen Dinge erreicht haben, dann merken sie, dass sie trotzdem nicht glücklich sind. Und dann schaut das immer aus, wie wenn man im Zug fährt. Man fährt und fährt und der Horizont rückt immer weiter weg. Also das schaut so aus, als ob das Glück am Horizont warten würde auf uns. Und wenn wir diesen Teil erreicht haben, ist es schon wieder sehr, sehr weit weg, warum? Doch nicht mehr und nicht weniger, als dass das Glück in uns selbst entwickelt werden muss. In uns selbst aufgebaut werden muss. Dass wir es sozusagen in der Hand haben, glücklich zu sein oder unglücklich zu sein, und dass es von unserer Einstellung abhängt, ob wir glücklich sind oder nicht.

Wir haben gestern über die Gewohnheiten gesprochen und in weiterer Folge auch über die Sucht. Die Grenzen sind fließend, denn wie schnell kann eine Gewohnheit in eine Sucht übergehen und ich habe erklärt, in dem Augenblick, wo man nicht mehr Herr seiner Gewohnheiten ist, ist die Gewohnheit zur Sucht geworden. Also, wenn man etwas gern tut und gern hat und man muss es einfach haben, unkontrolliert, ob man will oder nicht, dann ist es eine Sucht. Egal was man da macht, was man hat, oder was man tun möchte, oder essen, oder trinken möchte. Da müssen wir uns ganz klar sein und müssen sagen, wenn wir das einmal bei uns beobachten, stopp mein Lieber, du schlitterst in etwas hinein was du nicht mehr kontrollieren kannst. Eine weitere sehr wichtige Sache, die Bruno Gröning immer wieder gesagt hat, zum Glück gehört die Ruhe. „Die Ruhe sei dem Menschen heilig", sagte Bruno Gröning. Ja, was heißt denn die Ruhe, meine lieben Freunde? Die Ruhe ist eine Eigenschaft, die bewirkt, dass man nicht immer sofort in große Aufregung gerät, wenn irgendetwas kommt, etwas Unvorhergesehenes kommt. Und die Menschen haben sich angeeignet, eine leider viel zu große und anerzogene Nervosität. Und sie haben sich noch etwas angeeignet, anerzogen, nämlich eine gewisse innere Angst und Unsicherheit.

Ein Beispiel, ich habe es bei meiner Mutter erlebt. Also, ich habe sozusagen alles schon hinter mir, in der eigenen Familie. Der Briefträger kommt und läutet. Großer Schreck, große Aufregung. Das Herz steht fast still, weil der Briefträger etwas zum Unter-schreiben bringt. Und dann stellte sich heraus, dass es ein Ge-burtstagstelegramm ist. Gibt es ja auch, meine lieben Freunde. Immer erwartet man das Schlimmste. Man ist darauf trainiert, das heißt, viele Menschen sind darauf trainiert, dass sie immer Angst haben es könnte etwas kommen, das ihre momentane Harmonie, oder auch ihre momentanen Gewohnheiten stören könnte. Und daher ist es so wichtig die Ruhe zu üben. Und daher ist es so wichtig Vertrauen zu haben und zu sagen ja, wenn etwas Unan-genehmes kommt, so stehe ich dazu.

Sogar, wenn vom Finanzamt eine Nachzahlung kommt. Na, bitte schön. Entweder das Finanzamt hat sich geirrt, oder ich habe mich geirrt. Also man kann auch mit dem Finanzamt sehr gut aus-kommen, wenn man die Ruhe bewahrt, wenn man vernünftig ist, wenn man richtig argumentiert, und wenn man das Unvermeidliche tun muss, nämlich zahlen, dann muss man halt zahlen. Man muss ja nur das zahlen, was man vorher eingenommen hat, das muss man nämlich auch bedenken. Warum ich das sage, hat folgenden Grund, es hat den Grund, dass man sich nicht immer ungerecht behandelt fühlen darf oder soll. Sondern dass man sagt, das gehört zur menschlichen Gesellschaft dazu. Das muss nicht nur ich tun, sondern das müssen auch alle Anderen tun. Und dieses Unvermeidliche, meine Freunde, das ist so wichtig, dass man das Unvermeidliche annimmt. Gleichgültig auf welchem Gebiet, auf finanziellem Gebiet, auf geistigem Gebiet, auf kaufmännischem Gebiet. Wenn man eine Familie hat, Familienmitglieder, so hat jedes Familienmitglied seine speziellen Eigenschaften. Und jeder soll den Anderen doch soweit achten und beachten, dass man auch die Eigenschaften, die nicht so sehr angenehm sind, bejaht. Dass man sagt, nun der ist nun mal so. Ich habe wieder andere Mucken, also gleicht sich Mucken gegen Mucken aus, bitteschön und wenn man sozusagen tolerant ist, dann auf einmal stören diese kleinen Fehler nicht mehr. Die Fehler stören nur solange, als man sie beachtet, als man auf ihnen herumreitet, als man glaubt, man kann den Anderen mit Gewalt fertig machen. Das geht nicht, man kann den Andern wohl sozusagen ein bisser'l zum Schweigen bringen. Man kann den Andern bremsen. Aber der Mensch bleibt, solange er selbst, als er nicht die Überzeugung erlangt hat, ich muss mich ändern, ich muss das ablegen, aus eigener Überzeugung. Wenn man es nur tut, um den Partner nicht zu kränken, so tut man es nicht, so hat man es nicht abgelegt, so sagen wir es einmal. Und man sieht auch nicht ein, dass man es ablegen muss, sondern man tut es einfach, um dem Partner zuliebe. Und seht meine Freunde, das ist zu wenig auf dem geistigen Weg. Und Eigenschaften, die aus irgendwelchen Gründen nur unterdrückt werden, nicht aber abgelegt werden, die bleiben. Die bleiben auch über den Tod hinaus und man muss früher oder später damit fertig werden, oder sie verstärken sich. Etwas, was aus Zwang nicht getan wird, das arbeitet ja innerlich weiter, in Wirklichkeit. Und etwas, was nicht

10

abgelegt wird aus eigenem Antrieb, oder eigener Ansicht, verstärkt sich immer wieder. Daher sagte Bruno Gröning, jeder Gedanke, den der Mensch aufnimmt, er hat extra aufnimmt gesagt, und in sich speichert, muss einmal in die Tat umgesetzt werden. Das heißt, der Mensch erhält die Gelegenheit, das, was er sich gewünscht hat, ob gut oder schlecht, das steht hier nicht zur Debatte, aber es kommt die Gelegenheit, dass das in Erfüllung geht. Und das ist die Frage. Und es ist die große Schulung, die, die er dann bekommt, ob das gut war, was er sich gewünscht hat. Ob das von Vorteil war, oder ob das ein Fantasiegebilde ist, das bei der Erfüllung nur weitere Schwierigkeiten, nur weitere Bindungen schafft. Es ist nicht leicht, meine Freunde, seine eigenen Wünsche im Vorhinein zu kontrollieren. Aber man soll sich doch fragen, jeder soll sich fragen, der irgendwelche Wünsche hat. Was ist, wenn dieser Wunsch wirklich erfüllt wird? Was hat das für Folgen? Was hat das für neue Bindungen und Begrenzungen zur Folge? Gereicht es mir zum Wohle? Gereicht es dem Anderen zum Wohle? Oder ist das nur eine Vorstellung, meine lieben Freunde? Ein Wunschdenken, das vielleicht gar nicht so gut für die weitere Entwicklung ist? Ich habe einmal, einige werden sich daran erinnern können, ein Bild geschaffen, eine Grafik. Die war auch ausgestellt. Da war ein großes Herz und von diesem Herz sind Strahlen weggegangen. Bänder mit verschiedenen Farben. Und ich habe das Bild Bindungen genannt, Herzensbindungen. Man stellt sich immer unter Herzensbindungen etwas sehr Schönes vor, was Angenehmes, was Erbauendes. Aber, meine Freunde, vergessen wir nicht, dass auch eine Abneigung eine Bindung schafft, eine negative Bindung. Daher hat das Bild nicht nur helle Streifen, sondern auch dunkle Streifen. Das sind die negativen Bindungen, die wir haben. Und jeder Gedanke meine lieben Freunde, jedes Gefühl, jeder Wunsch, ob er in Erfüllung geht oder nicht, schafft neue Herzensbindungen. Und daher sind die Menschen oft hin- und hergerissen, von einer

Bindung zur anderen. Sie wissen nicht, was sie tun sollen. Sie wissen nicht wie sie es schaffen sollen, wie sie es lösen sollen, wie sie es bewältigen sollen. Andererseits möchten sie das, andererseits sind sie an andere Dinge gebunden und das schafft die Unruhe. Und dann kommt der Denkapparat. Bringt den Denkapparat in Funktion und der Mensch fängt an zu grübeln. Grübeln heißt, immer im Kreise herum denken. Grübeln heißt, dass man fiktive Gespräche führt. Also man hört, man stellt sich vor, der Andere spricht was und gibt dann die Antwort darauf, die passende, im Geiste natürlich. Und dann stellt man sich vor was der Andere antwortet und dann gibt man wieder die Antwort, im Geiste, und so können ganze Streitgespräche und Wutausbrüche allein durch das Grübeln zustande kommen. Ohne dass eine Realität dahinter steckt. Und es ist interessant, dass das Grübeln immer in negativer Richtung verläuft. Dass man sich immer mehr hineinsteigert und dass man immer unruhiger wird. Es gibt keine Gedankenkette, es gibt fast keine Gedankenkette, die zum Positiven führen. Immer beginnt das Grübeln bei negativen Problemen, niemals oder fast nie bei positiven Ereignissen. Und daher sagte Bruno Gröning: „Grübeln Sie nicht, meine Freunde. Grübeln schafft Kraftlosigkeit. Grübeln verbraucht Energie!“ Und da sagt er: „Sie haben ja keine Ahnung was für Energie ein einzelner Gedanke verbraucht!“ Und es ist ja wirklich so, wenn man im Bett liegt, oder wenn man irgendwo ruhig sitzt und zu grübeln anfängt, da braucht man gar keine anderen Bewegungen machen, auf einmal ist man zu Tode erschöpft. Man ist müde, man ist schlapp, man fühlt sich schlecht und das sind in Wirklichkeit nur Gedanken. Aber eben das Negative. Und das hat seinen Grund darin, dass der Mensch einerseits Gedanken aufnimmt und andererseits die gedachten Gedanken verstärkt werden und verstärkt abgestrahlt werden, Gedanken sind Energie. Der Mensch ist Empfänger und Sender zugleich. Der Mensch ist eine Relaisstation, entweder des Bösen oder des Guten, das hängt von seinem Willen ab, wie wir schon gesagt haben. Wie der Wille, so der Gedanke. Der Gedanke bewegt den Menschen zur Tat. Daher meine lieben Freunde, es ist doch so, dass es ein grober Unfug ist, wenn man sich sagt, Gedanken sind zollfrei. Ja, mit diesen zollfreien Gedanken hat es so seine Bewandtnis. Natürlich geht niemanden etwas an, was man denkt. Aber es geht uns etwas an. Uns selbst können sie belasten, was wir denken. Denn wir werden durch die eigenen Gedanken manipuliert. Und ich habe schon gestern kurz erwähnt und ich muss es noch einmal sagen, es ist mir gelungen, mit Erfolg und energiereich da zu sein, weil ich gelernt hab, schon früh gelernt hab, nicht mehr an die Vergangenheit zu denken. Wer an die Vergangenheit denkt, bleibt an der Vergangenheit kleben und vergleicht immer die Zukunft mit der Vergangenheit. Und das ist nicht nur ein Stillstand, sondern gleichzeitig ein Rückschritt. Weil, solange der Mensch seine Erwartung mit der Vergangenheit vergleicht, bleibt er in der gleichen Schwingungsebene, bleibt er in der gleichen Schicksalsebene und es ist ihm nicht möglich einen Weg nach oben zu beschreiten. Und wenn ein Mensch sagt, ich habe Gott noch nie erlebt und aufgrund dessen glaube ich z.B. nicht an Gott, so schließt er aus, dass dieses Erlebnis in Zukunft stattfinden kann. Und es kann in der nächsten Sekunde sein, dass wir ein Gefühl haben, dass wir eine Erkenntnis haben, die überhaupt nichts mit den vergangenen Erfahrungen zu tun hat. Und so ist das auch mit der Ruhe, meine Freunde. Die Ruhe kann man nicht lernen, die Ruhe kann man nicht erkaufen, die Ruhe muss in uns wachsen. Ruhe durch Vertrauen, Ruhe durch Erwarten, Ruhe durch Hoffen, Ruhe durch die Überzeugung, dass alles geschehen kann, so es für unsere Entwicklung gut ist. Seht meine lieben Freunde, die meisten stülpen sich selber einen Glassturz über, sie sagen, das ist meine Welt, das hab ich erfahren, das hab ich gelernt. Das ist sozusagen Realität für mich. Ja, aber nur für den einzelnen

13

Menschen ist es eine Realität. Ein anderer Mensch hat wieder eine ganz eine andere Erfahrung, die auch für ihn Realität ist. Nun, Bruno Gröning hat ein sehr schönes Beispiel gehabt. Er hat die damalige Zigarettenmarke, die Camel, so gerne geraucht. Und auf der Packung war auf einer Seite ein Kamel und auf der anderen Seite eine Pyramide. Und so hat er die Packung einmal auf den Tisch gestellt. Und hat zu dem Einen gesagt: „Was sehen Sie?" Der sagt: „Natürlich ein Kamel." Dann sagt er zu dem Gegenübersitzenden: „Was sehen Sie?" Sagt der Andere: „Natürlich, eine Pyramide." „Sehen Sie, und wer hat recht", hat der Bruno gesagt. „Na beide!" Der Eine hat es von der Warte gesehen und der Andere hat es von der Warte gesehen. Und da hat der Bruno gesagt: „Seht, meine Freunde und wenn jetzt jemand darüber zu streiten beginnt, ob es nun ein Kamel ist, oder eine Pyramide, so werden sie bis in Ewigkeit nicht wissen, wer recht hat, wenn nicht der Eine aufsteht und zum Anderen hinübergeht und nachschaut." Ja, was ist denn da wirklich zu sehen? Das heißt, man kann den Anderen erst verstehen lernen, wenn man seinen eigenen Standpunkt verlässt. Wenn man neutral wird und sagt, jetzt schauen wir mal nach, warum mein guter Nachbar behauptet es ist ein Kamel, obwohl es eine Pyramide ist. Und da beginnen die Schwierigkeiten. Und ich muss immer lächeln und den Kopf schütteln, wenn ich z.B. zufällig einmal so zwei sehe, die schauen sowieso niemand an, aber es ist doch interessant, da reden sie zweieinhalb Stunden ununterbrochen über ein Thema und letztlich bleibt jeder auf seiner vorgefassten Meinung picken, kleben und der Erfolg einer solchen Diskussion ist, null. Und jeder hat seine Argumente, die er vertritt, die er verteidigt und der liebe Zuschauer sagt, und jetzt weiß ich erst recht nicht, was richtig ist. Jeder hat so gescheit gesprochen und jeder hat bewiesen, dass er recht hat, ja was ist jetzt wirklich, was ist jetzt richtig, was ist falsch? Und jeder glaubt, es fällt ihm eine Perle aus seiner Krone, wenn er sagt, aha, ja, so hab ich das noch gar nicht betrachtet. Ja, jeder glaubt, er muss das, was er vorbringt, verteidigen, weil ihm sonst irgendetwas abgeht. Weil er sonst irgendeine Schlacht verliert. Ja, meine Freunde, wenn man alles als Kampf betrachtet, wenn man alles glaubt, nur der, der recht hat und der, der siegt, hat gewonnen. Siehe auch Streitigkeiten in der Ehe, bitte meine Freunde. Wo der Eine glaubt, er muss sich behaupten. Das sind Dinge, das sind Fantasiegebilde, die man endlich ablegen muss. Eine Familie soll Harmonie bedeuten. Eine Familie soll Geborgenheit bedeuten. Und wenn der Eine, eine andere Ansicht hat, so soll man nicht sofort entgegnen, sondern man soll überlegen, man soll prüfen, man soll fragen, warum will der Andere das? Und jetzt, meine Freunde, das ist so interessant. Es ist deshalb interessant, dass im Augenblick, wenn der Eine nicht kämpft, dass der Andere die Lust verliert zum Streiten. Ist ja nicht lustig, wenn der Eine schimpft und der Andere gibt keine Antwort. Es müssen immer zwei oder drei sein, damit eine Unstimmigkeit zustande kommt. Und diese Unstimmigkeiten, meine Freunde, die verbrauchen ungemein viel Energie. Und wenn man vorher das Gute aufgenommen hat, und wenn man sich bemüht hat und gebetet hat und die Kraft empfangen hat und sich gut fühlt, und dann kommt vom anderen Partner ein Wort, ein unbedachtes Wort vielleicht, und das verletzt unsere Seele. Und dann beginnt eine Situation, wo in kürzester Zeit die gute Kraft verpufft, vernichtet und verbrannt ist. Und der Mensch ist wieder müde, der Mensch ist wieder traurig, der Mensch ist wieder kraftlos. „Soll das so sein?", hat Bruno Gröning gefragt. „Muss das so sein?" Müssen denn die Menschen immer das Bestreben haben, Recht behalten zu können? Auch das ist eine Sucht merkwürdigerweise, und es heißt ja auch ganz deutlich Streitsucht. Sucht, bitte schön, hat nichts mit der Logik zu tun. Und wenn einer streitet, so streitet er um des Streites willen, nicht um der Sache willen. Denn wenn Einer, um der Sache willen etwas bewirken will, so muss er die Ruhe bewahren können

15

und er braucht gar nicht viel reden. Er braucht nur seine Überzeugung in seinem Bereich in die Tat umsetzen. Dann sieht man ja, er hatte recht oder unrecht. Es wird etwas zum Thema gemacht, was er sich vormacht, er macht sich es ja vor, oder ist das reine Fantasie, ist das Rechthaberei, oder Wissen, oder Fachwissen? Das sieht man, so wie Jesus sagte: „An den Früchten werdet ihr sie erkennen!" Nicht an den Worten. Nicht an den Theorien. Sondern was daraus wird, an dem werdet ihr sie erkennen. Und seht, meine Freunde, werden wir doch endlich wach. Es hat doch keinen Sinn, immer wieder Dinge festzuhalten, die sowieso vergänglich sind. Ich hab schon so oft erleben müssen, leider auch in der eigenen Verwandtschaft, bei meinen eigenen Eltern. Sie streiten jeden Tag auf Mord und Brand. Und dann stirbt der eine Partner und großes verzweifeltes Geheule bleibt übrig. Tränen die früher nie geflossen sind. Wo sie sich am liebsten umgebracht hätten vor lauter Zorn, vor lauter Gegenwehr und dann auf einmal, wo der Gegenpol weg ist, tiefste bittere Reue. Ja, was hat denn das für einen Sinn? Und daher sagte Bruno Gröning immer: „Vergessen Sie nicht, dass Ihr Leben begrenzt ist. Leben Sie so, handeln Sie so, sprechen Sie so, als wäre es Ihr letzter Tag!" Und da kommt der Mensch zur Einsicht, wenn er das tut. Da vergeht ihm vieles. Da vergeht ihm manches. Da fragt er sich, ja um Gottes willen, zu was ist dieser Streit überhaupt aufgekommen? Da geht es um Kleinigkeiten oft, die wirklich Nichtigkeiten sind. Und so sollen wir, meine lieben Freunde, die Dinge im richtigen Licht sehen. Denn der Spruch vom Gröning, vom Bruno, geht ja weiter, er heißt ja: „Die Ruhe sei dem Menschen heilig, nur Verrückte haben es eilig!" Wobei er erklärt hat, dass das Wort, verrückt, nicht irre bedeutet, also nicht sozusagen wahnsinnig, sondern vom Platz weggerückt. Also von dem Gott bestimmten Platz seitlich weggerückt, sodass der Mensch sich auf einem Platz befindet geistig, wo er gar nicht hingehört. Wo er gar nicht

16

hinpasst. Und daher hat er die innere Unruhe, weil er sich nicht wohlfühlt. Also man könnte bereits sagen, nur zur Seite gerückte Menschen haben es eilig. Die ihre Bestimmung verloren haben. Die ihren Sinn des Lebens nicht kennen. Die sozusagen nicht wissen, warum sie hier leben. Warum sie hier mit Diesem oder Jenem zu tun haben und auch tun müssen. Und auch tun sollen meine Freunde, um das geht es. Und es ist so schade, dass das nicht einmal, oder am allerwenigsten, die jungen Leute wissen. Im Grunde genommen gehen sie voll Ideal, voll Liebe, voll Vertrauen eine Bindung ein und wissen gar nicht, dass in dieser Bindung nicht immer Harmonie herrscht. Nicht immer gegenseitige Geduld. Nicht immer diese wundervolle Zweisamkeit, die man sich erhofft. Sondern, dass in dieser Partnerschaft auch der Auftrag steckt, verborgen ist, gegenseitig zu lernen, sich gegenseitig zu achten und sich gegenseitig zu akzeptieren. Und solange das nicht gesagt wird, nicht einmal in der Schule gelehrt wird, solange nur die körperlichen Dinge gelehrt werden, die körperliche Technik, sagen wir so, wird es immer wieder Partnerschaften geben und immer mehr Partnerschaften, die an der Unwissenheit scheitern. Meine lieben Freunde, der Mensch besteht nicht nur aus der Körperlichkeit. Wohl sagte der Bruno, dass der Mensch derzeit zu einundfünfzig Prozent aus Körper besteht und nur zu neunundvierzig Prozent aus Geist. Und er sagte, es wäre gut, wenn das Verhältnis umgekehrt wäre. Wenn sich der Mensch mehr zum Geistigen hinentwickeln würde. Aber trotz dieses leichten Übergewichtes bleiben diese neunundvierzig Prozent und müssen diese neunundvierzig Prozent geistige Realität beachtet, gepflegt und versorgt werden. Und wenn nur das Körperliche bleibt, so ist das körperliche Glück, sagen wir mal so, sehr sehr schnell vergänglich. Und z.B. dieser berühmte Spruch, von der Selbstverwirklichung, was hat doch der für Unfug, für Unglück angerichtet unter den Menschen. Es heißt immer, der Mensch muss sich selbst verwirklichen. Was muss er selbst verwirklichen, liebe Freunde? Seine Fehler? Seine Mängel? Seinen Eigensinn? Nein, meine Freunde. Unter Selbstverwirklichung sollte man eigentlich seelische Reife verstehen. Man sollte nicht darunter verstehen, dass man sich alles erlauben kann und erlauben soll. Und es ist merkwürdig, derjenige, der sich soviel erlauben kann und erlaubt hat, der ist der unglücklichste Mensch, den es gibt. Warum, weil er ja lauter Dinge verwirklicht, die ihm auch selbst zum Schaden gereichen. Mit denen er selbst nicht fertig wird. Und so ist es genauso wie z.B. mit einem Obstbaum, der nicht geschnitten wird. Da entwickeln sich meterlange Triebe, sogenannte Wassertriebe, und wenn die nicht weggeschnitten werden, wird es mal ein riesiger Busch. Aber niemals fruchtbar, niemals nützlich. Und so ist es mit der menschlichen Seele. Es ist die sogenannte freie Erziehung, wo die jungen Menschen machen können, was sie wollen, was ihnen gerade in den Sinn kommt. Das schadet den jungen Menschen am meisten. Warum, meine lieben Freunde? Weil der Mensch nicht gelernt hat, sagen wir mal, Rücksicht zu nehmen. Weil er nicht gelernt hat zu hören. Weil er nicht gelernt hat, von anderen Menschen Ratschläge entgegenzunehmen. Aber im Leben, im Beruf kommen dann die Probleme. Und wenn diese Probleme nicht eingesehen werden, ja dann scheitern die jungen Leute, oder auch die älteren Leute an diesem Unvermögen, sich einordnen zu müssen. Nicht Unterdrückung ist das bitte, meine Freunde, sondern Einordnung. Ordnung ist das, nicht Unterdrückung. Nur so ist dieser Ausspruch, der Mensch ist seines Glückes Schmied. Kann man noch variieren, indem man sagt, der Mensch ist auch seines Unglückes Schmied. Und oft, oft, meine lieben Freunde, ist das Unglück stärker, ist das Unglück schneller da, als das Glück. Warum ist denn das so?

Warum ist die Tatsache nicht zu übersehen, dass das Negative leichter zu erreichen ist wie das Positive. Mhh, das hat seinen ganz bestimmten Grund. Das Negative führt zur Unordnung und Unordnung meine lieben Freunde, kommt ganz von selbst, da braucht man gar nichts tun. Wenn man einmal eine Woche die Wohnung nicht putzt, oder wenn man den Garten sich selbst überlässt, nach ein, zwei Monaten, ist das Unkraut meterhoch und man sagt, was das soll ein gepflegter Garten sein? Das ist ja eine Wildnis. Na und in der Seele? Was ist in der Seele? Lässt man alles wuchern? Alle Gefühle, alle inneren Ängste, alle Zwänge, alles, was da hochkommt, lässt man da wuchern? Und dann wundert man sich, dass der Eine oder Andere sagt, was ist doch das für ein Leben? Das ist ein Hundeleben! Obwohl, obwohl oft manche Hunde besser leben wie der Mensch. Weil sie mit dem zufrieden sind, was sie haben. Und weil sie sich immer freuen, wenn sie das Herrli sehen. Wenn sie beim Herrli oder beim Frauli sein können. Freuen wir uns auch immer, wenn wir unsere engsten Angehörigen sehen? Da sagen wir, na ja, der Hund redet nicht zurück. Aber meine Freunde, wir müssen doch innerlich so gefestigt sein, dass wir auch ein Zurückreden einmal ohne Widerrede ertragen können. Einmal schweigen, ganz ruhig sein. Der Andere denkt sich komisch, ist der jetzt krank, weil er nichts antwortet? Der Andere beginnt nachzudenken. Warum sagt er denn nichts, ich warte doch auf eine Gegenrede. Ach und schon ist eine Änderung gegeben. Meine Freunde, man muss zu sich Selbstvertrauen haben. Aber man kann nur zu sich Selbstvertrauen haben, wenn wir Gottvertrauen haben. Wenn wir so in Gott geborgen sind, dass wir wissen, wir sind ein Teil von ihm und wir können auch äußere Kritik ertragen, ohne gleich beleidigt sein zu müssen. Die Beleidigung ist ein Zeichen der Schwäche, der Unsicherheit. Und da gibt es auch ein Wort vom Bruno und Sie werden sehen, dass es für jedes Problem ein Wort vom Bruno gibt, wo er sagte: „Nicht menschenhörig sein, gotthörig sein." Und er hat gesagt: „Der Arbeitgeber, das ist der Brötchengeber und Gott ist der Brotgeber. Und dem Brötchengeber muss man natürlich auch seinen Teil abgeben. Aber, sobald dieser Brötchengeber, Brötchengeber kann auch der eigene Partner sein, solange dieser Brötchengeber, das heißt, die meisten dieser Brötchengeber, das ist bisschen genauer, also, wenn diese Brötchengeber Dinge verlangen, die nicht mit dem Göttlichen übereinstimmen, so darf oder soll der Mensch nicht menschenhörig sein, sondern gotthörig!"

Natürlich denkt man sich, ja um Gottes willen, da kriege ich ja wahnsinnige Schwierigkeiten. Schwierigkeiten bekommen wir nur, meine lieben Freunde, wenn wir kämpfen. Wenn wir unsere Ansicht mit Gewalt durchsetzen wollen, dann bekommen wir Schwierigkeiten. Wenn wir aber schweigen, wenn wir schweigend ertragen, was der Andere sagt und nur dann, wenn das Gewitter vorbei ist sagen, na ja, wenn Sie das nicht wollen, mache ich es halt nicht. Meiner Ansicht nach hätte das die und die positiven Wirkungen. Ich habe Sie ja nur sozusagen darauf hinweisen wollen. Und dann muss der Andere einsehen. Huu der hat ja recht. Und wenn dann der Andere soviel Größe hat, dass er sein Unrecht zugibt, dann ist das schon der erste Schritt zur Harmonisierung.

Meine Freunde, ich hab soviel Erfahrung beim Unterricht und ich kenne die Erzählungen von den Schülern. Und die meisten Lehrer bringens nicht über sich zuzugeben, wenn sie beim Unterricht einen Fehler gemacht haben. Da gibt es hunderterlei Ausreden, ja, das ist eine eigene Methode und die Methode muss man einhalten usw. Und ich mache das ganz locker. Wenn mir ein Fehler unterläuft, sage ich, hoppla stopp, jetzt hab ich einen Blödsinn getan, sage ich ganz ruhig, meine Freunde. Und zwar sage ich das aufgrund der Überzeugung, dass das Zugeben eines Fehlers viel, viel wirkungsvoller ist, als das Verschweigen eines Fehlers. Weil, dann sagt der Schüler, na das ist wenigstens ein ehrlicher Mensch.

Und dann noch, wenn man erkennt, den Fehler, und im nächsten Augenblick den richtigen Weg zeigt, dann wird man viel besser anerkannt, wie wenn man mit Gewalt etwas zu vertuschen versucht.

Ich habe eine Schülerin gehabt, grad jetzt vor einigen Wochen. Der hab ich einen mathematischen Weg gezeigt, eine Lösung einer Aufgabe. Und ich habe ihr die Lösung so gezeigt, dass sie in drei Zeilen das richtige Ergebnis gehabt hat, wo der Professor einen Weg gezeigt hat, der eineinhalb Seiten lang war. Na und der Professor hat aber die Punktvergabe von seinem langen Weg abhängig gemacht. Jetzt hat er die Lösung gesehen und hat zunächst behauptet, das ist falsch, das gibt es nicht, und hat der Schülerin soviel Punkte abgezogen, dass sie wahrscheinlich einen Schreck bekommen hat. Na, die Schülerin nicht faul, sagt: „Herr Professor, überlegen Sie sich das doch. Es kommt doch das Gleiche heraus!" Drei Wochen hat der gute Mann gebraucht, bis er zugegeben hat, dass der andere Weg auch zum Ziel führt, und zwar schneller. Na, dann hat sie doch mit Ach und Krach einen Dreier ins Zeugnis gekriegt. Aber nur weil sie gesagt hat: „Herr Professor, ich sehe das nicht ein, das steht auch im Buch, das ist auf diese Weise zu rechnen. Warum soll ich denn das Komplizierte rechnen?" Und er hat die gleiche Punktezahl gegeben, nach langen, wirklich aufregenden Kampf, weil sie bis zuletzt nicht gewusst hat, ob ihr das angerechnet wird. Tatsächlich, dass sich der gute Mathematiker einmal das Ganze anschaut, mal durchgeht, und sagt, na ja, freilich es ist ja das Gleiche. Es kommt ja die gleiche Lösung raus.

Seht meine Freunde und unter den Professoren, nicht nur unter den Professoren, überhaupt unter allen Menschen ist der Hang vorhanden, nur keinen Fehler zugeben zu müssen. Das ist eine falsche Einstellung, meine Freunde. Denn, wenn wir einen Fehler zugeben, so ist das keine Schwäche, sondern eine Stärke. Weil wir sagen, ja bitte, ich bin eben auch fehlerhaft und ich bin an der Arbeit, meinen Fehler auszumerzen. Wenn man aber sagt, ha ich bin fehlerfrei und mir kann nichts passieren, bei mir gibt es so was nicht. So begrenzt man sich schon selbst. So belastet man sich sogar selbst und so belügt man sich sogar selbst. Und das ist wieder der Haken, das Problem, dass der Mensch immer glaubt, er ist viel besser, als ihn die Anderen sehen. Dass er sich sozusagen falsch betrachtet, unrichtig betrachtet.

Dass Sie sich sozusagen schön zusagen, so bin ich. Wenn wir ganz genau hinblicken, ist das der luziferische Fehler. Weil auch Luzifer ist über seinen Hochmut gestolpert. Im Grunde genommen wollte Luzifer das Gute. Aber er hat geglaubt, oder er hat sich eingeredet, dass was Gott kann, kann ich auch. Und das hat ihn zu seiner jetzigen Lage, zu seinem jetzigen Zustand gebracht. Und dieser entsetzliche Hochmut bringt auch den Menschen, den besten, den gescheitesten, den gütigsten Menschen zu Fall.

Meine Freunde, jeder Mensch entwickelt sich geistig, umso mehr ist er dem Hochmut ausgeliefert. Damals, wie ich Bruno Gröning kennengelernt habe, das heißt, wie ich sein geistiger Schüler war, da war ich so zwischen einundzwanzig und vierundzwanzig Jahre alt, und Bruno Gröning war sehr lieb zu mir. Bruno Gröning war der erste Mensch, der mich vollwertig anerkannt hat. Der gesagt hat: „Der Fredy ist ein vollwertiger Mensch. Man darf ihm nicht das absprechen!" Habe ich zum ersten Mal bei ihm gehört. Weil in der damaligen Zeit waren ja die Behinderten noch immer Menschen zweiter Klasse. Und noch immer hat man geschaut, sie möglichst zu verstecken. Das hat mich damals selbst zu einer gewissen Unsicherheit geführt. Das heißt, ich war so unsicher durch diese negative Erziehung, dass ich z.B. wenn ich in einem Geschäft einkaufen wollte, kein Wort herausgebracht hab vor lauter Hemmungen. Die mir natürlich anerzogen wurden und die sich durch die Spastik verstärkt haben. Und das hat der Bruno sozusagen mir gesagt: „Das stimmt nicht, du bist ein vollwertiger Mensch. Du hast auch ein Recht zu leben!"

Nun meine Freunde, so ist es gekommen, dass ich durch diese Belehrungen und durch diese Hilfe sehr, sehr viel gelernt habe. So jung wie man ist, fühlt man sich geschmeichelt, wenn er immer wieder mich als Beispiel bei den Anderen hingestellt hat. Ja man fühlt, man freut sich und die Freude geht dann aber irgendwie in eine falsche Bahn. Na, so kam es, wie es kommen musste. Bruno sagte zu mir: „Fredy, nicht hochmütig sein. Fredy, nie hochmütig sein. Immer bescheiden bleiben. Denn immer ist noch Einer über dir, der mehr weiß, der mehr kann und der eben dich führt, das ist Gott!"

Und es ist interessant, dass mir diese markanten Belehrungen vom Bruno bis zum heutigen Tage geblieben sind. Oder eine andere Situation, wo ich mich entscheiden musste und ich wollte nicht. Ich habe einfach die Kraft nicht gehabt. Ich wollte nicht gegen meine Mutter entscheiden, obwohl es notwendig war. Obwohl, wenn ich das nicht gemacht hätte, wäre ich nicht selbstständig geworden. Sagte doch Bruno Gröning ganz spitzbübisch: „Fredy, bist du feige?" Und ihr werdet es glauben oder nicht, das ist egal. Jedes Mal, wenn ich bei einer Entscheidung stehe, auf einer Weggabelung, die notwendig ist, obwohl ich denke, na das ist ein bisschen eine kritische Sache, höre ich die Worte: „Fredy, bist du feige?" Nein Bruno, ich bin nicht feige, sage ich. Und dann tue ich es. Und es ist gut, wenn ich es getan hab. Und ihr könnt euch natürlich vorstellen, wie oft ich vor diese Frage, jetzt, in den letzten Monaten gestellt wurde. Und wie oft ich noch in der kommenden Zeit vor diese Frage gestellt werde. Und wenn ich das höre, dann weiß ich, dass es zu tuen ist. Wenn ich diese Frage höre, wo ich mich nicht entscheiden will, dann weiß ich, dass diese Entscheidung notwendig ist. Und so ist es geworden und so ist es gewachsen, dass ich immer wieder neue Erkenntnisse, neue

23

Situationen meistern muss und auch werde und kann. Aber eines tue ich nicht. Ich bin nicht stolz darauf. Ich bin nie hochmütig. Ich bin nur dankbar. Sehr, sehr dankbar, meine lieben Freunde. Wenn eine Situation wieder in Ordnung geht, die ja auch schief hätte gehen können. Und ich hab gestern ganz kurz erwähnt, dass ich nicht gewusst habe, ob ich je wieder schreiben kann, ob ich je wieder Vorträge halten kann. Und dann kam die Frage: „Fredy, bist du feige?" Nein Bruno ich bin nicht feige. „Gut, dann tue es!" Hab ich getan. So ist der geistige Weg. Nicht, dass einem die gebratenen Tauben in den Mund fliegen. Nicht dass einem alles weggeräumt wird und man wird immer wieder auf einen goldenen Teppich, nein, ganz im Gegenteil. Die Prüfungen sind da, man muss immer wieder seine Reife beweisen. Man muss immer wieder am Weg bleiben, was oft nicht leicht ist. Man muss trotz aller Widerstände den Weg zu Gott weiter beschreiten. Und vor allem was ich für mich speziell, als spezielle Aufgabe und Auftrag empfinde, darauf zu achten, dass die Lehre vom Bruno Gröning rein bleibt, ganz rein. Das sich nichts hineinschleicht, was nicht hineingehört.

Wie oft hab ich die Bemerkung von anderen Menschen gehört, die nicht in unserer Gemeinschaft sind, aber schau, das ist doch genau wie Bruno. Das ist doch das Gleiche. Und dann hab ich mir das angeschaut und habe mir das angehört. Und dann habe ich gesagt, schau das und das und das ist nicht das Gleiche. Es ist ja nicht nur, dass es nicht gleich ist, es ist ja auch sogar, dass es unrichtig ist. Dass es die Menschen in die Irre führt. Es gibt so viele geistige Richtungen und es gibt so viele Aussprüche. Wo man sagt, aha, das ist wie der Bruno. Und dann liest man einige Seiten weiter und dann kommt der Pferdefuß. Und dann sagt man, na schau, lies das mal in Ruhe. Na ja, na ja, das ist nicht der Bruno. Und immer wieder geht es darum, die Menschen zu fangen, die Menschen zu ködern, die Menschen in eine Richtung zu bringen, den Menschen etwas zu versprechen, wo sie nichts tun müssen. Sie sozusagen einzulullen und sie zu kassieren. Und nicht nur, die Menschen zu kassieren, sondern auch Geld zu kassieren. Mit dem Versprechen, wenn du das alles tust, wirst du die ewige Seligkeit automatisch bekommen. Und das ist der Trugschluss, das stimmt nicht.

Und z.B. ist unsere Vereinigung, die Bruno Gröning sozusagen, also das Werk Bruno Grönings vertritt, sowohl in Österreich, als auch in Deutschland. Der Schwesterverein in Deutschland macht dasselbe. Verspricht den Menschen nichts, verspricht den Hilfe-suchenden nichts. Er sagt nur, tue das. Tun musst du es, dann wird dir geholfen. Und seht, meine Freunde, da müssen wir immer ganz, ganz streng sein und sagen, das was ich selbst tue, das wird mir gegeben. Nicht mehr und nicht weniger. Aber es genügt voll-kommen, das was gegeben wird. Und dadurch haben wir vielleicht nicht so den Zulauf, weil wir keine Propaganda machen. Sondern weil wir den Menschen klipp und klar sagen, du musst dich ent-scheiden, dein Wille ist so. Der Gedanke ist so wie der Wille. Und die Tat ist so, wie der Gedanke. Und du musst für diese Tat grad stehen. Für diesen Gedanken grad stehen. Und es ist auch nicht so, was sehr wichtig ist, dass eine gute Tat eine ungute Tat aufhebt. Nein, meine Freunde. Bei allen Taten sind Ursachen, die parallele Wirkungen haben. Und wenn der Mensch zunächst einmal ungute Taten begangen hat und sich dann sozusagen, Kraft der Erkenntnis umdreht und gut ist, so hat er wohl die Chance, dass das nicht so gravierend zurückschlägt, wie wenn er es nicht getan hätte.

Aber die Folgen kommen auf irgendeine Weise doch, indem man vielleicht eine Begrenzung bekommt, indem man vielleicht eine neue Aufgabe bekommt, indem man etwas gutzumachen hat.

Meine lieben Freunde, wenn wir das Wort Karma hören, so glau-ben wir zunächst einmal, Karma ist Strafe, stimmt gar nicht. Karma ist die Auswirkung, die wir zum Positiven verwenden können und sollen. Karma ist sozusagen die Grundlage, die Grundstufe, der Fußboden auf dem wir stehen. Karma ist z.B. auch der Schicksalsbaum, wie ich schon einige Male erklärt habe. Der Baum besteht aus Wurzeln, aus dem Stamm und aus dem Baumwipfel. Und der Mensch hat nun die Möglichkeit, daraus das Beste zu machen. Der vorgegebene Baum ist das, was der Mensch mitbringt, sein Karma, seine Grundlage. Aber der Mensch hat nun die Möglichkeit entweder in der Wurzel zu hocken, im Wurzelstock und zu schmollen und sich zu ärgern, oder aus eigener Kraft hochzuklettern bis in die oberste Spitze, das ist möglich. Das ist der freie Wille. Und das ist auch die Erklärung, warum man sagt, einerseits hat der Mensch die Bestimmung für den Weg und anderseits hat der Mensch den feien Willen.

Und das möchte ich jetzt noch einmal erklären, dass wir sagen, der umgrenzte Raum unserer Möglichkeiten ist das Karma. Das, was wir daraus tun, ist das, was wir an neuen Wirkungen schaffen. Wir haben die Wirkungen von früher und schaffen neue Ursachen für spätere Wirkungen. Das meine Freunde im übertragenen ......, der Körper, den ich seit meiner Geburt besitze, ist Karma. Aber der Bruno hat gesagt: „Du hast ja diesen Körper bekommen, nicht um zu büßen, sondern um zu lernen. Dein Körper schützt dich sogar davor, den göttlichen Weg zu vergessen. Hättest du keine Begrenzung, wär dein Geist so rege, dass du alles andere gemacht hättest, nur nicht an Gott zu denken. Und dadurch wäre dein Weg wieder bergab gegangen anstatt bergauf!"

Es gibt doch, wenn man eine Aufgabe hat, oder wenn man einen Beruf hat, gibt es verschiedene Werkzeuge. Nehmen wir mal an, jemand ist Taucher. Ja, dann kriegt er einen Taucheranzug und der ist ziemlich unbeweglich und er kann nur das machen, wozu er bestimmt ist. Nämlich, in der Meerestiefe aktiv zu sein. Eine Spezialaufgabe, damals schon. Nehmt doch einmal meinen Körper, als Spezialaufgabe von Gott, bitteschön. Das ist eine positive Überlegung, eine positive Einstellung. Und durch diese positive

Einstellung konnte ich mit diesem motorisch, kaputten Körper, das vollbringen, was eigentlich meine Aufgabe war und noch ist. Nämlich die Manifestation der göttlichen Kraft zu zeigen. Und jeder, der mich länger kennt, sieht den Fortschritt der Heilung. Da brauche ich gar nichts sagen. Da brauche ich kein Wort sagen, da brauche ich keine Erklärung geben.

Jeder, ich weiß es ja auch und ich bin ungemein dankbar dafür. Und so konnte ich auch in der schwersten Stunde meines Lebens und in den schwersten Tagen meines Lebens, die Führung Gottes und den Schutz Gottes erleben. Hätte ich dazu nein gesagt, hätte ich das Schicksal abgelehnt, hätte ich nie die positive Wirkung der göttlichen Kraft erfahren. Und seht meine Freunde, das ist das Geheimnis, warum der Eine sagt, es gibt Gott und der Andere genauso mit Überzeugung sagt, es gibt keinen Gott. Kamel und Pyramide, gottlos ist das Kamel, der Gläubige die Pyramide zu Gott gerichtet. Manche sagen, es ist zufällig dieses Beispiel beim Bruno, mit dem Kamel und mit der Pyramide. Heißt es doch schon in der Bibel, eher geht ein Kamel durch das Nadelöhr, als ein Reicher in das Himmelreich ein. Wobei man sagen muss, …... hat unter den Reichen einen Protzer (Angeber), einen Herrscher, einen Tyrannen gemeint. Weil damals war es ja so, dass es wenige Reiche gab, die geherrscht haben und sehr, sehr viele Arme. Nachdem natürlich unser Lebensstandard gestiegen ist, kann man nicht sagen, weil ich reich bin, kann ich den göttlichen Weg nicht gehen. Sondern man muss dieses Geschenk Gottes, das ist auch ein Geschenk Gottes, wirklich nach Möglichkeit zum Guten benutzen. Warum ich das sage, hat auch eine persönliche Erfahrung gezeigt.

Meine Mutter war immer unglücklich, dass ihr Sohn behindert ist und sie hat immer gesagt, warum habe ich ein behindertes Kind zu Hause, auch zu Bruno. Bruno hat gesagt: „Der Fredy, der geht schon seinen Weg! Und wenn Sie auf den Fredy hören, dann werden auch Sie Ihren Weg finden. Und das, was Sie bekommen haben, wo Sie sagen, Sie haben es sich erarbeitet!" „Ja gut", hat er gesagt: „Sie haben es sich erarbeitet, aber Gott hat den Segen dazu gegeben. Sonst hätten Sie sich das nicht erarbeiten können. Und Sie haben es erarbeitet", hat er gesagt, „damit der Fredy und die Lilo leben können!"

Und seht, meine Freunde, durch unglückliche Umstände, durch Verleitung anderer Menschen, durch Verleugnung anderer Menschen, wollte meine Mutter, na, wie soll ich es sagen, sie wollte nicht, dass ich das Erbe antrete. Das von Bruno, von Gott bestimmte Erbe, damit mein Leben gesichert ist. Sie wollte mir einen Kurator (Pfleger) vor die Nase setzen, meine eigene Cousine. Und wisst Ihr, was passiert ist, eine Woche bevor das notariell festgelegt wurde, ist sie plötzlich verstorben. Sie hatte die Aufgabe nicht erfüllt, den Auftrag. Und mir wurde so geholfen, damit ich wirklich das bekomme, was von Gott bestimmt ist. So hart sind die Gesetze, meine Freunde, so hart. So genau wie eine Uhr, meine lieben Freunde, wie eine Uhr. Und daher ist es so wichtig, für mich zumindest,  immer auf die Worte Bruno's zu hören. Immer auf den Rat Bruno's zu hören und immer auf dem Weg zu bleiben. Ganz genau auf dem Weg, zur Umkehr, zu Gott. Und das soll eigentlich meine Botschaft sein, an die Freunde in Österreich und an die Freunde in Deutschland. Und an die Freunde, die Gemeinschaftsleiter sind und selbst Freunde betreuen. Sich nicht verleiten lassen von irgendwelchen Blendwerken, sich nicht überlegen, oder auch überreden lassen. Schau, das ist doch wie der Bruno, der Pferdefuß, meine Freunde, zuerst den Pferdefuß finden. Und wenn man dann nicht findet, den Pferdefuß, dann kann man sagen, na gut, auch das ist die Lehre Gottes. Denn man kann auch nicht sagen, nur Bruno hat das gelehrt. Man kann nicht sagen, das ist die Lehre Bruno's, das ist die Lehre Gottes, die Bruno nur richtig interpretiert hat. Wo er sagte: „Liebe Freunde, ich weiß nicht viel, ich weiß nur das, das viele Menschen heute nicht mehr wissen. „Ich bin nur der Kleine", hat er gesagt. „Ich bin nur der kleine Bruno. Gott ist alles, ich bin nichts!"

Und dann hat er so ein schönes Beispiel gebracht. Sie kennen es alle, aber ich möchte es noch einmal bringen. Nämlich die Zahl mit den Nullen. Er hat gesagt: „Jeder Mensch ist eine Null und viele Menschen sind viele Nullen und bleibt auch Null. Nur wenn man die Eins davorstellt, die Eins ist Gott, dann bekommen die Nullen einen Sinn. Das heißt, jede Null hinter der Eins ist das Zehnfache. Bedeutet die zehnfache Kraft, die zehnfache Energie. Die Null vor der Eins also, wenn man sich vor Gott stellen will, ist nichts, hat keine Bedeutung. Also meine lieben Freunde bleiben wir immer die Null hinter der Eins. Stellen wir uns die Eins vor unsere Entscheidungen, vor unsere Wünsche, vor unsere Pläne, vor unsere Zukunft. Die Eins ist Gott, die Eins bleibt Gott. Und wir als bescheidene Nullen sind wir die Transformatoren Gottes. Wir sollen Transformatoren Gottes sein. Die Empfänger, die die Sendung weitergeben. Und um die Sendung weitergeben zu können, die göttliche Sendung weitergeben zu können meine lieben Freunde, müssen wir ganz genau auf die göttliche Sende-welle eingestimmt sein, abgestimmt sein. Und daher ist es so wichtig nicht vom Weg abzukommen. Dass wir erkennen, Moment, da stimmt doch was nicht! Moment, das ist doch eine Versuchung. Moment, was ist denn da los? Wo bleibt denn meine Ruhe?

Aha, der Pferdefuß, weg damit. Und wisst Ihr, was mich so fasziniert an der Sache? Bruno Gröning hat für jedes Problem die richtigen Worte gehabt. Für jedes Problem hat er die Lösung parat gehabt. Der Mensch musste es nur annehmen, der Mensch musste es nur tun. Der Mensch musste es nur bejahen. Und noch etwas ganz zum Schluss einen ganz kurzen Hinweis. Weil wenn man sagt, ja warum lässt das Gott zu? Warum muss gerade ich das ertragen? So müssen wir folgendes bedenken, Gott sieht das Ganze aus der geistigen Sicht. Wir sehen aus der begrenzten körperlichen

Welt. Und wenn wir, sagen wir mal materiell oder familiär scheinbar vor dem Ende stehen, so ist das vor Gott ein Neubeginn. Und wenn wir am Ende unseres Lebens stehen, so ist das vor Gott eine Geburt im Geistigen. Daher ist es so, dass von Gott vieles zugelassen wird, was in Wirklichkeit vergänglich ist und nur zur Belehrung dient. Und nun meine Freunde, wenn wir das Denken in der Vergänglichkeit überwinden und nur wenn wir überzeugt sind, dass wir unsterbliche Wesen sind, wir und diejenigen, die uns vorausgegangen sind, haben wir die Chance, die gleiche Chance, das Wirken Gottes immer besser zu verstehen und immer besser zu akzeptieren und sagen zu können, wirklich mit ganzem Herzen sagen zu können, Herr dein Wille geschehe. Aber nicht nur mit Worten, sondern mit dem Herzen, mit der Überzeugung und es kommt eine ungeheure Ruhe über uns. Eine Ruhe, die es nicht durch irdische Ereignisse gibt. Eine Ruhe, eine Geborgenheit und das Wissen, meine lieben Freunde, das Wissen, immer ist Gott bei mir. Immer hilft dir Gott. Immer hast du die Chance und die Möglichkeit, deinen besten Freund bei dir zu haben. Deinen besten, deinen ehrlichsten, deinen größten, deinen allmächtigen Freund und Helfer, Gott. Und das wollte ich euch bei diesem Seminar, mit auf den Weg geben.

Bis zum nächsten Mal, ich danke für die Aufmerksamkeit.

Musik

Mitschnitt vom 22.09.2001 in Judenburg

**Den Weg zu sich selbst erkennen**

Fredy: Übrigens, da muss ich was voranschicken, das war mein erstes Geschriebenes, was ich eigenhändig geschrieben hab. Und zwar damals noch auf einer Elektroschreibmaschine, also einer elektrischen, nicht am Computer. Ich möchte dazu sagen, ich wollte allein schreiben und das ist daraus geworden, bitte.

Vorgelesen von Christian Vasold:

Das Kleinod, ein Kleinod ist's, das in dir wohnt und dich vor manchem Leid verschont.

Dass Menschen oft ertragen müssen, weil sie davon zu wenig wissen.

Dies Kleinod hast du mitbekommen und schon als Kind in dir vernommen.

Hast dich gefreut, warst frohgemut, dies Wissen tat der Seele gut.

Doch später in den Jugendjahren, wo stürmisch deine Tage waren, da hast du dann auf dich vergessen, warst auf des Tageslauf versessen.

So ist viel Zeit ins Land gezogen und oft hast du dein Ich belogen, hast stets geglaubt und auch getan, was diese Welt dir bieten kann.

So kam es, wie es kommen muss, mit Glück und Segen war bald Schluss, denn bitter ist der Welten Lohn und was dann bleibt, klingt oft wie Hohn.

Im langen tiefen Seelenschmerz erwacht zuletzt des Menschen Herz und fragt:

Warum, weshalb, wieso, werd ich nun nie und nimmer froh, was hab ich bis jetzt falsch gemacht, was ist in mir zu spät erwacht.

Ich war erlegen einem Wahn, der nie und nimmer gut sein kann, so horch oh Mensch in dich hinein, was kann da nicht in Ordnung sein?

Was ist nicht gut an deinem Sinnen, wo treibst du in der Zukunft hin?

Hör endlich auf dein eigenes Sein, in Wahrheit bist du Geist allein.

Und wenn du nun die Frage stellst, wie find ich endlich zu mir selbst, dann gibt's nur eins in deinem Leben, du musst nach diesem Kleinod streben.

Das immer wohnt in deiner Brust, du hast es nur nicht mehr
gewusst.
Es ist das Göttliche in dir, das Brücken baut, so auch zu mir.
Behüt es gut, gib darauf acht, es ist's, das wirklich glücklich
macht!
Alfred Hosp

Fredy: Liebe Freunde, ich möchte euch alle recht herzlich
begrüßen und mit einer Erinnerung an Bruno Gröning beginnen.
Zunächst hat er gefragt: „Muss es denn immer das Böse sein, das
zum Guten führt?"
Weil die Menschen sind ja zu ihm gekommen, weil sie vom Bösen,
von den Krankheiten, von irgendwelchen Problemen gequält
wurden. Sind sie zu Bruno gekommen und haben geglaubt oder
gehofft, er kann sie davon befreien.
In Wirklichkeit ist es aber so, dass der Bruno und alle anderen
großen Meister, nur den Weg zeigen können. Den Weg zu sich
selbst. Denn, wenn der Mensch das Göttliche in sich erkennt und
fühlt, und mit dem Göttlichen eins ist, dann bekommt er auch die
Kraft dazu, all das zu meistern, all das zu schaffen, all das zu
erkennen was notwendig ist, um sein Leben sinnvoll zu machen. Es
geht immer wieder darum, den Sinn des Lebens zu erkennen,
nämlich dass wir einen Körper von Gott geschenkt bekommen
haben, nicht um Blödsinn damit zu machen, nicht um von Gott
wegzurücken, nicht den Unglauben hochzuhalten, sondern, wir
haben einen Körper bekommen, um ihn als Werkzeug der
Erkenntnis zu benützen. Was heißt das, Werkzeug der Erkenntnis?
Ganz einfach, wenn wir das Falsche machen, bekommen wir es am
Körper zu spüren. Wenn wir falsch denken, wenn wir falsch fühlen,
belasten wir den Körper mit dem Unguten. Und früher oder später
müssen wir erkennen, dass der Körper nicht mehr so mitmacht wie
wir gerne möchten. Und übrigens muss man sich ja vorstellen, dass

unser Körper eine sehr zähe Angelegenheit ist. Der Mensch kann Jahrzehnte hindurch das Falsche machen und erst später kommen die Folgen. Nun wir wissen, dass wir, jeder von uns, ein Karma mitgebracht hat. Es muss keine Schuld sein, es kann auch etwas Positives sein. Karma, im Karma wird sowohl das Positive, wie auch das Negative gespeichert. Und der Mensch bekommt immer jenen Körper, er bekommt auch jene Umgebung um das, was er gespeichert hat aufzulösen. Es geht immer darum, das aufzulösen, was einem bedrückt, was einem Schwierigkeiten bereitet. Das soll man nicht bekämpfen, meine lieben Freunde, Kampf erfolgt wieder Gegenkampf, Gewalt erzeugt Gegengewalt. Sondern man soll es durch Wissen um Geduld und vor allem durch die richtige Einstellung abbauen. Abbauen heißt, das was einem bedrückt soll man durch Erkenntnis, durch Demut, durch Vertrauen, auflösen. Das ist in Wirklichkeit unsere Aufgabe. Und so kommen wir im Leben mit Situationen zusammen, die nicht immer gut sind, die nicht immer erfreulich sind. Wir bekommen auch manchmal Partner, mit denen es Reibereien gibt. Und da möchte ich folgendes dazu sagen, wenn Menschen aus irgendeinem Grund zusammen kommen, zusammen arbeiten müssen, zusammen leben müssen oder auch leben dürfen, so haben sie die Aufgabe ihr gegenseitiges Karma zu verbessern. Den Weg gemeinsam zu gehen, ist eigentliche eine sehr, sehr schöne Aufgabe. Und vor allem, wenn wir wissen, dass all das nicht umsonst ist, was wir zum Durchstehen haben. Und wenn wir ja dazu sagen, zu den Schwierigkeiten, die wir vielleicht haben, so haben wir die große Chance, das zu überwinden und frei davon zu werden. Nun meine Freunde, es gibt nicht nur ein Einzelkarma, es gibt auch ein Familienkarma, es gibt ein Länderkarma und es gibt ein umfassendes Karma für unsere gesamte Welt. Und da muss ich sagen, besteht heute eine Wende. Die Menschen haben die Chance, gemeinsam das Gute zu wollen und gemeinsam das Gute zu verwirklichen. Und ich hab z.B. gestaunt, dass in einem Interview Michael Gorbatschow gesagt hat: „Ja, das geht jetzt um alles. Es ist der Kampf auf der Welt, das Böse gegen das Gute. Und wenn wir zusammen stehen, dann werden wir es schaffen!"

Und noch etwas hat mich an die Geschichte erinnert, die Bruno gesagt hat. In dem Augenblick, wo alle, die meisten Staaten, ihre Solidarität erklärt haben, ist mir eben der Satz vom Bruno Gröning eingefallen, wo er gesagt hat: „Ja ja, zuerst gibt es ein vereintes Europa und dann kommt eine Weltregierung", hat er wortwörtlich gesagt. „Kommt eine Weltregierung, wo die Eingreiftruppen, die gemeinsame Eingreiftruppe", hat der Bruno gesagt, „wird dafür sorgen, dass Frieden zustande kommt!" Mhh, damals vor vierzig Jahren, unglaublich! Ich habe bis jetzt, habe ich gedacht, na gut, also das vereinte Europa kommt. Die Weltregierung, unvorstellbar. So und jetzt hat sozusagen die Gewalt zugeschlagen und hat alle Menschen guten Willens wachgerüttelt. Das muss man sich mal vorstellen.

Auch alle Religionen sind entsetzt und ziehen an dem gleichen Strang. Jetzt hat die Menschheit, nicht nur die Menschen, sondern auch die Menschheit die Wahl, wie immer die Wahl ist. Immer zwischen Gut und Böse. Jeder hat die Wahl. Er hat immer gesagt, er kann eine Situation zum Guten verwenden und man kann eine Situation zum Unguten verwenden. Wie der Wille, so der Gedanke", hat Bruno Gröning erklärt. Und wenn man gesehen hat, was böse Gedanken, böse Vorstellungen für Folgeerscheinungen haben, wo man gedacht hat, so was ist unmöglich, was lernen wir daraus? Wir lernen daraus, dass gute Gedanken, gute Vorstellungen, das Vertraue und Glaube stärker ist, wie alles Negative. Wir sollen nur so weit kommen, dass wir das als Zeichen nehmen, als Zeichen für die Chance der Menschen zusammenzuhalten. Und wir sollen etwas mehr tun, meine Freunde. Wir sollen davon überzeugt sein, dass es die Menschheit schafft. Wir sollen davon überzeugt sein, dass es so geführt wird, dass die Gewalt nicht siegen kann, sondern die Gewaltlosigkeit siegen wird. Es liegt also auch an uns, an uns kleinen Menschen, wie man sagt, es liegt an uns, mitzuhelfen, die Welt zu befrieden.

Nun, wie kann man das verstehen? Wir sind Kinder Gottes. Und wenn wir das Gute wollen, so sind wir mit Gott, mit dem Göttlichen in Verbindung. Mit der göttlichen Energie. Und wenn wir uns mit dieser Energie verbinden, in tiefem Vertrauen, in tiefer Demut, in tiefer Überzeugung, dann geht unsere Überzeugung, ist ein Auslöser für die Kraft, für das göttliche Feld. Das göttliche Feld ist so stark, man kann es kaum glauben, wie stark das göttliche Feld ist. Es braucht aber, weil der Mensch hat ja den freien Willen, es braucht aber Menschen, die gewillt sind, dass das Gute in der Welt geschieht.

Wir sind halt auf diese Weise Werkzeuge Gottes. Wenn wir ja dazu sagen und wenn wir fest sind in der Überzeugung. Und wenn wir nicht zweifeln. Wenn wir uns von den Fernsehbildern nicht in Angst und Schrecken versetzen lassen. Wenn man sagt, aha und jetzt wollen wir immer mehr und mehr Menschen wirklich das Gute, wirklich das Gute, wirklich die große Umkehr, so wie Bruno Gröning gesagt hat. Es ist meistens so gewesen, es ist nicht immer so, es ist meistens so gewesen, dass die Menschen erst dann den göttlichen Weg gehen, wenn sie Schwierigkeiten haben. Mhh, und Bruno Gröning, das heißt nicht Bruno Gröning, Goethe hat schon in seinem Faust den Mephisto sagen lassen: „Ich bin ein Teil von jener Kraft, die stets das Böse will und doch das Gute schafft!"

Er weiß es ganz genau, dass er letztlich verlieren wird, der Böse. Aber er versucht es immer wieder. Und zwar wird die Versuchung deshalb zugelassen, um den Willen, den freien Willen des Menschen zu testen und auf die Probe zu stellen. Gott braucht starke Menschen im Guten. Gott braucht überzeugte Menschen im Guten. Das muss man bedenken. Und schon Jesus Christus hat gesagt zu den Menschen: „Oh, wäret ihr doch heiß oder kalt. Weil ihr aber lau seid, will ich euch ausspeien!" Das heißt, mit lauen Menschen kann man nichts anfangen. Und warum heiß oder kalt? Weil der ärgste Gegner kann zum überzeugendsten Befürworter werden. Vergessen wir nicht, der Apostel Paulus war ein sehr großer Verfolger von Jesus Christus. Und dann ist ihm das Licht erschienen, ein ganz grelles Licht. Und Jesus hat aus dem Licht heraus gesprochen: „Saulus, Saulus, warum verfolgst du mich?" Und das war bei ihm die große Umkehr. Er war vorübergehend durch das Licht geblendet, und dann ist er in sich gegangen und hat sich gefragt, ja warum verfolge ich diesen Menschen, der das Gute will? Und da hat er sich bekehrt. Wie man gesagt hat, der Saulus ist zum Paulus geworden. Und dann hat er sich genauso für das Gute eingesetzt, wie zuerst für das Ungute. Wäre er aber lau gewesen, dann hätte er gesagt, na ja, was geht mich das an. Ich bin weder Befürworter noch Verfolger. Und daher ist es so wichtig, dass man erkennt, dass man mit der Lauheit auch Schuld auf sich ladet, weil man nicht das tut, was man vor der Geburt versprochen hat. Ja Bruno hat gesagt: „Jeder hat etwas versprochen, vor der Geburt. Und dann, wenn der Mensch geboren ist, wenn der Mensch heranwächst, dann wird das Gehirn von außen programmiert, von der Welt her, von den Sinnen her, von den äußeren Eindrücken her. Und die innere Leitung, die leise innere Leitung, die anklopft, wird beiseite geschoben!"

Ach was, blöde Einbildung, blöde Fantasie heißt es dann. Und so versäumen manche Menschen, viele Menschen erkennen nicht den Sinn ihres Lebens. Sie verleben ihr Leben, hat Bruno Gröning gesagt und sie erleben es nicht. Und wenn dann die Zeit vorbei ist, wo man diesen Körper sein Eigen nennt und wieder den Körper verliert, in dem Augenblick, an der Schwelle von Herüben nach Drüben, dann ist für jeden Menschen sozusagen der jüngste Tag. Er wird nicht von Gott gerichtet. Er richtet sich durch seine eigene

Erinnerung, meine lieben Freunde. Er sieht sein Leben ablaufen, ohne die Maske des Materialismus, ohne den Schleier des Vergessens. Und dann sagt er, mein Gott was hätte ich tun können und was habe ich getan. Und so wie Faust spricht: „Jetzt steh ich da, ich armer Tor und bin so klug als wie zuvor!" Wenn man das Leben verlebt. Aber es geht ja noch viel weiter, meine Freunde.

Wenn man den Körper, der ja ein Geschenk Gottes ist, der eine Gnade Gottes ist, damit wir den Körper überhaupt haben, damit wir unterscheiden können zwischen Gut und Böse. Der Körper ist das Instrument, das uns unterscheiden lernt. Ohne Körper ist jeder in seiner Sphäre eingeschlossen, wo alle gleichgesinnt sind. Da kommen nur, nach dem Tod kommt man nur mit Gleichgesinnten zusammen. Und hier auf Erden haben wir die Chance den gesamten Umfang des Lebens, den gesamten Umfang menschlicher Güte, aber auch menschlicher Gemeinheit kennenzulernen, meine lieben Freunde. Und das ist die Gnade Gottes.

Man muss sich nur vorstellen, dass Bruno damals zu mir gesagt hat schon im Jahre 1950: „Auch dein Körper ist ein Geschenk Gottes!" Damals hab ich mir gedacht, na Mahlzeit. Ist ja wahr! Heut weiß ich, ich hab das Geschenk bekommen. Und ich hab das Geschenk nützen dürfen. Und wenn man dieses Geschenk nützt, alle Freunde, alle Menschen sollen ja auf ihren Körper achten und dankbar sein für jeden Tag und in sich hineinhorchen, was ist meine Aufgabe? Was kann ich für mich selbst tun, damit mein Karma gelöscht wird? Ja und jetzt geht es darum, die Frage zu stellen, wann wird ein Karma gelöscht? Was ist Karma auflösend und was ist Karma bildend? Und dann kommt man, wenn man ganz genau darüber nachdenkt und wenn man ganz in sich hineinhört, kommt man früher oder später dahinter, dass nur die übergeordnete Liebe zu den Menschen, die selbstlose Liebe, Karma auflöst. Alles andere, was wir da tun, was wir da denken, was wir da planen, auch wenn wir noch so gut wollen oder auch, wenn wir unseren Partner umerziehen wollen, schafft Karma meine Freunde. Man kann nur frei-willig lernen und wenn wir sozusagen eine gute Rede schwingen und alles Mögliche erklären und mit dem nötigen Druck dahinter ist, schaffen wir schon wieder Karma. Also man kann auch im guten Glauben Karma aufbauen, in dem Augenblick, wo wir den Anderen nicht auf freiwilliger Basis helfen. Den Weg zeigen, hat Bruno gesagt und nicht mit dem Fuß auf den Weg hineinstoßen.

Das war ein bisser'l scharf gesagt, nein? Keine Gewalt, keine Gewalt. Der Mensch hat schon zu viel Gewalt getan und sich mit zu viel Gewalt belastet. Denken wir doch an die Christianisierung. Was hat diese Christianisierung für negatives Karma geschaffen? Was hat die Christianisierung, die mit Gewalt durchgeführt worden ist, für Bindungen aufgebaut, wo die Menschen, die reinkarnierten Menschen, heute noch daran knabbern müssen, ohne zu wissen, warum es ihnen so schlecht geht, meine Freunde.

Und ich habe gerade in den letzten Tagen merkwürdigerweise immer neue Telefonate bekommen, wo es geheißen hat, was soll ich tun? Ich kann nicht mehr! Ich kann nicht mehr an mich glau-ben, ich kann nicht mehr an Gott glauben, ich kann überhaupt nicht mehr. Und der Eine hat mir z.B. gesagt, er ist schon auf den Gleisen gesessen, auf den Bahngleisen. Aber dann hat er sich doch überlegt, dass das überhaupt nichts nützt, weil er mit dem gleichen Karma wiedergeboren wird. Da ist er dann wieder kleinlaut aufge-standen und von den Gleisen heruntergekrochen. Gott sei Dank, hab ich gesagt.

Also man kann seinem Schicksal nicht entrinnen, man kann nur sein Schicksal auflösen. Ja, das ist jetzt eine sehr grosse Erkennt-nis. Man kann nur sein Schicksal durch den Willen zum Guten auflösen. Und wenn man sagt, ich will nicht, ich kann nicht. So ist man dem Bösen, in Wahrheit dem Bösen verfallen. Der Ein-flüsterung des Bösen. Weil es ist doch so meine Freunde, entweder wir glauben an die Allmacht Gottes und wir glauben an die Hilfe

Gottes, oder wir glauben nicht. Wir lassen uns von der negativen Seite beeinflussen. Und der Eine hat gesagt, ich hab vor allem Angst, Herr Hosp. Ich hab auch vor Ihnen Angst. Aha, habe ich gesagt, das ist aber gut. Wenigstens weiß ich jetzt wer Sie beeinflusst, nämlich das Böse. Ja, was ist es denn? Angst ist das Böse. Angst ist die Eingrenzung, ist die Begrenzung. Ist der Wille des negativen Senders uns zu vernichten, meine Freunde. Geistig, seelisch und körperlich zu vernichten. Das muss man bedenken.

Und wenn wir in einer schwierigen Situation sind, so kann man nur eines tun, sich eine andere Vorstellung bilden. Dass man nicht über diese Situation nachdenkt, die scheinbar ausweglosen Situationen sind in Wirklichkeit nur ein Spiegelbild unserer Ängste, unsere Unfähigkeit an das Göttliche zu glauben.

Meine lieben Freunde, bedenken wir doch, wir bekennen uns zu Gott, wir bekennen uns zur Allmacht und in Wirklichkeit machen wir in die Hosen. So ist das, ja. Ich bin so realistisch, meine Freunde, ich muss so drastisch sein, damit die Freunde erkennen, ja wo stehe ich denn wirklich? Wo befinde ich mich in meiner Vorstellung? Es ist alles Vorstellung, wenn man etwas möchte, wenn man sich nach etwas sehnt, woher kommt das? Wenn man sich nach etwas sehnt und unglücklich ist. Ist doch reine Vorstellung, meine Freunde. Dass wir überhaupt jetzt in dem gesegneten Österreich, dass es da unglückliche Menschen gibt. Das ist ja ein Wahnsinn. Schauen wir doch in die anderen Länder, wo das Elend ist und trotzdem sind die zufriedener wie wir, im reichen Österreich. Und wenn wir jetzt Angst haben vor der Zukunft, weil wirklich etwas sein könnte, z.B. auch mit dem Geld etwas sein könnte, dann sage ich, wo bleibt das Vertrauen in die göttliche Führung? Und wenn wir wissen und wir zurückdenken und sagen, aha da habe ich die Hilfe gehabt, da habe ich die Hilfe gehabt. Ja, da habe ich sogar etwas Wundervolles erlebt. Und dann vergessen wir das. Dann kommt der nächste Berg vor unsere Schnauze, um Gottes willen!

Um Gottes willen! Was habe ich für eine Angst davor! Angst ist Unwissenheit hat der Bruno gesagt, Angst ist Mangel an Vertrauen. Und Angst ist in Wirklichkeit das Hängen am körperlichen Leben. Ja ja, solange wir uns noch selbst als körperliches Wesen betrachten. Der Körper ist angreifbar, der Körper ist verletzbar, der Körper hat Angst. Aber, wenn wir uns in unsere Spiritualität, in unseren Geist hineinversetzen, ja was haben wir denn zu verlieren? Wer kann uns denn drohen? Wenn wir als Geistwesen uns fühlen? Das müssen wir bedenken. Wir sind unsterbliche Geistwesen. Wir haben von Gott für eine bestimmte Zeit einen Körper geliehen, oder geschenkt bekommen. Und wenn wir für diesen Körper dankbar sind, dann wird dieser Körper beschützt, weil er unser Werkzeug ist um Karma abzubauen, um Erkenntnisse zu erlangen, um Gott zu erkennen, meine lieben Freunde. Dann werden wir geschützt, so lange geschützt, bis unsere Zeit hier abgelaufen ist.

Ja, meine lieben Freunde, so ist das. Und noch etwas muss ich sagen, lernen wir doch endlich auf uns selbst zu achten. Lernen wir, uns selbst zu prüfen. Wo bin ich? Was bin ich? Wozu fühle ich mich berufen? Was ist meine wirkliche Aufgabe? Nicht immer denken, dem muss ich jetzt helfen, dem muss ich jetzt helfen und das muss ich tun, alles Ablenkungen. Ablenkungen von uns selbst. Ja, so ist das. Und solange der Mensch sagt, ich will den Anderen helfen. Und solange er selbst am Boden kriecht, kann er gar nicht helfen, weil er zu schwach dazu ist. Und wenn ich z.B. auch wieder einen Anruf bekomme, um Gottes willen was soll ich tun? Mir geht es so schlecht. Mir geht es immer schlechter, aber dabei will ich doch den anderen Menschen helfen. Meine Freunde, was ist denn das in Wirklichkeit für eine Einbildung? Wenn man selber im Keller sitzt und dem da oben sagt, wart a bisser'l, du musst auf der Leiter dort und dort hin steigen. Nein, meine Freunde, der Bruno hat gesagt: „Zuerst muss man selber in Ordnung kommen. Man muss deshalb in Ordnung kommen, um ein brauchbares Werkzeug des Guten zu sein!"

Diese Frau, die mich immer wieder verzweifelt anruft, sagt sie ist so unglücklich, weil, wenn sie so schön spricht über Bruno Gröning, ja dann ist auch die Kraft möglich, dann sagen die Anderen aber zu ihr, du redest von der Kraft und wirst immer schlechter. Ist auch kein gutes Beispiel. Und dann sitzt sie wieder da und heult. Selber Schuld, selber Schuld meine Freunde. Man muss folgendes bedenken, wenn man am Boden ist oder wenn man Probleme hat, dann muss man zuerst mit sich selbst ins Reine kommen. Man muss eine gewisse Basis erlangen, um überhaupt nach außen hinwirken zu können, ja.

Ich habe vierzig Jahre geschwiegen, weil ich mit mir selbst genug zu tun gehabt habe. Aber dann, wie ich genug Kraft bekommen habe, wie ich genug Ideen bekommen habe, wie ich einen inneren Antrieb bekommen habe, habe ich gesagt gut, gut, ich werde den Freunden sagen, wo es lang geht. Wie sie sich einzustellen haben. Und bitte meine Freunde, nie sagen, der Bruno soll helfen. Nie sagen, der oder der soll helfen. Sondern der Bruno und alle Anderen zeigen nur den Weg. Gehen muss den Weg jeder selbst. Er muss sich selbst ändern. Er muss selbst dazu stehen, zu sich selbst stehen. Das ist der kleine Unterschied, meine Freunde. Noch etwas, man muss lernen mit sich selbst in Frieden zu leben.

Was heißt das, man muss lernen mit sich selbst in Frieden zu leben? Na, soll sich doch jeder einmal an sich denken, wie oft er mit sich selbst unzufrieden ist. Da gibt es ein schönes Sprichwort, am liebsten möchte ich mich in den Hintern beißen. Ja geht nicht, geht nur, wenn man eine Prothese hat. Ja, was heißt denn das? Man könnte sich selber zerfetzen, weil man irgendwas in sich hat, wo man sich nicht wohlfühlt. Und dann soll man sich selber überlegen, ihr könnt es ja selber ändern, ich kann mich ja selber sozusagen so weit planen und so weit in die Tat umsetzen, dass ich mit dem zufrieden bin. Zufriedener werde, meine Freunde. Oder so weit Gott vertraue, dass letztlich der Friede in mich einzieht, in mir einzieht. Das was ich sage, habe ich schon so und so oft erlebt.

Nebenbei bemerkt, kann ich mir nicht in den Hintern beißen, ich kann nicht einmal einen Teller an die Wand schmeißen, wenn mir danach zumute ist. Gutes Lernen, gute Übung, wirklich! Gut ausgedacht hat der liebe Gott meinen Körper. Mhh schön brav sitzen bleiben, bis der ganze Ärger verraucht ist.

Aber noch etwas meine Freunde, in dem Augenblick, wo man so weit ist, dass man sich als Geistwesen erkennen kann, in dem Augenblick kommen diese Situationen, wo man nicht aus und ein weiß, überhaupt nicht mehr zustande. Bin ja selber noch nicht so weit manchmal könnte ich ja doch was hinschmeißen. Aber bitte, das sind eben Lernsituationen, meine Freunde. Es geht aber nicht darum, dass man ganz heilig ist, das ist letztlich sehr langweilig, wenn man heilig ist. Denn es geht darum, dass man aus dieser Situation das Beste macht. Um das geht es immer. Dass man aus jeder schwierigen Situation das Beste macht. Und das ist unser eigener Wille meine Freunde. Was du willst, sei dein steht schon in der sechstausend Jahre alten Pyramide, in der Cheops Pyramide. Was du willst sei dein, was du nicht willst bleibe dir fern, prüfe, ob du getan, was zu tun war, hast du es versäumt, dann hadere nicht mit dir und der Welt.

Meine Freunde damals hat keiner vom Christentum was gewusst. Keiner, von irgendwelchen Philosophien. Das war das gesunde Empfinden der damaligen Priesterschaft. Obwohl bei denen auch nicht alles in Ordnung war. Obwohl sie auch Gewalt ausgeübt haben. Aber noch einmal, der Mensch soll seine Vorstellungen ändern. Er soll, wie man so schön sagt lernen, über seinen Schatten zu springen. Was heißt das? Er soll so weit kommen, dass er nicht Gewalt mit Gegengewalt erwidert. Das ist im Grunde genommen alles unsere Aufgabe. Auch nicht einmal gedanklich sollen wir sagen, mhh dem …... soll es heimgezahlt werden. Nicht einmal in Gedanken, meine Freunde. Außerdem weiß man noch immer nicht, wer es wirklich war. Bitte, eine Ausnahmesituation auf dieser Erde, aber auch die große Chance zusammenzustehen. Alle Kräfte, unabhängig von den Religionen wirklich zusammenzustehen zum Guten. Und wenn wir dazu beitragen zum Guten, in Gedanken, in der Vorstellung, im Wunsch, dann haben wir einen Teil unserer Aufgabe erfüllt.

Bruno hat damals zu mir gesagt: „Es stehen dir zwei Wege offen. Entweder du bist dankbar für dieses Leben und machst das Beste draus, oder du wirst in Verzweiflung und Elend noch einmal sterben, in dem Zustand und noch einmal in einem noch schwereren Zustand geboren werden!“

Ja, meine Freunde, das gilt aber nicht nur für uns, das gilt für alle die Karma abhängig sind und alle Menschen haben ihr Karma. Selbst Bruno hat z.B. gesagt: „Der Mensch ist so belastet, hat soviel Schuld auf sich geladen, von Vorleben, von den Vorleben, dass er keinen Anspruch auf Heilung hat!“ Schlimm was? Der Mensch hat keinen Anspruch auf Heilung. Wenn er aber dennoch geheilt wird, so ist das reine Gnade Gottes. So und jetzt ist der Mensch geheilt, ist natürlich sehr glücklich, aufgekratzt, hurra, juchhe und vergisst aber darauf, dass diese Heilung ein Bonus ist. Ein Bonus dafür, sein Leben zu ändern. Sein Leben gottgewollt zu gestalten. Und es hat z.B. Menschen gegeben, die gesagt haben: „Ja, danke schön Herr Gröning, ich bin geheilt. Jetzt brauche ich nicht mehr kommen, ich will den Anderen den Platz nicht wegnehmen.“ „Ach so“, hat der Bruno gesagt: „Setzen Sie sich doch ein bisschen zu mir, hören Sie mir zu!“ „Ach nein, Herr Gröning, ich hab keine Zeit, ich muss wieder in meinen Betrieb.“ Dann geht der Mann zur Tür und auf einmal sagt der Bruno: „Sie haben etwas vergessen, mein Herr.“ Und macht eine werfende Handbewegung, so wie wenn er ihm etwas zuwerfen würde. Der Mann zuckt zu-

43

sammen und ist wieder im alten, belasteten Zustand. Muss man sich mal vorstellen. Er sagt: „Der Mensch, der nicht wert ist, die göttliche Hilfe, die Gnade zu erkennen, bei dem ist es nicht möglich, eine dauernde Heilung zu veranlassen!"

Und noch etwas muss man aufklären, was leider in anderen Kreisen immer wieder verkehrt gebracht wird. In anderen Bruno Gröning Kreisen, meine ich. Nämlich die Aussage, Bruno, der große Heiler. Sie geben alles ab, an Bruno ab. Bruno wird es schon machen. Mhh ich sage immer, der arme Bruno, was der alles soll. Und auch zu seinen Lebzeiten hat er zu uns gesagt: „Sie haben keine Ahnung, was dem Bruno alles in die Schuhe geschoben wird!" Hm das will ich, meine Freunde. Und jetzt wollen die Leute noch immer dem Bruno alles in die Schuhe schieben, oder Gott in die Schuhe schieben. „Meine lieben Freunde, werden Sie besinnlich", hat der Bruno gesagt. „Besinnen Sie sich auf sich selbst. Ich zeige Ihnen nur den Weg." Und ich zeige euch auch nur den Weg. Ich, der eben aus Dankbarkeit zu Bruno, den Freunden helfen will, den Weg zu finden. Wegweiser zu sein, aber kein Zauberkünstler, meine Freunde. Und wenn sie selbst das tun, was notwendig ist. Und wenn ihr auch selbst erkennt und selbst die innere Ruhe findet, in jeder Situation die innere Ruhe findet, dann werdet ihr auch euren Weg finden. Den richtigen Weg, den guten Weg, der nicht nur materiell, also irgendwie vorteilhaft ist, sondern der auch hilft so weit zu kommen, so weit zu erkennen, dass man am Ende der Tage sagen kann, Mensch, das Leben war doch schön. Mensch, das Leben war doch lebenswert. Das Leben hat mir geholfen. Gott hat mir geholfen.

Seht meine Freunde, das ist der Sinn, nicht Ärger, nicht Zorn, nicht herum denken, auch nicht im Kreis denken. „Grübeln Sie nicht schon wieder", hat der Bruno gesagt. „Grübeln führt zu keinem Ergebnis, lassen Sie innerlich los! Übergeben Sie das Problem der göttlichen Gnade. Und wenn Sie vertrauen haben, und zwar möglichst Vertrauen, was nicht mit der äußeren Situation zu erklären ist, vertrauen jenseits der materiellen Situation, dann wird sich ihre Umgebung, dann wird sich die gesamte Lebenssituation ändern!"

Und ich kann es nur bei uns bestätigen, dass es so gekommen ist. Und wir sind unendlich dankbar, die Lisl und ich. Unendlich dankbar, meine Freunde. Dass wir immer wieder, immer wieder sehen, dass alles in Ordnung kommt, was in Ordnung kommen soll. Und wenn es noch so dunkel ist, noch so dunkel, meine Freunde. Es geht doch immer wieder die Sonne auf, immer wieder. Man muss nur die Sonne sehen, nicht die Augen zu machen. Geistige Sonne, die geistige Sonne sieht man nur dann, wenn man sie beachtet. Sonst ist es finster. Und wenn einer sagt, ich kann nicht mehr glauben. So ist das eine Situation, in die er sich selber gebracht hat. Wer nicht mehr an Gott glaubt, der glaubt auch nicht mehr an sich und seine Möglichkeiten. Und wenn man noch solche Möglichkeiten hat, wenn man sagt, ich sehe nicht mehr, ich habe nichts mehr, ich bin am Ende. Dann macht sich der Mensch selbst eine Begrenzung. Gott ist unbegrenzt. Geistiges ist unbegrenzt. Die Hilfe ist unbegrenzt. Die Fantasie ist unbegrenzt, meine Freunde. Nur der Mensch in seiner Logik ist begrenzt. Also ist die Logik schuld und nicht Gott. Die Vorstellung ist schuld, man stellt sich etwas vor und glaubt, das ist richtig. Und wenn man Schwierigkeiten bekommt, dann sagt man nur, ja logischerweise mussten ja diese Schwierigkeiten kommen. Also es gibt Dinge, wo man sich auch im Negativen bestätigt fühlt. Und darum sage ich, loslassen, meine Freunde. Jeden Abend vorm Einschlafen loslassen. Nicht die ganzen Sorgen, nicht den ganzen Kummer, nicht die ganzen Probleme mit in den Schlaf nehmen. Und nachher wundert man sich, wenn man in der Früh total kaputt aufwacht. Ja, weil man diese innere Verkrampfung mitgenommen hat. Und es gibt viele, viele Dinge, die sich nicht mit Logik lösen lassen, meine lieben

45

Freunde. Es gibt Dinge, die muss man auf sich zukommen lassen, die sind da. Die werden uns in den Schoß gelegt. Und da kann man ja oder nein dazu sagen. Ja oder nein. Und wenn man ja gesagt hat, dann soll man diese Dinge in die Tat umsetzen. Und dann beginnt erst die Logik. Die Logik beginnt beim Umsetzen, nicht beim Ausdenken. Die Logik brauche ich, um das, was ich will, das was mir gegeben wird, maximal in dieser Welt zu verwirklichen. Das ist der Unterschied, meine lieben Freunde.

Zuerst bitten, nicht immer bitten. Wenn man genug Vertrauen zu Gott hat, braucht man nicht einmal um Hilfe bitten, weil Gott weiß sowieso, was wir brauchen. Vertrauen heißt, im Vorhinein danken. Vertrauen heißt, ich gebe mich der göttlichen Führung hin, aus, aus. Man soll nicht immer glauben, dass man am Steuer sitzen und alles selber machen muss. Man kann auch einmal ganz gemütlich Beifahrer spielen. Der Andere wird es schon machen, die Führung habe ich ja, die geistige. Also genieße ich die Fahrt, weil ich weiß, dass der am Steuer sitzt, macht das Richtige. Und überprüfen, liebe Freunde. Überprüfen einmal wie oft Gott am Steuer sitzt und wir brauchen ihm nur vertrauen. Wenn man natürlich dann ins Lenkrad hineingreift und sagt, hoppla, das hab ich mir anders vorgestellt. Bitte, dann muss man die Folgen tragen. So einfach ist der geistige Weg. Wenn man das Richtige weiß und das Richtige tut. Nämlich, vertraue und glaube, es hilft und heilt die göttliche Kraft. Ich danke euch für die Aufmerksamkeit.

Wir stellen uns noch einmal ganz still, ganz leise, aber ganz intensiv auf die göttliche Kraft ein. Jeder nimmt das auf, was er braucht. Jeder nimmt das auf, was er und sein Körper und seine Seele notwendig hat. Und jeder, jeder beachtet nur sich selbst. Nur sich selbst, meine lieben Freunde.

Ich brauche die Hilfe, ich nehme die Hilfe, ich brauche die gute Idee, ich nehme die gute Idee, und ich danke für das, was mir zuteil wird. Ich nehme das, was ich heute bekomme, als Samen für das, was ich brauche. Mir wird all das gegeben, zu dem ich ja sage. Mir wird all das gegeben, was für mich gut ist. Und mir wird all das genommen, was mir schadet. Was mich hindert, zu erkennen, was mich hindert stärker zu werden, im Guten.

Ich nehme die Kraft auf, die durch mich hindurch fließt, die mich beseelt, die mich tröstet, die mir die guten Gedanken gibt. Ich vertraue auf die Führung, auf die geistige Führung. Wir werden geführt, wir werden zu dem geführt, was wir brauchen. Wir lassen alle unsere Vorstellungen, von all dem lassen wir los. Loslassen und dankbar sein. Loslassen und vertrauen auf die Zukunft. Für uns selbst als Geistwesen ist die Zukunft …… und darauf vertrauen wir. Hmm die Kraft fließt, die Kraft strömt, die Kraft baut uns auf und die Kraft nimmt uns die Mühsal. Die Kraft macht uns frei, von karmischen Bindungen. Wir lassen die Bindungen los. Wir lassen die Gedanken los, meine Freunde. Wir übergeben uns dem geistigen Licht, der geistigen Liebe. Wir danken für das, was uns gegeben wird. Für all das, was wir notwendig haben. Gott weiß am besten, was wir brauchen und daher danken wir für das, was wir bekommen. Danke, danke, danke!
Musik


Mitschnitt vom 27.10.2001 in Judenburg
**Das Leben ist Gott! Was heißt das?**

Fredy: Liebe Freunde Bruno Gröning hat gesagt, mehrmals in meiner Anwesenheit: „Ich weiß nicht viel. Ich weiß nur das, was die heutigen Menschen nicht mehr wissen!" Das zeigt uns schon, welch bescheidener Mensch er war, denn wir können nicht er-messen, was Bruno Gröning wirklich gewusst hat.

Aber er hat gesagt: „Ich weiß das Wahre, die Wahrheit und ich sage euch das, was notwendig ist, um das Leben richtig zu erleben und nicht zu verleben!" Und da sagt er unter anderem auch: „Das Leben ist Gott!" Ja, was heißt denn das? Das Leben ist Gott. Und er sagte auch: „Und der Mensch, der das Gute will, ist im Grunde genommen göttlich. Gott ist er nicht, aber göttlich ist er. Und der Mensch hat vergessen, die Verbindung zu Gott aufrechtzuerhalten. Er ist verlockt und verleitet worden in den vergangenen Jahrhunderten und hat dadurch die Verbindung zu Gott verloren!"

So, was heißt das? Ich hab Bruno Gröning vor einundfünfzig Jahren kennengelernt. Und in diesen einundfünfzig Jahren habe ich mich immer wieder bemüht, mit Gott, die Verbindung mit Gott aufrecht zu erhalten. Und das ist nicht immer leicht, meine Freunde. Gott ist die große Harmonie. Wenn Gott wirkt, so können wir ihn nur empfangen, wir können nur das Göttliche empfangen, wenn wir selbst in Harmonie sind. Wenn wir selbst im Gleichgewicht sind. Wenn wir selbst die innere Ruhe haben.

Bruno Gröning hat gesagt: „Es ist so wichtig, in der inneren Ruhe zu leben. In der inneren Ausgeglichenheit, in der inneren Zufriedenheit, zu leben!" Denn nur so, können wir mit Gott, mit dieser hohen Schwingung, in Kontakt kommen und die Kraft aufnehmen. Die Kraft, die alles im Körper, aber nicht nur im Körper, sondern auch im Geist und in der Seele reguliert und heilt. „Heilung kommt von Heil, von Heiligung", hat der Bruno gesagt.

Und im Übrigen möchte ich vorausschicken, dass ich immer nur das erkläre, immer nur das spreche, was ich vom Bruno gehört habe. Ich müsste fast nach jedem Satz sagen, Bruno hat gesagt. Aber die Freunde wissen sowieso schon, dass ich nur das wiedergebe, was Bruno gesagt hat und auch das, was ich als Wahrheit erkannt habe. Und jetzt, nach fünfzig Jahren, kann ich mit ruhigem Gewissen sagen, dass Bruno immer recht gehabt hat. Dass jedes Wort vom Bruno seine Richtigkeit hatte. Wenn er etwas gesagt hat, oder wenn er es sagte: „Sie brauchen mir nicht glauben, Sie brauchen das nicht glauben, was ich sage, aber überzeugen Sie sich selber davon. Es ist die reine Wahrheit!"

Ja, meine Freunde, was heißt das? Das Leben ist Gott. Das heißt doch nichts anders, dass wir Menschen nur dann richtig leben, richtig handeln, richtig denken und fühlen, wenn wir die Harmonie wollen, in die Tat umsetzen wollen. Und wenn wir uns wirklich bemühen, immer in der Ruhe zu bleiben. So sagte er unter anderem auch: „Verweilen Sie keinen Augenblick in einem unguten Gedanken!" Das ist natürlich sehr schwer. Weil es kommt sehr viel auf uns zu. Wo man manchmal die Ruhe verliert. Wo wir manchmal ungeduldig werden. Wo wir uns auch ärgern. Ganz deutlich, wir ärgern uns. Und nachher sehen wir ein, dass der ganze Ärger in Wirklichkeit umsonst war. Weil wir dann doch wieder die Hilfe bekommen, dass alles in Ordnung abläuft. Und das ist so wichtig, meine Freunde, dass wir lernen Vertrauen zu haben. Dass wir lernen, auch in einer schwierigen Situation auf die Hilfe des Göttlichen zu vertrauen. Und ich merke immer mehr, wie wichtig es ist bei allem Vertrauen zu haben. Bei jeder Situation Vertrauen zu haben. Und wenn wir einmal aus der Ruhe kommen, so ist das nur eine Situation, wo wir lernen, wie tief das Vertrauen ist. Oder wie wenig das Vertrauen noch vorhanden ist. Bruno hat gesagt: „Vertraue und glaube!"

Und das ist die Voraussetzung. „Vertraue und glaube, es hilft und heilt die göttliche Kraft!" Aber zuerst ist das Wort vertraue und glaube. Nicht so, dass man annimmt, na ja, dann probier ich halt einmal das. Ich werde mal schauen, ob das eine Wirkung hat. Und jedes Fragezeichen, meine Freunde, jedes Fragezeichen im Geistigen bedingt, hat eine Unterbrechung mit dem göttlichen Strom, mit der göttlichen Hilfe, mit der göttlichen Führung zufolge. Also wir sehen, dass wir in unserem Leben größtenteils die Verbindung mit Gott nicht erlangt haben, weil wir eben

Menschen sind, die manchmal zweifeln, die vielleicht sehr oft zweifeln. Und immer wieder sagen sie, lieber Gott, hilf mir. Hoffentlich kriege ich die Gesundheit. Und auch das Wort hoffentlich wollte Bruno nicht hören. Weil er sagt: „Darinnen ist ein Zweifel!" Genauso das Wort vielleicht wollte er nicht hören. Weil auch da ist ein Zweifel drin. Und man muss vollkommen überlegen, wie inkonsequent der Mensch ist. Einerseits sagt er, ich glaube an die Allmacht Gottes und andererseits zweifelt er an dieser Allmacht. Und als dritter Punkt kommt zu diesen Zweifeln dann noch die Erfahrung dazu, dass er wirklich keine Hilfe bekommt. Aber nicht deshalb, weil die Kraft nicht da ist, sondern nur deshalb, weil er diese übergeordnete geistige Kraft anzweifelt und dadurch die Harmonie mit dem Göttlichen verliert.

Oft hat der Bruno gesagt: „Es ist die große Umkehr notwendig! Die Umkehr im Geistigen, die Umkehr im Gefühlsleben und die Umkehr in der Überzeugung, im Glauben!" Und wenn wir die heutige Weltlage betrachten, so dürfen wir nicht sagen, warum lässt denn das der liebe Gott zu? Denn auch das ist ein großer Irrtum, ein menschlicher Irrtum. Die Menschen glauben immer, Gott muss eingreifen.

Meine Freunde, der Mensch hat den freien Willen von Gott bekommen. Und dieser freie Wille wird auch respektiert, wenn solche Schwierigkeiten auftreten, wie momentan in der Welt eben vorhanden sind. Aber wir sollen davon überzeugt sein, dass letztlich das Gute siegt. Dass letztlich doch der Mensch einsieht, dass mit Gewalt und mit Hass überhaupt nichts zu machen ist.

Ich hab einmal im Geistigen gefragt, ja es ist doch soviel Böses auf der Welt, wie soll denn da das Gute siegen? Und da kam die Antwort: „Das Gute wird deshalb siegen, weil sich das Böse, das Ungute selbst vernichtet!" Also daher soll man nicht sagen, um Gottes willen, wie schaut es auf der Welt aus? Das ist nicht unsere Sache.

Unsere Sache ist zu glauben, zu vertrauen und davon überzeugt zu sein, dass letztlich diese kleinen Pflänzchen des Guten, sich weiterverbreiten. Und alles andere sich selbst aufhebt.

Wenn wir z.B. einen Garten bepflanzen. So wird, wenn ich den Fehler begehe, wenn manche Gartenliebhaber hunderte von Pflanzen einsetzen und sagen: „Nun habe ich meinen Garten gut bepflanzt." Ja und nach zehn, zwanzig, dreißig Jahren ist dann der Garten so verwuchert, dass man kaum durchgehen kann. Also, was will uns das lehren? Das Leben ist stark! Das Leben ist stärker! Und wenn wir einen Baum pflanzen, oder einen Strauch setzen, so sollen wir uns vorstellen wie groß dieser Baum wird und wie breit dieser Strauch wachsen wird. Und man soll von vorhinein den Pflanzen einen nötigen Abstand einräumen. Was ich damit sagen will, ist folgendes, die Natur lehrt uns die Kraft des Lebens. Aus einem winzigen Samenkorn wird zunächst eine ganz kleine Pflanze mit zwei Blättern. Aha, der Same ist aufgegangen. O.k. und dann brauchen wir nur warten und das Licht darauf scheinen lassen, genügend Wasser der Pflanze geben und über kurz oder lang, oder längere Zeit, wird aus dieser kleinen Pflanze ein herrlicher Baum, oder ein großer blühender Strauch. Und dann sehen wir, aha, das Gute hat wieder einmal gesiegt. Und so ist es auch bei uns meine Freunde. Wir sind diejenigen, die einen Garten anpflanzen. Und es steht ja auch schon in der Bibel, wo Christus gesagt hat: „Ich bin der Weinstock, ihr seid die Reben. Gebt acht, dass ihr nicht die Verbindung zum Weinstock verliert, sonst werden die Reben verdorren!" Ich will damit sagen, zunächst beginnt das Gute mit ganz wenigen Menschen. Da einer, dort einer und wieder einer. Es ist eigentlich nicht die Masse wichtig, sondern die Qualität ist wichtig, ob dieser Mensch wirklich zum Guten steht. Zunächst einmal für sich selbst zum Guten steht. Zunächst einmal eine Relaisstation Gottes wird. Im Zeitalter der Technik sind diese

Relaisstationen sehr wichtig. Aber sie funktionieren nur dann, wenn sie auf die Empfangswelle eingestellt sind.

Und wie unglücklich sind die Menschen z.B., wenn einmal der Fernseher für kurze Zeit ausfällt? Oh, das ist ja schrecklich. Jetzt hat gerade meine Lieblingssendung begonnen und jetzt fängt der Kasten plötzlich zu flimmern an. Meine Freunde, was ist geschehen? Es muss nur eine ganz winzige Kleinigkeit sein und der Sender fällt aus. Er kann das Programm nicht weitergeben, weil er von dieser Sendewelle abgewichen ist. Das ist eine technische Störung. Durch einen Stromausfall ist der Sender nicht mehr imstande, das Programm weiterzugeben. Aber wir Freunde Bruno Grönings, die das Gute wollen, sind im Grunde genommen auch Relaisstationen.

Und wir brauchen nur eines tun, darauf achten, dass wir immer in Harmonie, in Resonanz mit der guten Schwingung bleiben. Denken wir immer dran, wenn wir daneben sind, wenn wir uns ärgern, wenn wir traurig sind, wenn wir Angst haben, dann ist das Programm weg. Stellen wir uns dann immer einen Fernseher, der kein Fernseher ist, sondern eine schneiende Mattscheibe, stellen wir uns das vor, meine Freunde. Und schon werden wir sagen, hoppla, ich will kein Störsender sein. Ich will empfangen, nur empfangen und bereit sein weiterzugeben. Das ist so wichtig. Möglichst viel Harmonie zu haben. Möglichst viel Vertrauen zu erarbeiten und möglichst so weit zu kommen, dass kleine Störungen uns nicht aus dem Gleichgewicht bringen.

So und jetzt noch etwas. Was immer wieder gefragt wird und was sehr wichtig ist.

Sollen wir uns auch für andere Freunde einstellen? Mhh und da hat der Bruno etwas ganz Interessantes gesagt, er hat gesagt: „Stellen Sie sich ein stehendes Dreieck vor!" So wie eine Pyramide hat er gemeint, aber es ist ein Dreieck, und die Kraft kommt von oben. Oben ist Gott, links ist der Eine, der für den Anderen bittet und rechts ist der Hilfesuchende. So und jetzt dürfen wir nicht den Fehler machen bitte, das sind Originalworte vom Bruno Gröning, dass wir uns direkt auf den Hilfesuchenden einstellen. Weil die Querverbindung von dem Dreieck hat es in sich, dass wir auch die Störung von dem anderen aufnehmen können. Also bitte keine direkte Querverbindung.

Sondern, wenn wir wissen, dass jemand in Not ist, mhh so schicken wir ein Funksignal hinauf. Stellen wir uns vor, dass im Zeitalter des Satelliten, wird auch ein Funksignal hinauf geschickt und der Satellit spiegelt es wieder dorthin weiter, wo es gebraucht wird. Und im Geistigen ist dort oben Gott. Und wenn wir für jemanden bitten, so brauchen wir nicht stundenlang uns einstellen, nicht einmal zehn Minuten, nicht einmal eine Minute. Wir schicken das Signal hinauf, ich bitte für den, oder ich bitte für mich, oder ich bitte für den Frieden in der Welt.

Und dieses Signal schaltet die Hilfe Gottes ein. Und dann kommt die Hilfe dort hin, wo sie gebraucht wird. Vorausgesetzt, der andere ist bereit diese Hilfe anzunehmen. Also wir wissen, Gott ist allmächtig, wir wissen, Gott ist allwissend. Ja, aber warum müssen wir dann überhaupt bitten? Mhh der Mensch hat den freien Willen und das Kraftfeld Gottes ist da. Genauso wie der Strom da ist. Aber man braucht einen Menschen, der aktiv wird. Sowie ein Schalter, wenn wir Licht brauchen, drücken wir auf den Schaltknopf und Licht ist da.

Und das ist auch der Hintergrund, wenn in der Bibel steht, wo eine Stadt bedroht war, z.B. Sodom und Gomorrha und jemand hat gebeten, Gott soll diese Menschen verschonen. Und die Antwort war laut Bibel, wenn du in dieser Stadt drei Gerechte findest, die an das Gute glauben, so will ich diese Stadt verschonen. Also ein Dreieck wieder, und wenn diese Menschen wirklich glauben, und wenn diese Menschen wirklich das Gute wollen, dann ist das auch ein Empfangsfeld, wo die anderen durch die Gnade Gottes verschont werden. Was ich damit sagen will, ist Folgendes, man braucht nicht viele Menschen. Man braucht nur Menschen, die als Empfänger und Sender für das Gute dienen. Und daher ist unsere Aufgabe so wichtig. Wir brauchen keine große Zahl, natürlich, wenn sie größer wird, umso besser. Je mehr Menschen das Gute erkennen, umso besser. Aber begonnen und weitergeführt wird's immer nur von wenigen, die vom Guten überzeugt sind. Und vom Guten überzeugt zu sein, das ist alles.

Bruno hat gesagt: „Mehr will Gott gar nicht!" Wir sollen bereit sein, die Harmonie in uns aufrecht zu halten. Und danach zu trachten, dass wir genau wissen, ganz genau, das Leben ist Gott. Und wir leben, um der Welt zu dienen.

Hüter der Schöpfung solltet ihr sein, und dann geht's weiter in der Kundgabe, oder in der Botschaft von Gott, und Zerstörer meiner Schöpfung seid ihr geworden. „Aber diejenigen", hat Bruno gesagt, „auf der ganzen Welt gibt es Menschen, die wirklich das Gute wollen. Von ganzem Herzen das Gute wollen. Und die sind zu einem Ring um die Erde zusammen geschlossen!" Dann hat Bruno die Kugel verteilt, die Kugel mit dem Ring. „Vergesset nie", hat er gesagt, „dass ihr Teile dieses Ringes um die Erde seid! Und dieser Ring wird die Erde vor dem Schlimmsten bewahren!" So ist die geistige Wahrheit.

Und wenn man auf die Erde blickt, so soll man nicht das Vorübergehende sehen. Das vorübergehende Leid, das, was sich die Menschen selbst machen. Sondern wir sollen wissen, dass die Schöpfung, eine Schöpfung des Ewigen ist. Eine Schöpfung, deren Zeitablauf wir uns überhaupt nicht vorstellen können. Und jeder, meine Freunde, jeder soll zunächst mit sich selbst ins Reine kommen. Nicht das Äußere betrachten. Wir sind, jeder für sich ist wichtig, für sich selbst. Und jeder soll nur eines tun, selbst in der göttlichen Schwingung zu bleiben und sich nicht von Außen ablenken zu lassen. Und Bruno hat z.B. gesagt: „Schauen Sie nicht immer auf die Anderen. Beachten Sie sich selbst, was Sie spüren, was Sie denken, was Sie stört. Darüber müssen Sie sich selbst Rechenschaft ablegen und nicht auf andere Menschen schauen!" Das ist ja schon ganz eine uralte Weisheit von Jesus Christus gesprochen, wenn er gesagt hat: „Jeder sieht den Splitter im Auge des Nächsten, den Balken in seinem eigenen Auge bemerkt er nicht!"

Mit anderen Worten liebe Freunde, jeder beachtet sich selbst. Jeder ist seines eigenen Glückes Schmied.

Und einmal in Wien hat er so gesprochen, da war die Lilo noch dabei, meine spätere Frau, die auch ebenfalls im Rollstuhl war, wie ihr sowieso schon wisst, und da hat er einmal gesagt: „Ja, meine Freunde, jeder glaubt sagen zu können, ja, wenn der Fredy und die Lilo die körperliche Heilung bekommen, dann können wir glauben. Freunde, man darf den Glauben nicht von Bedingungen abhängig machen!"

Christus hat gesagt zu Thomas: „Nicht sehen und doch glauben, ist das Wichtigste!" Und er hat gesagt: „Es ist nicht die Sache der Freunde zu beurteilen oder zu wünschen, der oder der soll gesund werden. Nein, meine Freunde, das soll er nicht tun, sonst nimmt er auch Sachen auf, die nicht in Ordnung sind!" Ich habe vor zwanzig Jahren einen Mann kennengelernt, einen sehr netten Herren und der hat gesagt zu mir: „Was gäbe ich darum, wenn ich deine Behinderung abnehmen könnte!" Habe ich gesagt, tun Sie das nicht! Das ist nicht ihr Problem. „Ja aber", usw. Na der Wunsch ist ihm dahingehend in Erfüllung gegangen, dass er jahrelang schwer krank geworden ist. Und dann hat er gesagt: „Ja, warum hilft mir Gott nicht. Ich bin von der Kraft überzeugt, und habe doch trotzdem das Problem mit meinem Körper." Ich war dann nicht mehr bei ihm, ich bin nicht mehr mit ihm zusammengekommen. Aber ich hätte sagen können, ja das war ja der Wunsch von Ihnen. Etwas abzunehmen, das nicht Ihr Problem ist. Und genauso ist es, wenn wir uns einstellen. Wir dürfen ja nicht, das ist der größte Fehler, auch wenn wir drum bitten wünschen, dass dieser Mensch die Belastung verliert. Wenn wir das wünschen, so ist das auch ein Verlangen. Lieber Gott nimm ihm die Belastung ab. Wir wissen gar nicht und das hat der Bruno gesagt: „Wir wissen gar nicht, warum ein Mensch eine solche Belastung hat und auch aus dieser Belastung lernen muss!"

Wie gesagt, wir können aber das Dreieck benutzen. Indem wir eben sagen, es wäre schön und ich wünsche aufgrund meiner Nächstenliebe, „liebe deinen Nächsten wie dich selbst", hat der Bruno gesagt, „aber noch mehr. Liebe deinen Nächsten, mehr wie dich selbst!" Also aufgrund dieser echten Nächstenliebe bitten wir zu Gott um Hilfe. Ganz kurz, nicht lange. Und am Ende unserer Bitte sollen wir danken. Danken deshalb, weil wir, wenn wir wirklich an Gott glauben, sind wir von dessen Hilfe überzeugt. Und daher können wir danken. Und daher sollen wir danken. Der Dank ist der Ausdruck unseres Vertrauens und damit ist es im Grunde genommen erledigt, die Geschichte. Dann bleibt der andere mit seinem Wunsch um Hilfe mit Gott allein. Und wenn der andere auch Vertrauen hat und wenn der andere reif dazu ist, Hilfe zu empfangen, dann bekommt er die Hilfe. Aber wenn der andere, diese Belastung oder dieses Leiden oder diese Behinderung benötigt, um lernen zu können, lernen zu dürfen, lernen zu müssen, dann müssen wir auch sagen, mein Gott, dein Wille geschehe!

Mit diesem Wort, dein Wille geschehe, vertrauen wir uns der göttlichen Allmacht, der göttlichen Hilfe, der göttlichen Vorsehung an. Weil, wir sind ja nicht sozusagen zufällig hier. Zufällig in dieser Lage, zufällig in dieser Stadt, zufällig in dieser Familie. Wir haben ja schon vorher ja dazu gesagt. Wir sind ja auf die Welt gekommen, um eine Aufgabe zu erfüllen. Und wenn wir diese Aufgabe erfüllt haben, so dürfen wir wieder in die geistige Welt hinüberwechseln. Und wenn wir diese Aufgabe nicht erfüllen, weil der Mensch uneinsichtig ist. Weil der Mensch oft stur ist und etwas durchsetzen will, was ihm gar nicht zusteht, was auch gar nicht gut für ihn wäre, so verlebt er sein Leben. Und wenn das Leben zu Ende ist, das zeitliche Leben hat ein Ende, und er hat seine Aufgabe nicht erfüllt, dann ist es nachher viel, viel schwerer. Denn er schafft sich dadurch ein negatives Karma. Also ist unsere Aufgabe dahingehend aufzupassen, unsere Lebensaufgabe, dass wir lernen, mit uns selbst in Harmonie zu sein. Dass wir auch lernen, soweit mit uns in Harmonie zu sein, dass wir uns selbst lieben, dass wir uns selbst anerkennen, so wie wir sind. Mit all unseren Fehlern, mit all unseren Mängeln, mit all unseren kleinlichen, zunächst kleinlichen Gefühlen.

Ja, wir dürfen uns nicht über uns selbst ärgern, obwohl das oft der Fall ist. Mein Gott, jetzt hast schon wieder so einen Blödsinn gemacht! Mein Gott, hätte ich nur das anders gemacht! Hat man nichts davon. Man hat es getan, man hat gesehen, dass es falsch ist und man macht es jetzt anders. Und so lernt man allmählich sich selbst kennen. Man lernt allmählich, mit sich selbst umzugehen und man sagt, gut, ich bin in diesem Leben so geschaffen. Ich hab diese oder jene Fehler, ich hab aber auch diese oder jene Vorzüge. Also werde ich das Leben so leben, wie es am besten ist. Und dann beginnt man, dann begreift man erst, dass man ein göttliches Wesen ist. Und man schließt mit sich selbst Frieden. Man wundert sich z.B. oft, dass es Menschen gibt, die dauernd umeinander schelten. Die dauernd umeinander keppeln (nörgeln). Denen nichts recht ist, nichts recht zu machen ist.

Und ich sage, ich hab mich oft gefragt, warum diese Menschen so sind? Und die Antwort ist ganz einfach. Sie können sich selber nicht leiden. Und weil sie sich nicht leiden können, suchen sie immer wieder die Schuld beim anderen. Solange die Schuld beim anderen, bis sie einmal allein dastehen oder auch in irgendeinem Altenheim landen und dann sich ihre eigene Suppe kochen. Ist das notwendig? Wenn man weiß, dass man ein göttliches Leben, ein göttliches Wesen ist und ein göttliches Leben bekommen hat. Und auch eine Aufgabe zu erfüllen hat, die uns empor führt. Die uns weit hoch hinauf schweben lässt.

Wo der Bruno gesagt hat: „In den geistigen Welten ist es so schön, so hell, so licht, das kann man gar nicht mit Worten beschreiben!"

Und die Menschen, die das Leben erleben, die sich wirklich bemühen, wenn sie einmal einen Blick hinübertun können, dann wollen sie gar nicht mehr zurück, so schön ist es. Aber es gibt auch Menschen, die es sich so verbaut haben. Durch ihren Eigensinn, durch ihre Wut, durch ihren Ärger, durch all das, was sie ausstrahlen. Dass sie eben in eine Sphäre hineintauchen, die wirklich nicht schön ist. Aber der Mensch hat einen freien Willen. Und es gibt Menschen die sterben mit einem Lächeln auf den Lippen und es gibt andere Menschen, die kämpfen bis zum letzten Atemzug, weil sie ein schlechtes Gewissen haben. Und nur so kann man auch das Wort vom Bruno verstehen, das nicht so leicht verständlich ist. Wenn er gesagt hat: „Sich lieben, heißt Gott lieben!" Und wenn man sich nicht mag, und wenn man mit sich selber nicht zurechtkommt ja, dann kann man auch Gott nicht lieben. Weil wir ein Teil Gottes sind. Und wenn wir Schwierigkeiten haben, meine lieben Freunde, mit uns selbst Schwierigkeiten, mit dem Leben Schwierigkeiten, ja dann, wie sollen wir dann froh sein, dass wir ein Leben bekommen haben. Es gibt Menschen, die sagen, wozu lebe ich? Wozu habe ich dieses Leben? Für mich ist es ein Hundeleben. Ist auch falsch ausgedrückt, weil die Hunde fühlen sich ja meistens pudelwohl mit ihrem Leben, also falsch ausgedrückt. Und es gibt Menschen, junge Menschen die sogar den wahnsinnigen Fehler begehen, und die Eltern beschuldigen, weil Sie sie gezeugt haben. Das soll man nicht machen. Damit versündigt man sich gegen das Leben, gegen Gott und auch gegen sich selbst, meine Freunde. Warum, ist doch ganz einfach, wenn man es weiß. Wenn man weiß, dass es die Reinkarnation gibt, deshalb, dass wir immer wieder einen Körper bekommen. Wenn der gegenwärtige Körper eben seinen Dienst erfüllt hat. So muss man das folgendermaßen bedenken. Warum bekommen wir wieder ein Leben?

Bruno Gröning ist einmal gefragt worden, wie ist das mit den Menschen, die mit dem Leben nicht fertig werden? Wie ist das mit den Menschen, die nur im Unguten herumwühlen? Werden sie auch der Gnade Gottes teilhaftig? Die Antwort war interessant: „Ja, sie sind der Gnade Gottes teilhaftig. Sie können in einem neuen Körper noch einmal beginnen. Das ist die Gnade Gottes!" Und hier muss man das ganz genau verstehen. Warum das die Gnade Gottes ist. Der Mensch neigt dazu, an verschiedenen Dingen zu hängen. Er klammert sich an dieses bisschen Leben, dieses bisschen Besitz, oder seine Familie. Er klammert sich an seine Familie, lieber Gott, lass mir das! Nimm mir das nicht weg! Und in Wirklichkeit ist er dadurch verhärtet. In seiner Vorstellung verhärtet. Und ein verhärteter Mensch kann nicht mehr lernen.

Und andererseits hat Bruno Gröning gesagt: „Solange der Mensch bereit ist zu lernen, innerlich bereit, solange noch ein bisschen Hoffnung besteht, dass er lernt, darf er auf dieser Erde bleiben. In dem Augenblick, wo aber von der geistigen Seite gesehen wird, dass das Leben eines Menschen vollkommen sinnlos ist, weil er einfach in sich verhärtet ist. In dem Augenblick wird ihm der Körper genommen. Weil ein sinnloses Leben lässt Gott nicht weiter existieren. Und so ist es oft so, dass manche Menschen länger leben dürfen und manche aber auch nur ganz kurz!"

Und dann erhebt sich die Frage in diesem Zusammenhang, wie ist es mit den Unfällen? Wie ist es mit den Unglücksfällen? Da ist wieder einmal die Frage, warum greift Gott da nicht ein? Und es ist ganz einfach zu verstehen, wenn man ein bisschen vom Geistigen weiß. Es ist immer nur der Körper, der den Menschen genommen wird. Immer nur der Körper, immer nur das sichtbare Gewand. Aber wir wissen, dass der Mensch, wieder ein neues Gewand bekommt. Wir kaufen uns auch mal sehr oft was Neues. Obwohl das alte Zeug noch ganz schön ist. Wir wollen einfach was Neues haben. Und so, so müssen wir dem Leben gegenüber und auch dem Sterben gegenüber locker bleiben und sagen, na gut, das alte Kleid, mein Körper hat seine Aufgabe erfüllt.

Mhh, ich freue mich schon auf das neue Gewand. Schon ist die Angst weg, die viele Menschen haben. Die Angst vor dem Sterben. In Wirklichkeit hat ja nur der Körper Angst. Der Körper will weiterexistieren. Der Körper weiß nichts davon, dass der Geist wieder einen neuen Körper bekommt. Und solange sich der Mensch als körperliches Wesen fühlt, hat er Angst. Und einer, der genau weiß, dass er selber nicht der Körper ist, dass der Körper nur sein Werkzeug ist, der verliert auch die Angst vor jeder Bedrohung. Jetzt stellt euch vor, wenn das sozusagen  publik werden würde, dass kein Mensch mehr Angst hat, vor dem Sterben. Dann würden die Terroristen ihre wichtigste Waffe verlieren. Oh, wenn jeder sagen würde, ihr könnt mich töten, mich nicht, aber nur den Körper. Wenn man das einem Menschen sagt, der einem bedroht, mhh dem fällt die Waffe aus der Hand. Weil er uns als Geistwesen nicht bedroht, sondern nur unseren Körper bedroht.

Und das ist die Lehre der Liebe. Das ist die Lehre Jesu Christi, der gesagt hat: „Fürchtet euch nicht. Gott schützt euch. Fürchtet euch nicht, den Körper zu verlieren. Ihr werdet heute noch im Himmel, bei mir sein!"

Wie er dem einen Schächer gesagt hat, der mit ihm am Kreuz war: „Fürchte dich nicht, noch heute wirst du bei mir im Himmelreich sein!"

Also man muss unseren Glauben wirklich richtig verstehen lernen. Und dazu war auch der Bruno da. Er wollte, er will es heute noch zeigen, den Weg, den uns Christus gezeigt hat. Er hat gesagt: „Ich bin kein Heiler. Nur Gott kann heilen!" Er hat gesagt: „Ich bin nur ein Helfer. Ich bin nur ein Wegweiser. Aber den Weg, den müsst ihr gehen. Sonst nützt der schönste Wegweiser nichts!" Mhh, da steht z.B. drauf, hier ist der Weg nach Klagenfurt. Ach, sagt man, wer weiß ob, das stimmt. Und fährt einen anderen Weg. Und schon sind wir nicht mehr auf dem richtigen Weg. Also, wir müssen uns auch auf den Wegweiser verlassen können. Weil wir sagen, aha der Wegweiser hat recht. Also gehen wir den Weg. Also fahren wir den Weg, wir kommen dann hin. Aber wenn wir beim Wegweiser stehen bleiben und sagen, so jetzt bleibe ich da stehen bis ich meine Heilung hab ja, dann stehen wir lang, beim Wegweiser. Dann kommen wir nicht ans Ziel. Jetzt bleibe ich hier sitzen, bis mir der liebe Gott einen gesunden Körper gibt. Mhh also bleiben wir sitzen und warten, bis wir einen Hunger kriegen. So muss man sich das vorstellen, meine Freunde. Also wenn wir sagen, wir bleiben sitzen, bis ich geheilt werde, dann ist ja das schon wieder ein Verlangen. Und wenn wir sagen, wir stellen uns so lange ein, auf einen, der Hilfe braucht, bis der gesund ist, dann ist das auch ein Verlangen. Und bei Gott gibt es kein Verlangen. Bei Gott gibt es nur ein Erlangen. Und dann müssen wir noch eines bedenken, was sehr wichtig ist. Keiner von uns besitzt ein ewiges körperliches Leben. Wir besitzen nur ein ewiges geistiges Leben. Aber das dürfen wir nicht auf den Körper projizieren. Und so kommt es oft vor, dass ein Freund, oder ein Bekannter, dessen Leben zu Ende ist, nicht körperlich geheilt wird. Nicht körperlich geheilt werden darf. Weil eben sein Leben so abgelaufen ist.

Und da hat Bruno Gröning gesagt: „Freunde, die größte Heilung ist, wenn man in diesem Prozess, wo man den Körper verliert, das Böse, die Störung, die Belastung, nicht mit hinübernehmen muss!" Es gibt viele, viele Menschen, die das nicht wissen und die mit sich selbst hadernd hinübergehen. Und die nehmen die Belastung mit. Und kommen wieder im nächsten Leben, mit der gleichen

Belastung zurück. Das müssen wir auch bedenken. Und so gibt es Heilungen, von Gott gesteuerte Heilungen. Wo dann die Menschen sagen, so jetzt hat er so viel gebetet. So viel gebetet und der oder die ist trotzdem gestorben. Wo war denn Gott? Gott war dabei! Gott hat seinen Engel geschickt, um den anderen abzuholen.

Und darum hat Bruno Gröning gesagt: „Ich hab einen sehr guten Freund! Mhh wir sind uns immer einig. Wir streiten nie, wir könnten nie. Wir wissen, einmal siegt der eine und einmal der andere. Einmal hat der eine den Vorrang und einmal der andere. Mein Freund der Tod", hat Bruno selber gesagt: „Mein Freund der Tod! Und wenn es so bestimmt ist, dass jemand, dass das Leben von jemand beendet wird durch die Bestimmung, dann mache ich meinem Freund dem Tod Platz. Und wenn aber noch nichts bestimmt ist, dass Einer noch eine Aufgabe zu erfüllen hat in diesem Leben, dann verstelle ich meinem Freund dem Tod, den Weg, und er sieht es ein!" Kann man sich nicht vorstellen? Also damals ist es mir wirklich kalt über den Rücken gelaufen, wie Bruno das gesagt hat: „Und es liegt an dem Menschen, wie der Mensch ist, wie er glaubt. Wie weit er ist. Ob ich von Gott die Erlaubnis habe, mich dem Tod in den Weg zu stellen. Denn ich kann nur demjenigen helfen, der sich helfen lässt und auch die Erlaubnis von Gott hat, dass er die Heilung bekommt!"

Also wir sehen liebe Freunde, dieses Ganze, dieses ganze Feld zwischen Erde und Himmel, zwischen Gott und Leben, zwischen Diesseits und Jenseits ist eine Einheit. Und jetzt, wenn wir durch unsere Gedanken, mit unseren falschen Vorstellungen diese Einheit stören, dann muss der Mensch leiden. Aber er leidet nicht, weil es bestimmt ist, sondern er leidet an seiner eigenen falschen Vorstellung.

Jemand hat Beschwerden, nehmen wir an jemand hat immer Bauchschmerzen. Und er denkt, mein Gott, was kann das wohl sein? Hoffentlich, jetzt sind wir schon wieder beim hoffentlich,

hoffentlich ist das nichts Schlimmes. Die Bauchschmerzen werden immer ärger, krampfen, er lässt sich untersuchen. Die Diagnose ist, der Darm ist vollkommen in Ordnung, z.B. na, der Mensch geht bewusst nach Hause und wenn es ihn dann irgendwie zwickt oder zwackt, dann sagt er, jetzt gib a Ruh, ich weiß, dass du gesund bist. Und die Blähungen werden mich auch verlassen. Ja, dann gehen die Blähungen weg und das Bauchweh ist auch weg, ist ja so. Also, was will ich damit sagen, wenn der Mensch den Beweis von der Medizin hat, dass alles in Ordnung ist, dann stellt er sich um. Aber, wie gesagt, es ist auch notwendig, dass man sich den medizinischen Beweis holt. Oder es ist auch notwendig, dass medizinische Behandlungen notwendig sind.

Bruno Gröning hat gesagt: „Ja, der Mediziner behandelt, weil er etwas tun muss. Ich behandle nicht, ich tue ja nichts. Ich stelle nur das klar, ich stelle nur die Wahrheit heraus und wenn sich der Mensch an diese Wahrheit hält, bekommt er von Gott die Hilfe. Das heißt, ich heile nicht. Es, das Göttliche heilt, wenn der Mensch das Göttliche in sich hinein lässt!" Das hat man damals nicht verstanden. Und nicht einmal die engsten Freunde haben es verstanden. Das ist halt das Interessante. Weil gerade in diesem Punkt ist Bruno Gröning vor Gericht gestellt worden. Weil er nämlich, laut Gesetz keine Ermächtigung gehabt hat Menschen zu heilen.

Und da hat er seinen Freunden erklärt, sie sollen nicht sagen, dass sie vom Bruno Gröning geheilt wurden. Sondern sie haben das Heil von Gott bekommen. So, dann war der Prozess und es waren die Zeugen da und der Richter hat gefragt: „Wie ist es, fühlen Sie sich jetzt gesund?" „Ja, ich bin jetzt gesund." „Warum fühlen Sie sich gesund? Wie ist denn das vonstatten gegangen?" „Ja, Bruno Gröning hat mich geheilt." Bum so blöd, hätten sie doch sagen müssen, Bruno Gröning hat mir den Weg gezeigt. Er hat mir gezeigt, wie ich mich einstellen muss und damit hab ich die

Heilung bekommen, nicht von Bruno Gröning, sondern durch meine innere Umstellung. Nein, sie haben gesagt, Bruno Gröning hat mich geheilt. „Aha", hat der Richter gesagt, „also Sie heilen ja doch!" Das war der Hintergrund von dem Ganzen. Oder, er hat gesagt, die Ärzte haben zu ihm gesagt, verraten Sie doch um Gottes willen nicht Ihre Heilmethode. Wir sind ja dann brotlos. Haben die Ärzte zu ihm gesagt. Und daher waren auch die Ärzte gegen ihn. Und die Kirche war auch gegen ihn. Weil sie dann keine Menschen mehr hätten, die reuig in die Kirche kommen und spenden, für ihr eigenes Seelenheil. Daher war auch die Kirche gegen ihn. Ja und die Behörde war gegen ihn, weil er verbotenerweise geheilt hat. Also alle Institutionen haben das Werk und die Aufgabe Bruno Grönings überhaupt nicht verstanden.

Dabei ist ja das die größte Gnade, wenn man das befolgt, was Bruno Gröning sagt. Allerdings und das ist die Schwierigkeit, man muss sich dann wirklich der göttlichen Führung hingeben. Man muss wirklich so weit sein, dass man sagen kann, dein Wille geschehe. Gegen jede Logik! Weil die geistige Logik ist eine andere, wie die irdische Logik! Ich sage es ganz deutlich, ich muss es noch einmal ganz kurz streifen, dass das Leben von der Lilo von Gott bestimmt zu Ende war. Monatelang habe ich gebetet, lass Sie doch bei mir! Bitte, lass Sie doch bei mir! Ich kann nicht ohne Sie, ich will nicht ohne Sie sein!

Und in der Nacht vor ihrem Heimgang, war ich dann so weit, dass ich sagen konnte, dein Wille geschehe! Und in der Früh hab ich den Bruno gefragt, wie ist es mit der Lilo? In der Früh. „Du wirst es durch einen Telefonanruf erfahren", hat er mir geantwortet. Und dann, um neun Uhr habe ich dann erfahren, dass Sie um sieben Uhr heimgegangen ist. So, jetzt war ich allein. Ich war ja gar nicht allein, die Lisl war ja bei mir. Die gleiche falsche Vorstellung, meine Freunde. Eine falsche Vorstellung, dass ich momentan allein bin. Und diese Vorstellung hab ich dann am dritten Tag abgelegt.

Und habe gesagt, ich werde weitergehen, für meine Freunde da sein, wenn Sie mich brauchen. Und es ist komisch, indem Augenblick, wo ich losgelassen hab, hab ich mehr Energie gehabt wie vorher.

Ich habe erst nachher die drei Bücher selber geschrieben usw. Ich hab also dieses, was Gott bestimmt hat, hat er richtig bestimmt. Für die Lilo war der Weg zu Ende und für mich und für die Lisl, hat ein neuer Weg begonnen.

Und dafür bin ich so dankbar, dass ich die Gnade am dritten Tag, die Gnade der geistigen Heilung erleben durfte, auch eine Heilung. Nämlich die Heilung von der Verzweiflung. Die Heilung von der Traurigkeit. Die Heilung von der Vorstellung, nun ist alles zu Ende, wozu lebe ich noch. Und auf einmal, von einer Sekunde zur anderen, bin ich davon befreit gewesen! Und da hab ich gesagt auch, ja gut dein Wille ist geschehen. Und dein Wille soll weiter geschehen. Und so du es willst, bin ich weiterhin für die Freunde da. Das ist ein großer Einschnitt, meine Freunde. Es gibt auch kleine Einschnitte. Wo man Entscheidungen treffen muss. Wo du ja sagen musst, zu einer Änderung, die einem eigentlich gar nicht passt. Na so was, das kommt mir aber jetzt wirklich sehr verquer. Das mag ich eigentlich gar nicht. Mhh bedenkt aber nicht, dass auch das, eine Vorstellung ist. Nämlich die Vorstellung, es ist so schön, das Leben hat sich in dieser Bahn eingespielt und ich will nicht, dass es sich ändert. Und in Wirklichkeit ist alles auf Erden der Veränderung unterworfen. Und wenn man sich nicht gegen eine Veränderung sträubt, die uns dienlich ist, so bekommt man die Kraft. Und wenn man sich sträubt, gegen irgendetwas, so versteinert das Herz. So versteinert das Gemüt. So versteinert die Logik. Und dann kommt es vor, dass der andere sagt, du bist so unlogisch, warum sagst du das, warum wehrst du dich dagegen? Das ist doch ganz logisch. Der andere sagt, ich will ja gar nicht logisch sein, ich will so sein wie ich bin, mhh.

Und das meine Freunde, das muss ich auch sagen, daher ist es von Gott bestimmt, dass der Mensch immer nur für eine Zeit den Körper besitzt. Und dann bildet er sich ein, dann ist er irgendwie eingefahren wie eine alte Platte, die immer wieder in der gleichen Rille kreist. Dann sagt man auch, die Platte ist hin, die schmeißen wir weg, weil es geht ja nichts weiter. Und genau so ist es, sagt Gott. Gut, der Mensch lernt nichts mehr. Dann wird der Körper wieder zu Staub und Asche und der Geist ist frei für einen Neubeginn. Und das ist auch der Grund, warum man das vorige Leben nicht mehr weiß. Und warum man auch keine Rück-führungen machen soll. Es ist von Gott so bestimmt, dass man frei ist. Dass man neu beginnen kann. Und der Bruno hat gesagt, man soll diese Geduld aufbringen. Weil, wenn man eine gewisse innere Reife erreicht hat, wo man dann sich nicht mehr davon Gedanken macht. Wo man nicht mehr leidet darunter. Dann kriegt man Schritt für Schritt das vorige Leben, erinnert man sich, Schritt für Schritt an das vorige Leben. Und das ist das Natürliche. Und solange wir uns nicht erinnern, liegt es in der Gnade Gottes, dass wir uns nicht erinnern. Weil wir sonst eben nicht frei wären, für ein neues Leben. Ich hab auch Bruno Gröning gefragt, wie war das vorher? Wie war das früher? Und da hat er gesagt: „Fredy, du bist nicht reif dazu. Noch nicht reif! Denn ich kann dir auch nicht Teile davon sagen. Wenn man sich erinnern soll, oder kann, dann muss der ganze Koffer ausgepackt werden. Und an die Zusammenhänge  muss man sich dann erinnern!"

Das war 1958 und jetzt 1980, war dann der ganze Koffer ausgepackt bei mir. Mhh und wie der Koffer ausgepackt war, hab ich alles verstanden, alles. Warum ich in diesem Zustand bin, hab ich verstanden. Und warum es ein Segen für mich ist, noch einmal, warum es ein Segen für mich ist, so schön begrenzt zu sein. Und eingepackt in der Fürsorge von meinen Damen leben zu können. Hab ich soviel …... Also wie ihr seht, man kann, man soll und man muss auch aus Gegebenheiten lernen. Und mancher Mensch sagt, mein Gott, dieses Unglück. Wenn man daraus ein Unglück macht, ist es ein Unglück. Und wenn man daraus lernt meine lieben Freunde, dann ist es ein Segen Gottes zu erkennen, dass man daraus lernt. Logisch, ganz logisch. Man muss es nur so sehen.

Und damals, also 1958, das ist jetzt über vierzig Jahre her, hat mir der Bruno noch etwas gesagt, er hat gesagt: „Fredy, wenn du den göttlichen Weg gehst. So wirst du dieses Leben nicht vergessen. Und wenn du wieder auf die Welt kommen wirst, wenn du einen neuen Körper bekommst, einen ganz neuen, gesunden, nicht behinderten Körper, dann wirst du dich an dieses Leben erinnern können. Und anhand der Erinnerung ist es dir dann möglich, wieder vielen, vielen Menschen zu helfen!"

Mir ist nichts anderes übrig geblieben, als schön brav den Weg zu gehen. Aber ich bin froh, dass ich ihn gegangen bin. Und ich bin froh, dass ich mit Bruno Gröning, mit dem Geist Bruno Gröning, in so einer innigen Verbindung bin, dass ich den Freunden das Richtige sagen kann.

Das Richtige sagen, das Richtige raten kann. Und ich kann nur wünschen, ich kann euch nur bitten, ich kann euch nur ersuchen wie der Bruno gesagt hat: „Ich versuche niemanden", hat er gesagt, „ich ersuche die Freunde den Weg zu gehen!" Ich glaube, das ist der beste Punkt, also der beste Satz um Punkt zu machen. Wir machen nun gemeinsam etwas, was ich hier in Judenburg noch nie gemacht hab. Wir stellen uns fühlend auf die Kraft ein, bei Musik, meine Freunde.

Wir wollen nun ganz locker sein, ganz entspannt. Jeder kann die Augen schließen, oder offen lassen, das ist egal. Wir stellen uns auf die göttliche Kraft ein. Wir vertrauen der göttlichen Kraft, meine Freunde. Wir können die Gedanken so lenken, dass wir uns Licht vorstellen. Und dieses Licht uns vorstellen, dieses Licht, umgibt uns. Immer mehr Licht, meine Freunde. Immer mehr geistiges

Licht, durchströmt uns. Kommt in uns herein. Durchströmt unseren ganzen Körper und bringt das Heil. Die göttliche Kraft ist auch Licht. Ein ungemein helles Licht. Ein ungemein weiches Licht. Manches Mal kann man es auch so empfinden, als wie wenn man unter warmen Wasser, unter der Dusche steht. Und das warme Wasser über uns darüber rieseln lassen. Und diese Kraft beseitigt alle Störungen. Dort, wo Störungen sind, werden sie aufgelöst. Diese Kraft beseitigt auch die seelischen Störungen, die vorstellungsmäßigen Störungen. Wir werden immer gelöster und gelöster, meine Freunde. Immer gelöster und gelöster. Alle Verkrampfungen, egal welcher Natur, egal welcher Natur, verschwinden. Werden aufgelöst, in dieser weichen göttlichen Kraft, der geistigen Liebe. Es ist die Kraft der geistigen Liebe, die uns durchströmt, meine Freunde. Denken wir an gar nichts, wenn es geht, an gar nichts denken, momentan. Lassen wir nur diese Kraft in uns wirken. Keine Fragen stellen, keine Fragezeichen machen, nicht in der Vorstellung, nicht im Gefühl, keine Fragezeichen, meine Freunde. Einfach wirken, einfach hingeben, so wie wir uns auch von der Sonne bescheinen lassen, wenn wir einmal ein Sonnenbad nehmen. Da sind wir ja auch passiv, passiv, in dem Sinn, aber aktiv im Aufnehmen nun ja. Wir sind passiv in der Idee, aber aktiv im Aufnehmen. Wir hören auf das Göttliche. Wir lernen zu hören, ohne immer wieder dagegen zu lenken, ohne dagegen zu denken. Wir geben uns der Gnade Gottes hin, meine Freunde. Und immer mehr Kraft erfüllt diesen Raum. Und immer mehr Frieden durchströmt uns. Und immer mehr Vertrauen nehmen wir auf. Wir vertrauen auf die Führung Gottes. Auf die Führung, auf die Hilfe des Geistigen. Wir sind eins mit dem Göttlichen. So schön, wenn Frieden in der Seele ist, meine Freunde. So schön, wenn wir uns ganz entspannt der Führung, der Leitung, der Hilfe Gottes hingeben können. Alles ist ruhig, alles ist still, nur die Kraft fließt. Und das Licht leuchtet. Diese Energie bringt alles in Ordnung, was noch in Ordnung zu bringen ist. Und wir vertrauen darauf, dass wir das Richtige bekommen. Jeder das seine und all das Gute. Jeder die Hilfe, vor allem die Harmonie und die Ausgeglichenheit, die Freude am Leben, ist so wichtig. Wir nehmen die Freude am Leben auf, die Lebensfreude. Leben ist Gott. Wir geben uns der Freude an der göttlichen Hilfe hin. Umso mehr wir das können, umso öfter wir dies auch allein tun können, dass wir uns dem inneren Frieden hingeben, umso besser, umso schöner, umso ausgeglichener wird unser Leben werden und sein. Ganz viel nehmen wir jetzt noch auf. Ganz still, in der Schwingung, in der göttlichen Schwingung. Wir kennen uns als Kinder Gottes, und wir danken für das Leben, was uns gegeben wird. Wir danken für all das, was uns schon gegeben worden ist. Und in diesem Dank an das Gute, in diesem Dank an das Harmonische, in diesem Dank an die innere Harmonie, wollen wir diese Gemeinschaftsstunde beenden. Wir wollen es ausklingen lassen. Musik

Mitschnitt 16.02.2002 im Kulturzentrum in Graz
**Es gibt nichts, was nicht geschehen kann**

Frau Professor Wünsch: Bruno Gröning hat uns ja in kurzen prägnanten Sätzen, sehr viel zu wissen gegeben. Und ich muss sagen, je mehr ich mit Menschen Kontakt habe, merke ich, wie reich ich dadurch geworden bin, dass ich von ihm soviel weiß. Er hat z.B. gesagt: „Nützen Sie die Zeit, Zeit ist Gott!" Was will das sagen? Ich glaube, das heißt, bewusster leben, und das, was wir tun, mit ganzem Herzen tun. Meister Eckhart hat das vor siebenhundert Jahren so ausgedrückt. Die wichtigste Stunde ist immer die Gegenwart, der bedeutendste Mensch ist immer der, der dir gerade gegenüber steht, das Notwendigste ist immer die Liebe. Ich glaube diese Worte, mit diesen Worten können wir uns heute auf unsere Gemeinschaft einstimmen, das heißt, wir öffnen nicht nur Hände, und Füße, wir öffnen auch unsere Herzen und nehmen diese Stunde als Geschenk, die uns gegeben wird.

Musik: Largo aus Xerxes von Händel

Fredy: Liebe Freunde, ich möchte alle recht herzlich begrüßen und auch Grüße von Klagenfurtern, von den Klagenfurter Freunden bestellen, von den deutschen Freunden, von den holländischen Freunden, die alle den Weg gehen und das gleich Gute wollen. Als ich Bruno Gröning suchte, da war es nicht so leicht ihn zu finden. Aber bevor ich Bruno Gröning kennenlernte, also persönlich kennenlernte, bekam ich ein Bild von Bruno, also über Bruno Gröning, ein Foto und auf diesem Bild stand der Spruch: „Es gibt vieles, das nicht erklärt werden, aber nichts, das nicht geschehen kann!" Und es zeigt doch die wirkliche Problematik von uns Menschen. Viele, viele gibt es, die immer wieder sagen, was ich nicht verstehe, glaube ich nicht. Was mir nicht erklärt werden kann, das kann es nicht geben. Und damit begrenzt sich selbst, der Mensch. Nicht nur seine Umgebung, er begrenzt sich selbst, er nimmt sich selbst die Möglichkeit etwas zu erleben, etwas Persönliches für sich in Anspruch zu nehmen, was man nicht erklären kann. Kann man das gut erklären? Man kann nur immer wieder erleben. Und wenn man das Gute erlebt, und wenn man die Heilung erlebt, und wenn man dann Erkenntnis erlebt, so soll man diese Erkenntnis nicht hinterfragen. Wenn einem etwas klar wird, was man bisher nicht gewusst hat, so soll man dann nicht darüber zu grübeln anfangen und nicht das Ganze zergliedern, zerlegen und schließlich bleibt nichts übrig. So sagte Bruno Gröning persönlich: „So zweifeln Sie nicht immer das Gute an. Wer das Gute an- zweifelt, der zweifelt Gott an. Und wer Gott anzweifelt, zweifelt schließlich sich selbst an!" Weil das meiste, was wir erleben, was wir innerlich durchmachen, oder was wir innerlich für Kämpfe ausfechten, das weiß niemand, das kann auch niemand ermessen. Es kann auch kein Mensch Schmerzen empfinden, die ein anderer hat. Schmerzen kann man nicht erklären, aber der Mensch hat sie und wenn einer sagt, das was du mir sagst, das glaube ich nicht. So zweifelt er die Ehrlichkeit des anderen an. Also muss man immer vieles voraussetzen, um die anderen Menschen verstehen zu können, um zu lernen, um Erfahrungen zu sammeln. Erfahrungen kann man nicht mit der Logik sammeln. Erfahrungen kann man nur mit dem Gefühl sammeln. Mit dem, dass man sagt, ja der Mensch hat mir das gesagt. Ich merke, er meint es ehrlich, also nehme ich es als Gegebenheit an. Die Verbindung zu Gott ist vollkommen anders, wie die Verbindung zu den Menschen. Die Menschen brauchen die Sprache, sie brauchen die Worte, sie brauchen Beweise, wenn sie etwas glauben. Mhh liebe Freunde, was ist der Beweis, dass es Gott gibt, dass es diese große Ordnung gibt? Wir selbst sind der Beweis, dass es Gott gibt! Ohne die göttliche Ordnung, ohne die göttliche Schöpfung gäbe es auch keine Menschen, keine Menschenkörper. Denn Bruno Gröning sagte auch: „Nicht die Heilung ist ein Wunder, sondern das größte Wunder ist der Mensch selbst!" Wie der Körper funktioniert, wie der Körper reagiert und wie er immer wieder selbst in Harmonie kommt, auch wenn ihn der menschliche Geist aufs äußerste belastet.

Der Körper ist ein so wundervolles göttliches Instrument, dass wir glücklich sein müssen und glücklich sein sollen einen solchen Körper zu besitzen. Wir sollen dankbar sein für dieses Instrument, denn nur mithilfe eines Körpers kann der Mensch auf dieser Erde das Richtige erfahren, das Richtige erfassen und wieder einen Schritt näher zu Gott kommen. Gott ist so allmächtig, so allumfassend, dass der Mensch niemals, niemals Gott verstehen kann. Aber er kann fühlen, er kann glauben, er kann Vertrauen haben.

Wie der Bruno sagte: „Vertraue und glaube, es hilft, es heilt die göttliche Kraft!" Aber ohne den ersten Satz, gibt es kein Erleben des zweiten Satzes. Und man soll auch nicht immer sich etwas vorstellen, man soll auch nicht immer etwas planen. Jetzt machst du das, wenn du damit fertig bist, dann machst du das, oh, das wäre aber schön, wenn ich das auch noch hätte. Und so stolpert der Mensch, von einem Wunsch in den anderen und prüft gar nicht, ob das wirklich sinnvoll ist, was er sich wünscht, was er haben möchte. Und zwar deshalb kann er das nicht prüfen, weil die meisten Menschen wissen nicht, wozu sie leben. Das ist auch so ein Problem. Auch gläubige Menschen wissen nicht, wozu sie leben. Auch Menschen, die ein inneres Gefühl haben, wissen noch nicht, wozu sie leben und wozu sie hier, auf dieser göttlichen Erde einen göttlichen Körper besitzen. Und es kommt so darauf an, dass wir endlich uns führen lassen. Dass wir endlich loslassen, von unseren hunderttausenden Gedanken. Gedanken sind Kräfte und Gedanken brauchen auch Kraft. Bruno Gröning sagte: „Wenn Sie wüssten, wie viel Kraft ein einziger Gedanke braucht, Sie würden vorsichtig damit umgehen. Und wenn Sie wüssten, wie viel Energie ein einziger Gedanke speichert und weitergibt. Gedanken nimmt man auf, Gedanken gibt man weiter und dazwischen ist unser Wille!" „Wie der Wille, so der Gedanke", hat auch Bruno gesagt: „Und der Gedanke bewegt den Menschen zur Tat!" Und daher ist es so wichtig, genau zu kontrollieren, was man denkt. Damals hat der Gröning den Vergleich mit dem Radio gebracht, heute würde er den Vergleich mit dem Computer bringen. Der Mensch hat ein Gehirn und dieses Gehirn ist ein biologischer Computer und dieser Computer neigt dazu, immer gleiche Gedanken an der gleichen Stelle zu speichern. Immer wieder wird das, was wir denken, das was wir wünschen, energiemäßig in unserer Seele und auch in unser Gehirn gespeichert. Und zwar wird das kumuliert, also es wird immer wieder stärker, wenn man die gleichen Gedanken hat und er muss dann immer wieder denken. Und mit jedem neuen Gedanken wird er selbst programmiert. Bruno hat ein Beispiel gebracht: „Es waren zwei Freunde und wie es halt so im Leben ist, einmal sind sie in Streit geraten und in eine ganz schlimme Meinungsverschiedenheit, sodass der andere gesagt hat, na, wenn ich den nochmal erwische, dann geht es ihm schlecht. Und das war so ein starker Gedanke, so ein starker Wunsch, den er in sich gespeichert hat. Es sind fünf Jahre vergangen, es sind zehn Jahre vergangen, fünfzehn Jahre und im zwanzigsten Jahr haben sich die beiden ehemaligen Freunde, die jetzt Feinde waren, begegnet. Beide waren allein. Da kam dann der Drang des einen, so und jetzt kommt die Rache. Und er hat ihn erschlagen. Nach zwanzig Jahren ist er dazu gedrängt worden, den anderen zu ermorden, ohne viel darüber nachzudenken. Ja bei der Gerichtsverhandlung hat man ihn gefragt, jetzt sagen Sie mal, warum haben Sie eigentlich Ihren ehemaligen Freund erschlagen? Er hat Ihnen doch nichts getan, die Begegnung war ja vollkommen neutral. Antwortet der Beklagte, ich weiß es nicht, ich musste es einfach tun!" Und jetzt überlegen wir einmal Freunde, wie oft wir in eine Situation kommen, wo wir etwas tun, was wir gar nicht wollen. Natürlich keinen Mord, aber irgendwas, irgendwas, was wir uns wünschen, auf einmal tun wir es. Auf einmal werden wir getrieben, eine Handlung zu setzen, eine Affekthandlung, wie man oft sagt. Und das ist der Hintergrund, warum man so vorsichtig mit den Gedanken, so vorsichtig mit den Wünschen, so vorsichtig mit der Meinung, mit der eigenen Meinung umgehen muss. Und wer das Ungute aufnimmt, der verstärkt das Ungute in sich, und gibt es wieder ab. Andersherum, verstärkt man ja auch das Gute. Wir sind Empfänger, Verstärker und Sender. Das ist eine Tatsache, ob wir das wahrhaben wollen, oder nicht. Das ist eine Tatsache, ob wir das glauben oder nicht. Und noch etwas, wir werden von unseren Gedanken und Wünschen geprägt. So kommt es auch vor, dass wir nach Jahrzehnten jemanden treffen, den wir früher gekannt haben, dann sehen wir, dass das ein vollkommen anderer Mensch geworden ist. In der Jugend war er heiter, fröhlich und glücklich und nach zehn, zwanzig, dreißig Jahren ist der gleiche Mensch vergrämt, unglücklich und hasserfüllt. Nun, was ist da geschehen? Nun, er hat das Böse nicht nur erlebt, er hat die Enttäuschung nicht nur erlebt, sondern er hat das Böse auch in sich gespeichert, in sich aufgenommen. Wie oft es dann Menschen gibt, die dann sagen, der hat mir das angetan, dem kann ich nicht verzeihen. Dem werde ich nie verzeihen. Meine Freunde, der andere spürt sonst nichts, aber selbst tut man sich damit etwas sehr, sehr Ungutes an. Man speichert die unguten Gedanken. Und so soll man niemals, irgend jemandem böse sein. Man soll niemals nur eine Sekunde denken, das ist mein Feind, damit schadet man sich selbst am meisten. Bruno Gröning hat ja einige Menschen gekannt, die ihm nicht gut gesinnt waren, und so hat er einmal, ist ein Mann zu ihm gekommen, der vorher nur böse von ihm gesprochen hat: „Der Scharlatan, der Schwindler" usw. und wirklich kein gutes Haar an dem Helfer Bruno Gröning gelassen hat. Und einige Monate später hat er durch irgendein Ereignis sein Unrecht eingesehen und da kam er zu Bruno Gröning und sagte: „Herr Gröning, ich weiß, ich hab Unrecht getan, können Sie mir bitte nochmals verzeihen?" Schaut ihn der Bruno an und sagt: „Ich Ihnen verzeihen? Ich brauche Ihnen nicht verzeihen. Ich war Ihnen nie böse. Ich kann gar nicht böse sein, denn das, was der Mensch mir antun will, das, was der Mensch anderen antun will, tut er sich selbst an!" Indem er unglücklich wird, indem er unzufrieden wird, indem er mit dem Leben hadert. Ja meine Freunde, und so ist es so wichtig, den Sinn des Lebens zu erkennen. Es ist ganz gleichgültig, in welcher Situation der Mensch ist, ob es ihm gut geht, ob er zufrieden ist oder unzufrieden. Ob er mit sich nicht zurechtkommt, ob er mit dem Schicksal nicht zurechtkommt, das ist vollkommen undiskutabel, meine Freunde. Wichtig ist, dass man soviel Vertrauen aufnimmt, soviel Vertrauen ausstrahlt, dass man sagt, ich nehme das an, was mir gerade im Leben begegnet ist. Ich nehme mein Schicksal, wenn man es so sagen kann, als Aufgabe, um daraus zu lernen. Und auf einmal wird es leichter, und auf einmal spüren wir die Last nicht, und das hat auch Jesus Christus gesagt: „Werfet die Last auf mich!" Mit anderen Worten lasst sie los! Denn diese Last ist in Wirklichkeit eine verkehrt gesteuerte Einbildung, kann man sagen. Was heißt, was bilde ich mir denn schon ein? Man bildet sich alles ein, meine Freunde. Man stellt sich alles vor und wenn man dann die verkehrte Vorstellung hat, dann ist man enttäuscht. Was heißt enttäuscht? Was kommt vor der Enttäuschung? Vor der Enttäuschung kommt die Täuschung und die Täuschung hat man sich selbst anerzogen, weil man sich etwas vorgestellt hat, weil man einem Wunschtraum nachgejagt ist. Und dann erlebt man oft, dass die Situation, dass man denkt, Gott sei Dank, dass meine Vorstellung nicht in Erfüllung gegangen ist. Na, dann wäre vieles schiefgegangen und so hat uns Bruno Gröning immer wieder darauf angesprochen, Vertrauen zu haben. Für alles Vertrauen zu haben. Wir haben damals, wie wir bei Bruno Gröning gewohnt haben, wie wir Bruno Gröning besucht haben, zu Bruno Gröning gefahren sind, haben wir damals in einer Mietwohnung gewohnt und da hat uns Bruno Gröning das eine Ölgemälde gegeben, schöne Ölgemälde, wo wir die Fotos davon haben. Hat gesagt: „Von acht Bildern hab ich für euch das Schönste ausgesucht!" Stimmt, sind immer Gemälde gewesen, die der Maler gemalt hat, wenn Bruno Gröning ihm Modell gesessen ist, aber wie gesagt der Maler kann auch nicht immer gleich malen. Und da kommt, was ich erzählen will. „Aber die Unterschrift gebe ich euch erst darauf, wenn Ihr ein eigenes Haus habt!" Wir, ein eigenes Haus? „Ja, Ihr bekommt ein eigenes Haus!" Eine von vielen Aussagen, die zunächst unverständlich waren. Genauso wie die Aussage, wo

Bruno Gröning gesagt hat: „Der Fredy wird einmal schreiben!"
Das hat er gesagt, wo ich in einem Zustand war, wo man nie
gedacht hätte, dass ich meine Hände steuern kann, um schreiben zu
können. Computer hat es ja damals noch gar keinen gegeben. Und
das Merkwürdige, ich muss es immer wieder staunend erwähnen.
Er hat nicht gesagt, der Fredy wird einmal diktieren, das wär noch
verständlicher gewesen, weil ich habe ja die Lilo bei mir gehabt,
also meine Frau und sie hat alles aufgeschrieben, was ich eben
gesagt habe. Natürlich sehr kritisch aufgeschrieben, indem Sie
mich oft in Grund und Boden ...... Es ist vorgekommen, meine
lieben Freunde, dass von einem zwei seitenlangen Diktat ja, wo ich
ganz stolz diktiert hab, ein einziger Satz übrig geblieben ist. Aber
wisst Ihr meine Freunde, wie froh ich bin, dass sie so streng war,
dadurch hab ich gelernt mit mir auch streng zu sein. Und dadurch
habe ich gelernt, auch für Korrekturen dankbar zu sein. Also, es
war eine ganz harte Schule. Und zum Schluss war dann der Aufsatz
fertig, aber er war ganz anders, wie ich eigentlich gedacht. Mhh,
das ist die Schule, die Schule des Lebens. Und die Schule des
Lebens kann man aber nur dann richtig lernen, in der Schule des
Lebens, wenn man bescheiden ist. Wenn man anerkennt, dass der
andere eine Korrektur macht, die sinnvoll ist und so habe ich auch
das gelernt. Aber wie gesagt, der Bruno hat gesagt, wie ich es auch
im Buch geschrieben habe: „Der Fredy wird einmal schreiben. Und
er wird all das niederschreiben, was er mit mir erlebt hat. Der
Fredy hat in seinem Kopf ein Tonbandgerät eingebaut!" Mhh ist
das vorstellbar? Man kommt immer wieder zu Bruno Gröning, man
hört immer wieder die Belehrungen, die Vorträge, man schläft
sogar ein, wenn's so lange dauert, einschlafen. Aus oje, der Fredy
schläft schon wieder, hat es geheißen. Hat er gesagt: „Lassen Sie
ihn schlafen, meine Freunde. Wie heißt es doch so schön, den
seinen gibt's der Herr im Schlaf!" Ja, und weil ich eben so begierig
war, so begeistert und mein Gehirn ja noch relativ jung war,

76

zwischen zwanzig und fünfundzwanzig, ist mit dieser Begeisterung, mit dieser Freude, ist dieses Programm mir gelungen. Und ich hab dann, bis zum Jahr 95, hab ich ja wohl immer wieder in unserem Mitteilungsblatt, also das ist die Zeitung unseres Vereines, habe ich immer wieder Beiträge gebracht. Seit dem Jahr 58 war es so üblich, dass ich in dieser Vereinszeitung immer wieder Beiträge gebracht habe. Ja, aber was ist das für ein Unterschied, ein kurzer Beitrag gegenüber einem auch gut aufgebauten, einem flüssig gestalteten Buch. Ein himmelhoher Unterschied, meine Freunde. Aber nur durch das Vertrauen und den Glauben, ist auch das gelungen. Das Buch, was ich jetzt geschildert habe, erwähnt habe, ist nur ein Beispiel für die Freunde, niemals zu sagen, das kann ich nicht, das ist mir unmöglich. Damit begrenzt man sich meine Freunde und man wird nie erfahren, was man getan hätte, wenn man ja dazu gesagt hätte. Bruno Gröning hat mich immer dazu aufgefordert, selbst zu entscheiden und dann sagte er: „Der Fredy soll entscheiden, Fredy soll entscheiden!" Huu habe ich mir gedacht, wie soll ich das jetzt machen? Ich war eigentlich gewohnt immer zu folgen. Es hat geheißen, ein Behinderter hat keine Meinung zu haben, er muss immer das machen, was die anderen sagen, weil er ist ja von den anderen abhängig, gut. Kommt der Bruno daher und sagt: „Fredy, willst du mit nach Klagenfurt fahren?" Wir haben zum Glück schon unser Auto gehabt, und das war bei der Gemeinschaft: „Fredy, willst du mit nach Klagenfurt fahren?" Da muss ich die Mama fragen, war meine Antwort. „Ich habe dich gefragt Fredy, willst du nach Klagenfurt fahren? Mit mir mit, also mich begleiten?" Herr Gröning, was sagen Sie, was soll ich tun? „Jetzt fragt das Luderchen schon wieder mich", hat er geantwortet. „Er muss sich entscheiden. Er ist ein freier Mensch. Und es werden noch viele, viele Dinge kommen, wo du dich auch entscheiden musst. Also, willst du mitfahren oder nicht?" Hmm, na gut, hab ich gesagt ganz frech, ich kann mich noch gut erinnern ja, ich will mitfahren. Das hätte ich natürlich nicht so frech sagen sollen, weil meine Mutter war strikte dagegen und hat fast einen Aufstand gemacht, wenn die Tante nicht gesagt hätte: „Na gel, mach doch dem Buam (Jungen) die Freid (Freude), es geschieht ja nichts, wenn er mit fährt." Das war der Kommentar. Und dann war noch zufällig eine Dame aus Klagenfurt mit, die der Bruno mitgenommen hat und die hat noch gesagt: „Ich verstehe das nicht, der Bruno, also der Herr Gröning hat mich nie aufgefordert mitzufahren und ich verstehe noch weniger, dass mein Mann nicht dagegen war. Also das ist ein Wunder, ein einmaliges, mein Mann hat mich mitfahren lassen." Und am Tisch dann, als wir zusammen gegessen haben, hat Bruno zu dieser Klagenfurter Dame gesagt: „Na, Frau Lerchbaumer, Sie haben doch ein Gästezimmer mit vier Betten?" Wir waren zu viert, meine Frau, die Lisl und dann noch meine Tante und ich. „Ja, selbstverständlich habe ich vier Betten." „Na das wäre doch eine einmalige Gelegenheit, für diese vier Freunde?" „Na klar", hat sie gesagt, „ich lade Sie herzlich ein." Dann hat der Bruno gesagt: „Verstehen Sie Frau Lerchbaumer, nun wissen Sie, warum ich Sie mitgenommen habe!" Und so das war die Grundlage, warum wir dann in Klagenfurt waren und in weiterer Folge, nach Klagenfurt gezogen sind. Ist auch wieder eine Lehre für alle. Man soll nicht sagen, das kann ich nicht, das geht nicht, das ist unmöglich. Man soll sich führen lassen und mit dieser Führung kann man das schaffen. Und wie der Bruno dann nicht mehr war, ich will einige Sachen überspringen, aber eines möchte ich noch sagen. Wir haben uns immer gewünscht, ein Haus zu bekommen, wo wir auch Gemeinschaften halten können. Hat lange gedauert, lange Geduld. Einmal waren wir einkaufen am Markt, hat die Lilo gesagt: „So und jetzt kaufen wir einen Vorhang fürs neue Haus." Verrückte Idee, was? Einen Vorhang kaufen, wo man kein Haus hat. Sie hat damals ein kleines Häuschen in Klagenfurt gehabt und dann auf einmal im Jahre 1979 ist uns das jetzige Haus geboten worden. Also nachrechnen habe ich nicht dürfen, das hab ich gelassen, wie man das Geld abverlangt. Wenn ich logisch gerechnet hätte, hätten wir das Haus nicht bekommen. Und da habe ich gelernt und das muss ich auch sagen, ich hab gelernt unlogisch zu sein, wenn man geführt wird. Und seit zwanzig Jahren, seit zweiundzwanzig Jahren, wohnen wir in dem Haus und können die Freunde empfangen, haben genug Platz für die Vereinssachen usw., sind wir dankbar. Und daher soll man immer, sich nie begrenzen, man soll immer die Möglichkeit haben, ein Türchen offenzulassen. Apropos Türchen, war auch so merkwürdig, waren wir mit dem Bruno zusammen in Stephanskirchen, bitte immer, es sind Freunde da, die das schon wissen, aber das macht nichts. Eine gute, eine kleine Erinnerung ist immer gut, weil es so beeindruckend war. Also hat der Bruno beim Abschied gesagt: „Also, in drei Wochen sehen wir uns wieder in Klagenfurt!" Mhh meine Tante hat nach Luft geschnappt. „Das geht leider nicht Herr Gröning, weil eine Nichte von mir hat ein Visum bekommen, weil sie in der Tschechei gewohnt hat und sie kommt gerade dann, wenn wir in Klagenfurt sein müssen." „Mmmh", hat er gesagt, „so so, immer eine Tür einen Spalt offen lassen, niemals die Türe ganz zuschlagen!" Also dann fahren wir wieder nach Oberösterreich, wo wir gewohnt haben, na ja, kaum waren wir dort, kommt ein Telegramm von besagter Nichte. Muss Reise verschieben, stopp, Visum nicht bekommen. Ach, was machen wir denn jetzt? Na, was sollen wir schon machen, hat sie gesagt, fahren wir, so war es. Er war so nett, wissen Sie, so liebevoll, der Bruno, so gütig, er hat nie geschimpft, er hat nur beraten. Und wenn ein Freund einen Fehler gemacht hat, viele Fehler hat er dann ganz ohne Aufhebens den Freunden ins Ohr geflüstert. Wo man dann beobachten konnte, wie der Mund runterfällt bei den Freunden, wenn sie puderrot im Gesicht wurden, oder leichenblass. Ja na gut, er hat gesagt: „Die Fehler, die Freunde

79

machen, die gehen niemanden etwas an, ich sage es ja nur, damit Sie daraus lernen!" Und noch was hat er gesagt: „Seien Sie jedem dankbar, jedem Menschen dankbar, wenn er einen Fehler macht und Sie sehen die Folgen dieses Fehlers, dann brauchen Sie ihn nicht begehen. Dann können Sie auch von den anderen lernen, dass Sie den gleichen Fehler nicht begehen müssen!" Und so, hat Bruno gezeigt, wie man miteinander umgeht. Er hat gezeigt, was es bedeutet, Diener oder Verfechter der göttlichen Liebe zu sein. Vor Gott gibt es keinen Zwang, vor Gott gibt es auch kein Ausschließen. Einmal hab ich allerdings erlebt bei ihm, es war eine große Gemeinschaft in Rosenheim und da war ein alter Herr unter den Leuten. Der hat immer gekeucht, so hat er da gesessen und hat gekeucht. Und da hat Bruno gesagt: „Es ist jemand unter Ihnen, der glaubt nicht, der ist ungläubig. Es ist jemand unter Ihnen, der stört die Gemeinschaft. Derjenige weiß schon, da brauche ich nichts zu sagen. Aber derjenige, den ich meine, der möge den Saal verlassen!" Er hat nicht mit dem Finger auf ihn gezeigt, er hat auch nicht gesagt, raus. Er hat nur gesagt: „Derjenige möge den Saal verlassen", der eben das nicht versteht. Der ist dann stillschweigend aufgestanden und hat den Saal verlassen. Seht, Freunde, so ist die Wahrheit. Und auch ich habe immer wieder in den vielen Jahren erlebt, immer wieder, wenn jemand das nicht verstanden hat, oder wenn jemand dagegen war, irgendein Zufall oder irgendein Gedanke war plötzlich da und die Person ist gegangen. Nicht weil wir sie rausgeschmissen haben, sondern weil sie sich einfach nicht wohlgefühlt hat. Und wenn jemand das Gute unangenehm findet, dann soll er sich dessen selbst bewusst sein und die anderen Leute, die das Gute wollen, die das Gute empfangen möchten, einfach in Ruhe und Frieden lassen. Bei uns gibt es keinen Zwang, wir fragen niemanden, woher kommst du, wohin gehst du? Bei uns gibt es keine Diskriminierung, wie man so sagt, jeder kann kommen, jeder kann zuhören, jeder kann sich das

Gute daraus für sich selbst nehmen. Wenn er es nicht tut, ist nicht unser Problem, ist sein Problem. Und nur so kann man die Lehre Christus, die Lehre Gottes, in die Tat umsetzen. Weil, es steht schon in der Bibel, meine lieben Freunde, Glaube, Hoffnung und Liebe. Das Größte aber, ist die Liebe. Liebe deinen Nächsten wie dich selbst. Das ist die Frage? Kann man sich selbst lieben? Kann man sich immer lieben? Da sind wir wieder an einem Punkt angekommen, der sehr, sehr wichtig ist. Es gibt Menschen, die können sich zumindest zeitweise nicht leiden. Sie können sich nicht im Spiegel schauen, weil sie am liebsten wütend hineinhauen möchten. Und da hat der Bruno gesagt: „Ja, wenn der Mensch zu viel Ungutes in sich aufgenommen hat, wenn er ein Staubsauger ist", hat der Bruno gesagt, „Staubsauger!" „Dann nimmt er soviel Dreck auf, dass er sich nicht mehr leiden kann!" Wenn man so negative Gefühle hat, meine lieben Freunde, dann soll man nicht sagen, der andere ist Schuld. Der andere, weil er mich ärgert, der andere, weil er mich nicht versteht, der andere, weil er mir nicht zu Gesicht steht. Jeder frage sich selbst, er stelle sich vor den Spiegel und sagt, aha, das bist also du, mit anderen Worten, das bin also ich. Na was ist los mit dir? Warum lässt du die Mundwinkel so hängen, mhh? ...... Warum lasse ich die Mundwinkel hängen? Ja, der und der und der hat mir das und das angetan. So so, kann man sagen und was hast du ihm angetan? Wie hast du ihn ange- schnauzt? Und so soll man auch ein Selbstgespräch mit sich führen. Warum, weil Bruno hat dann noch etwas gesagt, was einem zu denken geben soll: „Sich lieben, heißt Gott lieben!" Und wenn man sich nicht liebt, wenn man sich selber nicht leiden kann, dann lehnt man auch Gott ab, das Göttliche in uns lehnen wir ab. Und das ist so traurig, dass der Mensch immer nur das erlebt, was er denkt, was er fühlt, was er sich einbildet. Wenn der Mensch einen Wunsch hat, und er möchte diesen Wunsch um jeden Preis durchführen, koste es, was es wolle, heißt es dann immer, gut er

81

kämpft dafür, er vergießt Schweißperlen dafür, es geht nicht weiter, das ist wie verhext, glaubt er. Ich bemühe mich, ich studiere die Sache, es geht nicht weiter. Bis er dann endlich darauf kommt. Der Wunsch hält ja die Erfüllung zurück. Er hält die Sache fest. Wie der Bruno, wie ich ihn einmal erlebt hab in Wien, wo eine Dame Tränen überströmt und schluchzend da gesessen ist in der ersten Reihe, weil sie geglaubt hat, wenn sie in der ersten Reihe sitzt, da kriegt sie am meisten Kraft. Hm, na gut. „Ja, was ist denn liebe Dame, liebe Frau!" Dame hat er gar nicht gesagt, liebe Frau hat er gesagt. „Was ist denn, liebe Frau, was ist denn los mit Ihnen, warum weinen Sie denn?" Sie hat geschluchzt: „Ich spüre heute nichts Herr Gröning, ich spüre keine Kraft." Hat er gesagt: „Müssen Sie denn unbedingt etwas spüren, um göttliche Kraft aufzunehmen?" „Ja aber ich will etwas spüren," hat sie gesagt. „Schauen Sie", hat er gesagt, „solange Sie so verkrampft sind, sitzen Sie auf Ihrer Krankheit!" Hmm, die Dame ist jetzt von ihrem Sessel auf, dreht sich um. „Ich sitze ja gar nicht auf etwas", hat sie gesagt, „worauf sitze ich denn?" Hat er gesagt: „Sie sitzen auf Ihrer Sturheit das war's, lassen Sie doch los! Denken Sie doch an etwas anderes, alles andere geschieht ja sowieso wie von selbst!" Ein anderes Mal ist eine Dame gekommen, die hat ihre Handtasche ganz fest auf ihrem Schoß gehalten. Der Bruno hat gesagt: „Haben Sie denn soviel Geld in ihrer Handtasche?" „Nein hat sie gesagt, warum?" „Ja, weil Sie die Tasche so festhalten." „Och, das mache ich immer." „Na gut", hat er gesagt, „jetzt lassen Sie doch einmal die Gewohnheit weg und stellen Sie die Tasche neben sich und nehmen Sie die Kraft auf und denken Sie nicht immer an Ihre Knödel, die Sie da am Abend kochen wollen. Da ist Zeit, wenn Sie heimkommen!" „Denken Sie nicht an die Knödel", hat er gesagt. „Solange Sie hier sind, denken Sie an das Gute, denken Sie an Harmonie, denken Sie an das, was Sie brauchen!" Und so hat er uns gelehrt, loszulassen, meine Freunde. So hat er uns gelehrt, mit

Beispielen, mit Worten, mit Erklärungen und mit Erlebnissen, hat er uns gelehrt, was wir tun sollen. Das, was wir loswerden wollen, sollen wir loslassen und das, was wir behalten wollen, dafür sollen wir uns einsetzen, das soll unser Herzenswunsch sein. Und dieser Herzenswunsch hat er gesagt, soll aber immer selbstlos sein und nicht egoistisch. Ein Herzenswunsch ist das Gute. Aber in dem Augenblick, wo wir egoistisch sind, wo wir etwas fordern, was nur uns zugutekommt, ist das kein Herzenswunsch, sondern ein egoistisches Streben. Und Gott, Gottes allmächtige Kraft, die steht uns ja immer zur Verfügung, wenn wir die richtige Einstellung haben, um das geht es, meine Freunde. Die Einstellung zu haben, ich vertraue. Die Einstellung zu haben, ich glaube. Eine Überzeugung aufzubauen, die darin begründet ist, dass es nichts gibt, das nicht geschehen kann. Ich wiederhole, es gibt nichts, das nicht geschehen kann! Brauche ich ja nicht übersetzen. Andersherum, es kann alles geschehen, wenn der Mensch glaubt, und wenn es der Mensch Gott überlässt. Und das ist so wichtig, dass wir auch gesund werden, den Wunsch nach der Gesundheit, Gott überlassen. Wie es geschieht, wann es geschieht, oder nicht? Wer weiß, was da noch alles kommt, was wir noch alles lernen sollen, dazu loslassen. Wir müssen soviel Vertrauen aufbauen, dass wir auf Gott vertrauen, Vertrauen hilft, jammern nutzt nichts. Es ist z.B. immer wieder eine unlogische Sache, wenn wir Gott unsere gesamten Wehwehchen aufzählen. Lieber Gott, das und das und das und das. Oh, ich brauche das und das. So jetzt frage ich, ist Gott allmächtig? Ja! Ist Gott allwissend, weiß er alles? Vielleicht kennt er uns besser, wie wir uns selbst? Ja, wozu brauchen wir ihm dann alles aufzählen? Und wozu brauchen wir Versprechungen machen? Gott hat ja alles. Alles, was wir ihm versprechen, gehört sowieso ihm. Es gibt ja kein Atom, es gibt ja keinen Hauch, der nicht aus Gott kommt. Wir begrenzen uns, und so sollen wir immer wieder erleben und immer wieder bewusst sein, dass wir mit Gott anders umgehen müssen, wie mit der Begrenztheit der Menschen. Und die unbegrenzte, die große Kraft, die wir Gott nennen, die große Intelligenz, die uns geschaffen hat, je unbegrenzter wir das sehen, umso mehr, umso öfter, umso inniger ist die Hilfe. Christus hat das schon gesagt: „Wenn ihr nicht werdet wie die Kinder, werdet ihr das Himmelreich nicht erleben!" Kinder, die mit großen, vertrauensvollen Augen solange hochblicken, bis sie von den Erwachsenen enttäuscht werden. Man will Kinder nie enttäuschen, man will die ganze Liebe den Kindern geben. Man soll alles geben, damit Kinder Vertrauen haben, gut. Kinder können enttäuscht werden. Aber wenn wir zu unserem Vater, zu unserem geistigen Vater, Vertrauen haben und nicht sagen vielleicht, oder hoffentlich oder, da kann der liebe Gott auch nicht helfen, das ist kein Vertrauen, das ist ein Misstrauen. Also vertrauen wir und glauben wir, dann wird ein Weg gegeben, dann wird ein Ziel gezeigt, wo wir die Hilfe bekommen. Aber wir bekommen die Hilfe nach der Art, die wir brauchen. Wir bekommen jene Hilfe, die uns am meisten geistig hilft. Mhh, wenn wir sagen, lieber Gott ich brauche viel Geld, na was ist das? Da gibt es einen kleinen, netten Witz. Kommt Einer zum lieben Gott und sagt, lieber Gott, du bist doch allmächtig? Ja sagt der liebe Gott, lieber Gott, du kannst doch wirklich alles? Ja kann ich. Lieber Gott stimmt, dass für dich ein Tag, eine Minute wie bei uns tausend Jahre sind? Natürlich gibt es das, bei mir ist eine Minute wie tausend Jahre bei euch. Hm, sagt der andere. Also, wenn du allwissend bist, wenn du allmächtig bist, kannst du mir bitte hunderttausend Euro geben? Sagt der liebe Gott ja, aber warte ein Minütchen. Dieser Witz ist deshalb so nett, weil wir keine Erwartungen setzen sollen, wir sollen auch keine Begrenzungen setzen, das ist es. Ein junger Mann hat mich angerufen, vor einiger Zeit, er ist Rollstuhlfahrer. Hat er gesagt: „Herr Hosp, ich bin Rollstuhlfahrer, ich habe ein nettes Mädchen kennengelernt und jetzt hab ich eine Frage? Kann ich, oder soll ich warten bis ich gesund bin, oder kann ich Sie gleich heiraten?" Hab ich gesagt, das ist ein Blödsinn, wenn du wartest, heirate das Mädchen und werde glücklich und baue auch dein Haus behindertengerecht, denn du weißt nicht, wie lang deine Aufgabe, also es notwendig ist, diesen Körper begrenzt zu haben. Warte nicht auf die Heilung, sondern lebe, habe ich gesagt. Glücklich ist er, glücklich und zufrieden. Also man soll nicht immer wieder Bedingungen stellen, z.B. bei mir, das hat mir damals ziemlich weh getan. Wenn ich gesagt habe so zu meiner Mutter z.B., ich hätte gern das und das. Ich hätte z.B. gern einen schönen Anzug. So war leider die Antwort: „Du kannst alles sofort haben, wenn du gesund bist." Das soll man nicht sagen, wieder ein Verlangen. Dabei, wenn ich damals anerkannt worden wäre, wie der Bruno gesagt hat: „Du bist ein vollwertiger Mensch", hat mir der Bruno gesagt und das Wort hat mir wirklich das Selbstbewusstsein gegeben. Wenn man das auch bei jedem Menschen sagen würde, du bist ein vollwertiger Mensch, ob er nun talentiert ist oder nicht. Ob er seelisch-geistige Probleme hat oder körperliche, das ist vollkommen gleichgültig, meine Freunde. Der Mensch ist geistig gesehen vollwertig und mit den verschiedenen Wehwehchen, muss er vertrauensvoll umgehen lernen und auch die Wehwehchen kann man dazu benützen, den geistigen Weg zu gehen. Also noch einmal muss ich betonen, was der Bruno gesagt hat: „Fällen Sie über keinen Menschen ein Urteil, jedes Urteil ist ein Verurteilen, weil sie die Gründe nicht wissen, warum der Mensch in dieser Situation ist. Sie können nur eines tun, liebevoll an ihn denken, liebevoll ihn in das göttliche Licht stellen und liebevoll dafür bitten, oder sich dafür einstellen, dass der andere, der Hilfe braucht, das Richtige erkennt. Und noch mal muss ich betonen, dass Bruno Gröning immer wieder gesagt hat: „Ich bin kein Heiler, ich bin nur ein Helfer. Ich will den Menschen helfen, sich selbst und den Weg zu Gott zu finden. Ich bin nur der Wegweiser", hat er gesagt, „gehen müssen Sie selber. Und sagen Sie nicht immer, Gröning, Gröning, Gröning. Werden Sie sich selbst Ihrer Aufgabe bewusst. Den Weg, den zeige ich Ihnen, aber tun müssen Sie es selber. Wenn Sie sich innerlich ändern, wenn Sie den Weg zu Gott finden, dann können Sie auch das Göttliche empfangen!" Und da sage ich jetzt zum Schluss, wie Bruno gesagt hat: „Willst du das Göttliche erleben, so musst du danach streben!" Meine Freunde, wir sind alle Empfänger, wir empfangen das, was wir wollen, wir empfangen das, worauf wir uns eingestellt haben. Und der Bruno hat gesagt: „Je mehr Menschen das Gleiche empfangen, umso stärker wird der Empfang!" Er hat den Menschen mit Nullen verglichen. Jeder Mensch ist eine Null, geistig gesehen. Zwei Nullen sind auch wieder Null. Drei, vier, fünf, sechs Nullen, ist immer die gleiche Null. Aber wenn wir jetzt die Eins, also Gott, vor die Nullen stellen, dann bedeutet jede Null das Zehnfache. Gott und ein Mensch ist zehn. Gott und zwei Menschen ist Hundert. Mhh Gott und dreißig Menschen? Ersparen Sie mir die Zahl, wie sie heißt. Und so wollen wir jetzt zum Ende dieser Gemeinschaftsstunde, wir Nullen, ja wir Nullen, wollen uns aneinander reihen und Gott davorstellen. Und jede Null hat er gesagt, verzehnfacht die Kraft. Also, wenn sich jeder von uns auf das Göttliche einstellt, werden wir eine Kraft erleben, wo wir nur staunen können und das möchte ich jetzt mit Ihnen gemeinsam durchführen. Wir sind in der normalen Stellung, wie der Bruno uns das gelehrt hat. Und wir stellen uns ein. Wir machen uns vollkommen leer. Wir lassen alle irdischen Wünsche beiseite. Wer will, kann die Augen schießen, muss aber nicht sein und wir nehmen gemeinsam die Harmonie auf. Manche stellen sich Licht vor, ist auch egal. Manche sind aber vollkommen damit beschäftigt, zu beobachten. Was geht in meinem Körper vor? So wie der Bruno gesagt hat: „Beobachten Sie Ihren Körper!" Wir sind, wir werden ganz still, wir werden ganz ruhig. Wir vergessen auch die Zeit, vergessen auch den Raum, vergessen auch unseren Körper, der ja nur die Hülle des Geistigen ist. Wir schwingen in Harmonie mit uns selbst. Wir finden den Punkt der inneren Ruhe, jeder findet seinen Punkt der inneren Ruhe. Nur in der Ruhe, kann man das Gute erleben. Wir nehmen die Kraft auf, wir verstärken die Kraft, wie ein Akku. Wir nehmen die Kraft auf, meine Freunde, wir laden uns mit guter Kraft auf. Jeder findet seine Mitte, seine geistige Mitte. Jeder lässt los von allem. Wir vergessen alles, was nicht in Ordnung ist. Wir vergessen vor allem bewusst, wenn wir traurig sind, wenn wir glauben, jemand hat uns ungerecht behandelt, das ist nicht unser Problem. Wir lassen von diesen Problemen los. Wenn wir losgelassen haben, sind wir glücklich und wenn wir glücklich sind, sind wir mit der Liebe Gottes verbunden. Können wir ein bisser`l eine Musik machen und bitte weiter aufnehmen. In aller Stille aufnehmen, in aller Freude aufnehmen, in aller Überzeugung aufnehmen.

Musik: Russisches Kirchenlied Cherubingesang Nr. 7

Jeder bekommt das, was er braucht, wenn er darauf vertraut, dass er das bekommt. Jeder achtet auf sich. Bruno Gröning sagte: „Geben Sie auf sich selbst acht! Seien Sie für sich selbst das Wichtigste! Schauen Sie nicht auf andere, das ist nicht Ihr Problem. Schauen Sie nie auf andere", hat Bruno gesagt. „Tun Sie keinen Menschen abwerten, damit werten Sie das Göttliche ab. Damit nehmen Sie sich die Verbindung zu Gott. Keiner hat das Recht, einen Nutzer zu spielen. Nur Gott schickt dann das, was sich jeder verdient hat!" Hm, ich wünsche bis zum nächsten Mal, dass jeder sehr viel des Guten bekommt, und jeder sehr viel des Guten weitergibt. Danke für die Aufmerksamkeit.

**Lebensweisheiten von Bruno Gröning**

Herr Wallner: Da bitten wir unseren Freund Hosp, dass er mit uns Geduld hat. Und dass er uns möglichst unterstützt, indem Erkennen, was ist Gott und wer sind wir? Weshalb wir hier zusammenkommen. Es ist höchste Zeit, die Tage werden immer brenzlicher und immer kürzer für uns, und ich kann nur eins sagen, wir brauchen unbedingt Hilfe. Hilfe von allen Kräften des Guten. Und da bitten wir lieber Fredy, dass du uns hier weiterhilfst.

Fredy: Wir werden uns jetzt einstellen, wir werden zur Ruhe kommen, indem wir die Musik hören, entspannen, liebe Freunde und in der Harmonie bleiben.

Musik

Liebe Freunde, ich möchte alle recht herzlich begrüßen. Unser Bestreben hier ist dem Freund eine Weisheit, eine Lebensweisheit mitzugeben, verschiedene Lebensweisheiten, damit sie das Leben besser schaffen. Damit sie wissen, wie sie sich zu verhalten haben. Damit sie kurz und gut glücklicher leben können, wenn sie es wollen. Wir haben einen sehr großen Lehrmeister gehabt, der hinter die Dinge sehen konnte. Der mehr gewusst hat, wie wir Menschen. Und der aber so bescheiden war, dass er nicht damit geprallt hat, sondern einfach, ganz natürlich, die Freunde belehrt hat. Nur ab und zu, wenns notwendig war, hat er eine Antwort gegeben, ausgesprochen. Eine Antwort ausgesprochen und derjenige, dem das betroffen hat, der hat schon gewusst, was er damit gemeint hat. Die anderen haben es nicht gewusst. Und so hat jeder von den Freunden erlebt, dass Bruno Gröning sehr wohl ins Herz hineinschauen konnte. Er konnte sehr wohl, das sehen, was die Freunde gedacht haben. Obwohl man doch sagt, gemeinhin Gedanken sind frei. Der Bruno hat aber bewiesen, dass Gedanken nicht frei sind. Sondern Gedanken sind Kräfte, die denjenigen, der sie aufnimmt, beeinflussen. Und je öfter er die gleichen Gedanken denkt, umso mehr ist jeder unter dem Einfluss seiner Ideen. Und so hat jeder Mensch eine gewisse Willenskraft, eine gewisse Vorstellung, die er irgendwie verteidigt, oder auch vertritt, solange vertritt, bis er selber einsehen muss, dass sie nicht ganz in Ordnung ist. Und so hatte Bruno Gröning seine bestimmten Aussprüche, seine bestimmten Ratschläge. Er sagte nicht viel, aber er sagte, das was notwendig ist. Und dazu möchte ich einen Ratschlag genauer beleuchten, meine lieben Freunde. Und zwar, den Ausspruch, Freunde immer bei der Wahrheit bleiben. So jetzt haben wir das Problem, wie ist das gemeint? Freunde immer bei der Wahrheit bleiben. Soll man jeden ins Gesicht sagen, was man sich denkt? Ist es die Wahrheit überhaupt, wenn man jemanden etwas sagt. Liebe Freunde, zunächst hat Bruno Gröning mit dem Ausspruch gemeint, für sich selbst bei der Wahrheit bleiben. Danach trachten, sich selbst zu erkennen. Wer bin ich? Wie bin ich? Was bin ich? Und zu sich selbst ganz streng, ganz genau zu den Leuten sagen, bin ich derjenige, der ich mir einbilde zu sein?Dann sagt er noch, Selbsterkenntnis ist der erste Weg zur Besserung. Man soll sich nicht selber etwas vormachen. Und sehr viele Menschen machen sich etwas vor. Entweder sie sind überheblich, oder umgekehrt sie halten nichts von sich. Sie sind irgendwie passiv, sie trauen sich nicht. Beides ist schlecht, der Mensch soll wissen, dass er vieles kann, wenn er es will. Und so soll man zunächst bei sich selbst, bei der Wahrheit bleiben. Was will ich, was kann ich, was traue ich mir zu? Und dann muss man wissen, wir sollen wissen, was wir wollen. Wie der Bruno gesagt hat: „Wissen sie wirklich, was sie wollen?" Überlegen sie mal, ob sie das genau wissen, was sie wollen. Was wollen sie? Da war ein bisserl ein verzweifelter Ausdruck in den Menschen, liebe Freunde. Weil sie wirklich nicht gewusst haben, vorauf Bruno hinaus will. Hat er gesagt: „Wenn sie das Gute wollen, so kommt das Gute!" Wenn sie das Gute beiseite schieben, dann kommt nicht das Gute, da kommt die Störung, da kommt das Ungute, dann kommt die Belastung. Der Mensch belastet sich selbst. Durch die Gedanken, die er aufnimmt, ja klar, weil der Mensch Angst hat, wenn der Mensch ……, wenn der Mensch verzweifelt ist, da belastet er den Körper. Weil er kein Vertrauen hat, und da hat Bruno gesagt, man muss wissen, was man will. Wie der Wille so der Gedanke, der Gedanke bewegt den Menschen zur Tat. Also müssen wir uns einmal selbst erkennen, selbst sagen, aha so einer bist du. Ja gut, wenn du so einer bist, dann musst du eben die Folgen tragen, von dem wie du bist. Das ist einmal die eine Seite und die andere Seite ist dann so, dass man mit Menschen zusammen ist. Dass man aber auch die Menschen ganz sachte, ganz liebevoll führt. Denn wenn man einen Menschen seine Wahrheit ins Gesicht sagt, wo man sagt, das ist die Wahrheit. Und den Mensch dadurch kränkt, den Menschen dadurch beleidigt, den Menschen dadurch aus der Ruhe bringt, so müssen wir die Folgen tragen. Wenn wir glauben, eine Wahrheit sagen zu müssen. Und noch was ist interessant, jeder hat seine eigene Wahrheit, er glaubt so wie er denkt, so wie er ist, das ist die reine Wahrheit. Aber in Wirklichkeit hat er nur eine sub-jektive Wahrheit. Das, was er erlebt hat, wenn er glaubt, das kann er hinausposaunen. Nur er hat recht, so muss er dafür gradestehen. Es sollte nur bitte, das ist ja nur ein kleiner Auszug, die subjektive Wahrheit der Politiker. Jeder glaubt, er hat recht. Ja und das entscheiden, die Folgen entscheiden, ob er recht hat oder nicht. Und da hat der Bruno auch gesagt, immer bescheiden bleiben. Wenn man bescheiden ist und sagt, ich bin ein Unwissender, ein kleiner Mensch, der von der wirklichen Wahrheit abhängig ist, so kommen die richtigen Gedanken. Und zwar durch die Gedanken der Belehrung, wo man sagt, ach ich bin derjenige, der das alles weiß. Sondern die Gedanken der Hilfe, wie kann ich den Menschen helfen? Und da kommen, wenn man sozusagen in Liebe den Menschen helfen will, dann kommen die richtigen Gedanken. Das ist ein Problem, wie wir mit der Wahrheit umgehen. Einmal hat er eine Dame gefragt, soll mal erzählen, was sie wohl findet? Na und die Dame hat natürlich zunächst mit einer Lobeshymne über Bruno angefangen. Hat der Bruno gesagt: „Liebe Frau, ich möchte die Wahrheit wissen. Ich möchte von Ihnen nicht beschmust werden. Ich möchte nur wissen, was Sie empfinden!" Die Dame hat dann kein Wort mehr darauf gebracht, und zwar hat sie aus dem Hintergrund, weil Sie nicht mehr gewusst hat, weil Sie vollkommen aus dem Konzept gebracht, weil er gesagt hat: „Ich will von Ihnen nicht beschmust werden!" Also gut das war das eine, da hat er gesagt, man soll nicht immer grübeln. „Grübeln Sie nicht so immer", hat er gesagt. „Wer grübelt, verliert Energie. Lernen sie ihre Gedanken zu beruhigen, lernen sie ihre Gedanken abzuschalten!" Und besonders in der Gemeinschaft, oder während der Gemeinschaftsstunde, soll man nicht dazu übergehen, dass man sagt, was man denkt. Einmal hat er gesagt: „Jetzt denken Sie doch nicht immer an ihre Leberknödel, die Sie zu Hause kochen werden. Wenn Sie zu Hause sind, dann können Sie an die Leberknödel denken. Aber jetzt hier in der Gemeinschaft, haben die nichts zu tun. Nur das Gute, das Göttliche, die Heilung aufzunehmen!" Und dann noch etwas sehr interessant, was …… Bruno Gröning wollte nicht, dass man seine Person in den Mittelpunkt stellt. Er hat gesagt: „Das, was ich sage, ist die göttliche Lehre und die göttliche Lehre ist vollkommen unabhängig von dem, der das ausspricht!" Denn wenn man sich immer an die Person hält, es gibt ja immer wieder Menschen, die sagen, der eine sagt das Richtige, der andere sagt das Richtige, wir müssen es von den Wahren bekommen, hat er gesagt. Sie müssen die Lehre aufnehmen. Sie müssen das Göttliche tun und nicht immer an …… Dazu hat er noch gesagt: „Ich brauche keine

Anhänger. Ich brauche nur Menschen, die den Weg gehen. Die für sich selbst den Weg gehen!"

Und wenn man so über die Erde blickt, soviel Religionen, soviel Konfessionen. So viele hängen an ihren Meistern, ob es jetzt Buddha ist, oder jemand Anderer, nur der. Wisst ihr Freunde, dass das deshalb so ein Problem ist, weil dann die Menschen guten Willens nie die Einheit finden. Es gibt in jeder Religion gute Menschen, die das Gute wollen und trotzdem kommen die nicht zusammen, weil der eine sagt, nur dieser Prophet sagt richtig, der andere nur dieser usw. und heutzutage gibt es so viele Richtungen, warum? Sie hängen an dem Lehrer und nicht an der Lehre. Es gibt nur eine göttliche Lehre. Es gibt nur eine Anwendungs-möglichkeit. Ein Rezept sozusagen unter Anführungszeichen, wie wir leben sollen, um schöpfungsgerecht, jetzt habe ich das Wort, schöpfungsgerecht zu leben. Das heißt, das Beste aus dem Leben zu machen!

Wenn man überheblich ist, ist es nicht gut. Wenn man sich nicht traut, ist es ebenfalls nicht gut. Also sollen wir ein Selbst-bewusstsein entwickeln, dass wir aber dem göttlichen Bewusstsein unterstellen. Bruno hat gesagt: „Der Mensch ist ein göttliches Geschöpf. Der Mensch selber ist göttlich, natürlich nicht Gott", so hat er wörtlich gesagt. Aber göttlich ist der Mensch, weil er eben als Schöpfung, als Geschöpf der Schöpfung dienen soll. Aber wie kann ich der Schöpfung dienen, wenn ich selber nicht weiß, was ich will? Wenn ich selber nicht weiß, was ich soll? Wenn ich selber nicht weiß, was ich kann?

Und dann ist da noch ein Problem, dass der Mensch dazu neigt, sich von anderen beurteilen zu lassen und beeinflussen zu lassen. Ja, was wird denn der sagen? Oder, ja was wird denn die usw. von mir wollen? Und wenn man immer wieder auf andere Menschen hört, weil man selbst kein eigenes Bewusstsein hat, keine eigene Überzeugung hat, so kommt man in den Strudel der negativen

Einflüsse, der negativen Gedanken, wo man nicht weiß, was man will. Und daher wieder der Ratschlag Bruno Grönings, man muss aufpassen. Bruno Gröning hat immer ganz kurze Sätze gebracht, ganz kurze Hinweise. Interpretieren müssen wir das selber. Z.B. hat er gesagt: „Nicht menschenhörig sein, sondern gotthörig werden!"

Wenn man irgendwelche Pläne hat, meine Freunde, so ist das sehr gefährlich, menschenhörig zu sein. Wenn man z.B. etwas plant oder durchsetzen will und andere trifft und eine Frage stellt, den fragt oder jenen fragt, gibt jeder eine andere Antwort und zuletzt sagt man, ja, jetzt weiß ich wieder nicht, was ich tun soll. Wie es so schön heißt, jetzt steh ich da, ich armer Thor und bin so klug als wie zuvor, aus Goethes Faust.

Ja, also muss man soviel Selbstvertrauen haben. Selbstvertrauen ist aber auch gleichzeitig Gottvertrauen. Und wenn man das Vertrauen zu Gott hat, zu der Führung Gottes, zu der Hilfe, zu der geistigen Hilfe, dann bekommt man die richtigen Einfälle. Dann wird man innerlich gestärkt, sozusagen so, jetzt mache ich das. Jetzt wird, weil ich das Gute will, mache ich es. Und dann gelingt es auch meine lieben Freunde. Es ist so wichtig und da sind wir wieder bei der Selbsterkenntnis, dass wir erkennen, dass wir mehr Fähigkeiten haben, als wir uns zutrauen.

Ja, andere Menschen, die blähen sich auf, wie ein Luftballon und reden und reden und reden und bringen nichts zusammen. Das sind diejenigen Menschen, die von sich mehr glauben, als dahinter steckt. Und wieder das Gegenteil, wo es heisst, mein Gott, ich habe kein Selbstvertrauen, ich traue mich nicht, das oder jenes zu beginnen, oder das oder jenes durchzuführen. Und die brauchen eben Gewissheit, dass sie sich in die göttliche Schwingung begeben sollen, dass sie das Gute wollen, wollen wie der Wille so der Gedanke. Und das Sie dann die richtigen Gedanken bekommen, um das Richtige zu tun. Und ich muss auch ganz zum

Schluss wieder darauf hinweisen, bevor ich zu Bruno gekommen bin, war der Körper so belastet und auch meine Umgebung hat überhaupt nichts von mir gehalten, der arme Kerl usw. Ich hatte kein Selbstvertrauen, kein Selbstvertrauen. Und so bin ich zu Bruno gekommen. Und da hat der Bruno gesagt: „Fredy du bist ein gleichberechtigter Mensch!" Und das möchte ich allen sagen, unabhängig von Ihrer persönlichen Situation, unabhängig von Ihrem persönlichen Glauben an sich selbst oder auch Unglauben an sich selbst, sind Sie ein vollwertiges, von Gott bestimmtes Menschenkind. Jetzt habe ich etwas ganz Interessantes gesagt, der Unglaube an sich selbst. Wie viele Menschen leiden darunter, dass Sie glauben, Sie können zu wenig. Dass Sie glauben, Sie sind nicht fähig Dinge zu tun und dann sind Sie es nicht, liebe Freunde. Man kann vieles geistig tun, durch Gedanken tun, durch Beratschlagung tun. Man braucht gar nicht immer Bärenkräfte dazu, um anderen Menschen helfen zu können. Auch das gehört zur Wahrheit. Auch das gehört dazu, dass man sagt, aha so bin ich körperlich, aber ich kann ja mehr. Ich kann ja ein Werkzeug Gottes sein. Ich kann ja das Gute aufnehmen und weitergeben. Das gehört auch zur Selbsterkenntnis. Wie der Bruno sagte: „Selbsterkenntnis ist der beste Weg zur Besserung, ist der erste Weg zur Besserung!" Wobei man unter Selbsterkenntnis auch achten muss, dass man sich nicht überschätzt.

Man darf sich nicht unterschätzen, man darf sich auch nicht unterschätzen. Und am ärgsten, meine Freunde, am allerärgsten sind die Großmaulmenschen. Die reden und reden und reden und schimpfen in allem Alter, und wenn man sie dann auf die Probe stellt, dann sind sie ...... Bruno hat nicht viel gesprochen, Bruno hat nur das Richtige gesagt. Und einmal hat Bruno gesagt: „Genau genommen brauche ich kein Wort zu sagen. Sie müssen sich nur richtig einstellen und dann geschieht, was geschehen soll!"

„Wenn ich hereinkomme", hat er gesagt „und die Freunde beachte, beobachte", jeden Einzelnen hat er zuerst genau angeschaut, bevor er zu sprechen angefangen hat. „So", hat er gesagt, „ich bin fertig, ich kann jetzt wieder gehen, ich muss nicht bleiben. Es ist all das geschehen, was geschehen soll!" „Ach, schauen Sie doch nicht so entsetzt", hat er gesagt, „natürlich bleibe ich, aber es wäre nicht notwendig! Wenn ich jetzt zu Ihnen spreche, so sollen Sie acht geben, so sollen Sie das in sich einwirken lassen. In sich speichern, weil das, was ich zu sagen habe, ist für Sie notwendig. Nicht für mich, für mich ist es nicht notwendig, ich brauche nicht sprechen. Ich spreche ja nur aus Liebe zu den Menschen, um Ihnen helfen zu können!"

Dann hat er gesprochen, dann hat er erzählt und dann sind halt so zwei Stunden vergangen, wie im Fluge vergangen. „Und seht", hat er gesagt, „so, jetzt habe ich vieles Wahres, vieles Göttliches gesagt. Was haben Sie sich gemerkt? Liebe Freunde, ich kenne Sie. Ich bin schon froh, wenn Sie nur ein Prozent sich merken von dem, was ich gesagt habe. So bescheiden bin ich", hat der Bruno gesagt, „soviel habe ich Ihnen gesagt und was haben Sie sich gemerkt?" Die Menschen sind nicht gewillt, zu hören! Sie lassen das alles an sich vorbeiplätschern, was so gesprochen wird! Ist ja logisch, weil meistens wird ja Unwichtiges gesprochen und dann denkt man sich, red nur ruhig weiter, mir ist das wurscht. Und dann hat der Bruno gesagt: „Ja, aber die Menschen sollen auch doch darauf achten, auf das Wahre, sonst streikt das Ohr!" Also Menschen, die nicht hören wollen, auch als Kind nicht hören wollen, oder auch gute Ratschläge nicht hören wollen, die werden taub, weil das Ohr abschaltet.

Da sagt eine Dame: „Herr Gröning sprechen Sie doch lauter, ich bin schwerhörig." „So", hat er gesagt, ganz leise, „so, hören Sie mich jetzt?" Ganz leise, ganz leise. „Spreche ich jetzt laut genug?" Noch leiser hat er das gesagt. „Ja, ja jetzt kann ich hören, jetzt verstehe ich sehr gut." Alle haben gegrinst. „Ja", hat er gesagt, „jetzt wollten Sie hören, darum haben Sie es gehört. Und in Zukunft, seien Sie in Zukunft aufmerksamer, wenn jemand das Gute sagen will. Und wenn jemand das Ungute sagt, dann machen Sie einfach Ihr Ohr zu! Aber Sie sollen das bewusst tun", hat er gesagt, „und nicht unbewusst!" Also bewusst hinhören und bewusst weghören. Das ist das Geheimnis. Wer hinhört, wer auf irgendetwas hört meine lieben Freunde, der nimmt das Gehörte auf. Wer sich über irgendetwas ärgert, der ist mitbeteiligt. Z.B., das ist ja das Gefährliche, wenn man beim Fernsehen beteiligt ist, emotional beteiligt, wenn man die Nachrichten hört, oder schaut, und sich darüber aufregt, hat man schon aufgenommen. Wer das Ungute beachtet, fördert es. Das ist das Geheimnis meine Freunde. Wenn man aber sagt, oder soweit ist zu sagen, das ist nicht mein Problem, es ist zwar nicht in Ordnung, aber ich beteilige mich nicht daran, sondern ich stelle mich auf die Ordnung ein, dann dient man dem Guten. Aber in dem Augenblick, so komisch es klingt, wo man sich über irgendetwas empört, beteiligt man sich und verstärkt das Ungute.

Das ist nicht von mir, ich würde das nicht aussprechen, wenn ich es nicht gelehrt bekommen hätte. Und so kann der Mensch vieles tun. Er kann es auf der positiven Seite tun, aber er kann es leider, leider allzu oft auf der negativen Seite tun. Und momentan ist eine große Spannung auf der Welt, das wissen wir, weil sich der Präsident Busch etwas eingeredet hat, was er selber glaubt, und wo er dann wahrscheinlich doch hoffentlich gebremst wird. Nun, was sollen wir tun meine Freunde? Wir sollen nicht darauf achten, das heißt, wir sollen auf das Gute achten. Wir sollen uns dem Guten hinwenden. Wir sollen sagen, Gott ist allmächtiger als ein Präsident. Und wir vertrauen auf Gott, weil wir sind das Werkzeug Gottes. Und wir beten darum und wir stellen uns darauf ein, dass diese Erde nicht gefährdet ist, dass diese Erde nicht zerstört oder gestört wird. Das ist unsere Arbeit. Also nicht gegen das Ungute sein, sondern nur für das Gute arbeiten, das ist stärker. Wer das Ungute ablehnt, verstrickt sich nicht im Unguten. Wer das Gute befürwortet und sagt, das Gute ist stärker, Gott ist stärker. Der verbindet sich mit dem Göttlichen.

Einmal hat Bruno gesagt: „Wer ist stärker, Gott oder Stalin?" Damals war Stalin. „Glauben Sie wirklich das Stalin stärker ist als Gott?" Und dann hat er bewiesen, das war die Ungarnkrise, dass Gott stärker war, weil die Freunde an die Stärke Gottes geglaubt haben. Weil sie die Stärke Gottes in sich aufgenommen haben und sozusagen Diener und Befürworter des Guten geblieben sind.

Wann ist der Mensch schwach? Der Mensch ist schwach, wenn er Angst hat. Wann hat der Mensch Angst? Der Mensch hat Angst, wenn er sich vom Unguten bedrohen lässt. Weil er das Ungute sozusagen höher einschätzt, als das Gute. Das ist das Geheimnis, meine Freunde, und das ist auch das Geheimnis der Heilung, wie Bruno gesagt hat, oder wie auch Christus gesagt hat: „Dein Glaube hat dir geholfen!"

Und jeder der sagt, jeder Geistheiler, jeder Arzt der sagt, ich heile, ist schon ein Scharlatan. Ist schon überheblich, glaubt schon er ist derjenige, welcher, der das kann und muss früher oder später an seiner Überheblichkeit scheitern, weil er dann selber das Ungute aufnimmt und vom Unguten eben überfordert wird. Und derjenige, der sagt, ich heile nicht, ich kann nur den Weg zeigen, es heilt, das Göttliche heilt, ja, der zeigt uns den Weg.

Ich habe z.B. erlebt, dass, müssen Sie eigentlich die Hände verschränkt haben? Besser, wenn Sie locker bleiben. Für Sie ist es besser, für mich ist es egal. Aber wenn Sie locker sind, wenn Sie die Hände nicht verschränken, können Sie viel mehr des Guten aufnehmen, das ist der Hintergrund, weil Sie keinen Kurzschluss machen. Ist nur ein Ratschlag, ein gut gemeinter Ratschlag. Ja, was ich sagen wollte, in dem Augenblick, wo wir Vertrauen haben, nehmen wir das Gute auf und können von niemandem unter Druck gesetzt werden. Also der Mensch, der erkennt, dass er ein geistiges Wesen ist, ein unsterbliches geistiges Wesen, das muss man auch erkennen, dass nur vorübergehend einen Körper besitzt, um zu lernen, in dem Augenblick hat die irdische Macht die Bedrohungsmöglichkeit verloren. Wie der Bruno gesagt hat: „Meinen Körper können Sie kaputt machen, aber mich nicht!"

Und nur, wenn man Angst um den Körper hat, meine Freunde, sind wir erpressbar. Wie oft hat man erlebt, wo jemand bedroht worden ist. Dass er dann gesagt hat, dass derjenige gesagt hat, was willst du von mir? Schlag zu, wenn du willst, bring mich um. Ich habe keine Angst, ich bin nicht der Körper. Und der andere hat losgelassen. Das ist die stärkste Waffe, die man haben kann, wenn es einem gelingt, über den körperlichen Realitäten zu stehen. Schlag doch zu, du triffst nur meinen Körper, das muss man sich einmal vorstellen. Das ist ja der Hintergrund, wo es auch in der Bibel steht, wenn dir jemand eine Ohrfeige gibt, halte die zweite Backe hin, warum?

Weil der andere schockiert ist, der andere erwartet Widerstand und wenn man keinen Widerstand gibt, schlägt der andere ins Leere. Zum Streiten braucht man immer zwei oder drei. Ist nicht lustig, wenn man keine Antwort gibt, gar nicht lustig, gar nicht. Aber das ist eine große Waffe, wenn man nicht immer zurückgibt. Also wie gesagt, das was Bruno gesagt hat und das möchte ich noch einmal dezidiert sagen, sind Lebensweisheiten, die wir brauchen, um mit dem Leben fertig zu werden. Um das Gute, das Richtige aus dem Leben zu machen. Um überhaupt das Leben sinnvoll zu nützen.

Ja das ist es. Das ist das Geheimnis. Und es ist egal, wie alt der Körper ist, meine Freunde. Solange wir im Göttlichen schwingen, solange wir im Göttlichen leben, solange wir Erfahrungen sammeln mit der göttlichen Kraft, haben wir eine Lebensberechtigung, unabhängig vom Körper. Hat der Bruno immer wieder gesagt: „Schauen Sie nicht auf das körperliche Leben. Wenn Sie bis zum letzten Atemzug lernen, was das Gute vermag. Wenn Sie in der guten Überzeugung leben, haben Sie das Leben richtig erlebt und nicht verlebt!" „Erleben Sie ihr Leben", hat er gesagt, „aber verleben Sie es nicht!"

Auch eine sehr interessante Sache. Und noch was hat er gesagt: „Jede Sekunde, wo Sie diesen Körper von Gott haben, Gott hat Ihnen das größte Geschenk gemacht, nämlich den Körper zu besitzen. Jede Sekunde, wo Sie diesen Besitz nützen, ist ein Dank an Gott. Nützen Sie das Geschenk, seien Sie dankbar für dieses göttliche Geschenk, den Körper!"

Sehen Sie meine Freunde das sind Sachen, das sind Tatsachen, die man nirgendwo anders hört. Klingt vielleicht oft ein bisser'l komisch. Manche denken na ja, jetzt hat er ja aber wirklich übertrieben. Meine Freunde, das sind keine Übertreibungen. Ich habe auch gedacht, wenn Bruno etwas zu mir gesagt hat, na jetzt hat er aber ein bisser'l dick aufgetragen. Und jetzt muss ich sagen, nach so vielen Jahren, es hat alles gestimmt, was Bruno zu mir gesagt hat. Alles, alles meine Freunde. Und man möchte es nicht glauben. Er hat z.B. gesagt: „Mit diesem Körper kannst du am meisten lernen. Mit diesem deinen Körper kannst du am meisten lernen!" Ja, meine Freunde, wer hätte das gedacht? „Danke Gott, dass du diesen Körper von ihm erhalten hast!"

Klingt so komisch, man kriegt einen Körper, der fast gar nichts kann. Nicht einmal die Papperlatur (Sprache) hat damals richtig funktioniert, nicht einmal das.

Und trotzdem, obwohl fast nichts funktioniert hat, danke Gott, dass du diesen Körper hast. „Und sei dankbar und nimm diesen Körper so an, wie er dir gegeben wurde!" Heut zutage weiß ich, heute nach so vielen Jahrzehnten weiß ich, dass er recht gehabt hat. Er hat dann noch gesagt: „Wenn du das glaubst, was ich dir sage, dann ist es gut! Und wenn du es nicht glaubst, dann musst du weiterhin die Folgen tragen!"

Was ist mir anderes übrig geblieben, als zu glauben und das Richtige zu tun und mich zu bemühen und immer wieder Vertrauen zu haben. Immer wieder vertrauen, vertraue und glaube, heißt es. Und wir haben Situationen durchlebt, wo man geglaubt hat, na jetzt ist es aber aus. Oder diese größte Prüfung meines Lebens, wie meine Frau gestorben ist. Na haben sie gesagt, jetzt ist es aber mit dem Fredy aus. Jetzt hat er seine Stütze verloren. Und einige haben sogar gesagt, so Fredy, jetzt mach einmal schnell dein Testament, du hast nimmer lange Zeit. Habe ich mir gedacht, aha! Na ja, dann werde ich es Ihnen halt zeigen, was Gottvertrauen ausmacht! Ist ja eigentlich eine Frechheit so eine Bemerkung, gel?

Einige haben versucht mich herunterzumachen, einige mir den Mut zu nehmen. Nur die Freunde, ihr habt dran geglaubt, dass ich weiter mach und die anderen Freunde haben daran geglaubt und ich bin halt dankbar, weil ich habe gesagt, ich habe die Freunde, die an mich glauben, also werde ich weitermachen. So ist es, so ist die Prüfung gewesen.

Und das Interessante ist ja, dass es dann so geführt wurde, dass ich erst recht aktiv geworden bin. Erst recht jetzt habe ich alles selber in die Hand genommen. Und die Bücher sind erst danach entstanden, interessant. Also ich hab die Wahl gehabt. Entweder in den Abgrund hinunterzustürzen, ich habe den Abgrund vor mir gesehen, interessant. Das war kein Traum. Das war eine Vision. Ich habe den Abgrund vor mir gesehen. Ich bin vor dem Abgrund gestanden, oder gesessen. Und dann habe ich gesehen, wie eine Brücke entsteht, eine goldene Brücke ans andere Ufer. Und dann habe ich eine Stimme gehört: „Es steht dir frei, die Brücke zu benutzen oder in den Abgrund hinunterzustürzen!"

So, habe ich gesagt, so und jetzt fangen wir neu an. Jetzt ist Schluss, habe ich gesagt, jetzt fangen wir neu an! Und in dem

Augenblick, wo ich das gesagt hab, wo ich den Entschluss gefasst habe, war der Abgrund weg. Und ich habe eine wunderschöne, glatte Landschaft mit einem Weg gesehen, der sich durch die Ebene schlängelt.

Also man sieht, die Vorstellung machts. Und wenn man das Gute, an das Gute nicht glaubt, so unterliegt man dem Unguten, das ist klar. Und wenn man aber an das Gute glaubt und an sich glaubt, hat man nicht mehr die Ängste z.B., sondern man kann, aufgrund der Erfahrung, den anderen Menschen helfen, dafür bin ich dankbar. Und ich kann auch nicht oft genug sagen, betonen, wie dankbar ich bin, dass ich nun durch das technische Wunder, den Computer, die Möglichkeit habe selber zu arbeiten.

Bruno hat immer wieder gesagt: „Seien Sie froh, dass wir das technische Wunder haben, um das natürliche Wunder erklären zu können!" Bruno Gröning hat nie die Technik abgelehnt. Bruno Gröning hat die Technik benutzt, um das Natürliche zu erklären. Damals hat er gesagt: „Der Fredy wird alles sich merken, es wird alles aufgezeichnet, wie auf einem Tonbandgerät!" Was würde er heute sagen?

Beim Fredy seinem Gehirn, wird es genauso gespeichert, wie auf der Festplatte vom Computer. Weil er hat immer die neueste Erfindung, die letzte Erfindung, hat der Bruno immer verwendet, um Beispiele, um den Menschen anhand von Beispielen, sich den Menschen zu erklären.

Z.B. hat er auch gesagt, er hat gesagt: „Die Heilung ist kein Wunder, sondern ein natürlicher Vorgang, wenn man das Richtige aufnimmt, das Richtige tut und das Ungute von sich weg lässt!" Die Heilung ist ein natürlicher Vorgang, wenn man das tut. „Ein Wunder ist der Mensch selbst", hat er gesagt. „Der menschliche Körper ist ein Wunder!"

Wie er arbeitet, wie er funktioniert, wie er sich regelt. Das war vor fünfzig Jahren. Ja und jetzt wissen wir, durch die moderne

Medizin, wird das Ganze genau erforscht. Dass dieses körperliche Wunder niemals ganz erforscht werden kann. Das Leben ist ein Wunder, wir sollen dieses Wunder annehmen. Wir sollen diesen Körper annehmen, wir sollen auf den Körper achten und ihn nicht belasten. Was glauben Sie wohl, was bei jedem Wutausbruch, bei jeder Traurigkeit, bei jeder Verzweiflung, was da im Körper für eine Unordnung geschaffen wird.

Ja, warum kriegt man denn Herzklopfen, wenn man sich aufregt? Warum kriegt man Magenschmerzen? Warum wird einem Übel, wenn man sich aufregt? Das ist doch alles keine Materie, das ist doch immateriell. Ärger hat nichts mit der Materie zu tun. Traurigkeit, Verzweiflung, das ist ja nichts Materielles? Warum wird aber dann der Körper so belastet? Das muss man sich überlegen. Wir nehmen Gedanken auf, und in dem Augenblick, wo uns das Gute bewusst wird, fühlt sich der Körper wohl. Ist der Mensch freudig, ist er glücklich. In dem Augenblick, wo wir aber auf das Andere, auf das Negative hören, wo wir hinübergleiten, in den Zweifel, in die Unordnung, in den Unglauben, nimmt der Körper andere Gedanken auf. Der Mensch hat plötzlich Angst, der Mensch fühlt sich plötzlich nicht wohl. Der Mensch gerät in Wut und bums, kommt der Herzinfarkt. Ja, es ist so, es ist so. Also, meine Freunde, wir leben nicht, um uns zu ärgern. Wir leben nicht, um uns zu kränken. Wir leben nicht, um anderen auf die Nerven zu fallen. Wir leben, im Grunde genommen soll man sich bewusst sein, dass wir unser Leben möglichst harmonisch gestalten sollen und nicht über kleine Dinge uns ärgern. Nicht über kleine Dinge uns stören lassen, die in Wirklichkeit nur uns selbst belasten.

Was der Mensch beachtet, das nimmt er auf. Man braucht nur mal schauen, in der Wohnung herumschauen z.B., wenn ein Bild schief hängt uhh, das stört einem. Das stört einem so lange bis das Bild wieder gerade hängt. Ich kann nicht aufstehen und das Bild gerade richten, ich kann nur wegschauen. Und dann, wenn jemand da ist im Zimmer, sage ich, geh bitte, kannst du das Bild gerade rücken. Mein Gott bist du hakelig (penibel), wenn dich sogar das Bild stört. Ja sage ich, es stört, weil es mathematisch schief hängt. Ja Freunde, aber es gibt nicht nur Bilder, die einem stören, es gibt auch Charaktereigenschaften von Anderen, die einem stören und das ist ja noch viel, viel schlimmer. Das ist deshalb schlimmer, weil man sie nicht so mir nichts, dir nichts gerade rücken kann.

Da gibt es nur eines meine Freunde, dass die Liebe und die Einsicht und das Darüberstehen stärker ist, als das, was einem stört. Tun wir doch darüberstehen, wenn etwas nicht sogleich in Ordnung zu bringen ist. Dann lernen wir darüberzustehen, ist auch ein guter Tipp. „Beachten Sie das Gute", hat der Bruno gesagt. Das Ungute, da soll man darüberstehen. Das ist es und drum komme ich immer wieder gerne nach Judenburg und ich komme auch gerne nach Graz, um den Freunden hilfreich beizustehen. Ich will nicht belehren, ich will nicht groß tun, ich sage nur das, was Bruno gesagt hat, damit die Freunde die Hilfe bekommen im Leben, die sie brauchen. Damit Sie das Leben so nützen, wie es von Gott erwartet wird. Und wo man dann einmal ganz bewusst, das ist auch ein Problem, das glaubt auch fast keiner, wenn man sagen wir mal hinübergeht und zurückschaut. Was hast du denn gemacht dein ganzes Leben? Muss man sich selber Rechenschaft abgeben. Einer hat so und so viele körperliche Jahre am Buckel (Rücken), ob man jetzt achtzig oder neunzig ist, oder jünger ist. Man soll immer so leben, dass man doch nachher sagen kann, ich habe mein Bestes gewollt und ich habe mein Bestes getan, um die geistige Erkenntnis zu bekommen. Das ist das Geheimnis.

Und wenn Bruno Gröning z.B. gesagt hat: „Leben Sie stets so, als wäre es ihr letzter Tag!"

Na bitte, wenn wir uns vorstellen, heute ist unser letzter Tag, da möchte man doch vieles, vieles, auf einmal ist man gütiger, auf einmal ist man nachsichtiger. Es ist ja sowieso der letzte Tag, es ist ja sowieso wurscht, warum soll ich mich noch ärgern. Aber der Bruno hat das so gemeint, dass man jeden Tag immer wieder sagt, ich lebe den Tag so, als wäre es mein letzter. Und dann kommt wieder ein neuer Tag und dann gewöhnt man sich, oder arbeitet sich in die Vorstellung hinein, dass man aus jedem Tag das Beste macht. So war das gemeint. „Und seien Sie dankbar für jeden Tag!" Das ist auch ein Ratschlag gewesen. „Seien Sie dankbar für jeden Tag, der Ihnen von Gott zur Verfügung gestellt wird!"

Ich bin überzeugt, heute ist einiges gesagt worden, dass der Eine und Andere erstaunlich findet. Aber nehmen Sie es mal so hin, ohne viel darüber nachzudenken. So wie Bruno gesagt hat: „Das was hier gesagt wird, brauchen Sie nicht zu glauben, aber überzeugen Sie sich. Tun Sie's nicht abwerten, tun Sie's auch nicht anzweifeln. Das Gute soll man nicht anzweifeln. Überzeugen Sie sich von dem, was gesagt wurde!"

Mehr kann ich nicht raten und will ich auch keinem raten. Jeder ist seines Glückes Schmied und jeder ist für sich selbst verantwortlich. Und jeder kann aber auch viel, viel für sich tun, wenn er weiß, worum es geht. Und das ist der Sinn von unserer Gemeinschaft. Ich danke für die Aufmerksamkeit.

Herr Wallner: Auch wir danken allerherzlichst für diese ausführliche, ich möchte hier sagen, Rückschau, unseres schönen gemeinsamen Lebens. Viele Jahre haben wir zusammen verbracht, ich denke noch daran, wie wir beim Lerchbaumer erstmals zusammen gekommen sind. Es war eine Sonderaufgabe damals, und da hat mir eine Frau gesagt, die auch dort war: „Hören Sie, ich habe …… Die Dame hat zu mir gesagt: „Ernst das könnte ich nicht." Sage ich, ja warum nicht? Wenn Sie ein bisschen eine Liebe empfinden und vorstellen wie schwer, dass das für einen Menschen ist, der sich so gar nicht bewegen kann. Es war doch selbstverständlich, von da bis heute hab ich immer und immer wieder getrachtet, dass dir alles gelingen soll, was du vor hattest, das hat wunderbar geklappt, ja. Ich habe mich gefragt, wenn ich daran denk, Bruno Gröning hat damals gesagt, wie ich ihm die Hand gegeben habe in Rosenheim. Da habe ich gesagt, ich kann zwar nicht alles begreifen, was hier gesagt wird, aber ich werde mich bemühen. Hinter diese Wahrheit zu kommen, das ist etwas, was ich noch nie gehört habe. Er hat mich so lieb angeschaut, hat mir die Hand gedrückt und hat gesagt: „Ich werde Ihnen helfen dabei!" Ich glaube, das war es auch, diese Wärme, die er ausgestrahlt hat, dass ich die Kraft bekommen hab, so immer wieder zu schauen, dass es ja klappt, dass es funktioniert. Ich kann euch sagen, gratuliere bis heute.

Fredy: Und damals hab ich ausgeschaut wie ein Häuferl Elend. Du weißt es noch, du weißt es noch?

Herr Wallner: Ja, ich weiß es noch. Das war wirklich, es ist ein Wunder. Wir haben diese Bestätigung, dass all das, was wir sprechen hier, das selber erlebt haben. Das ist so.

Fredy: Ja und das Erlebte, das ist der Beweis. Wenn man es erlebt hat, das kann einem niemand mehr nehmen, niemand.

Herr Wallner: Und ich freue mich, wenn wir zu einem gemeinsamen Weg, eine Weile miteinander finden. Ich bin jetzt vierundachtzig und ich, ich habe so das Gefühl, die Neunziger werden wir schon machen.

Unbekannte: Hoffentlich!

Herr Wallner: Das ist ein Zweifel.

Fredy: Also Freunde, jetzt entspannen wir, indem wir Vertrauen haben, immer bedenken, Gott ist stärker als wir Menschen es planen. Gott ist stärker als jede …… vertraue und glaube. Vertraue und glaube! Musik

Mitschnitt vom 18.01.2003 im Kulturzentrum in Graz

**Die andere Wirklichkeit**

Peter Györfy: Ich wünsche Ihnen einen schönen Nachmittag, ich hoffe, dass Sie die lauteste Zeit des vergangenen Jahres gut überstanden haben. Interessanterweise sollte ja die Weihnachtszeit, die Winterzeit, die Jahreszeit sein, wo man in sich geht, wo man einkehrt. Leider Gottes hat sich das verändert. Trotz alledem, ich hoffe, dass Sie mit Elan alle die Dinge bewältigen, die Sie sich vorgenommen haben. Was brauchen wir dafür, um all die Dinge zu bewältigen? Energie, Kraft, die Frage ist, woher bekommen wir diese Kraft? Wie kriegen wir die? Indem wir soviel Kraft, ohne sie gleich wieder zu verpuffen, das ist ja auch möglich, ich kann sofort Energie aufnehmen, diese gleich wieder verschleudern, plus minus null. Schauen wir in die Natur, ich habe gesagt, wir haben eigentlich die lauteste Zeit hinter uns, die Natur macht es eigentlich verkehrt, sie zeigt uns, dass es eigentlich die stillste Zeit sein soll. Sie geht in sich, sie zieht ihre Kräfte aus den Blättern, aus den Früchten in die Wurzeln zurück. Und der Mensch sollte eigentlich, dem nachleben. Er hat es früher getan und heute hat er eigentlich darauf vergessen, dass er nur in der stillen Einkehr, indem er sich in sich zurückzieht, seine Umwelt vergisst. Alle Sorgen, Nöte, alle Probleme, alles was uns belastet, was uns Probleme bereitet eigentlich einmal für eine halbe Stunde, oder hier für zwei Stunden auf die Seite stellt. Und nur in dieser Einstellung ist es dann möglich, die Kraft, die göttliche Kraft, die Lebensenergie in sich aufzunehmen und zu tanken. Wer sich schwertut, abzuschalten, nicht von seinen Problemen loslassen zu können, der verpufft eben sofort wieder die Energie, die er eigentlich aufnehmen möchte und sie auch speichern möchte. Und das ist einer der Gründe, warum wir immer hier zusammen kommen, dass wir in der Gemeinschaft, indem wir alle das Gleiche wollen, das gleich Gute wollen, nicht nur was die göttliche Energie anbelangt, die Lebenskraft, sondern auch das Hintergrundwissen. Weil wir beim Zusammenkommen, das gleiche hier erwarten, ist die Kraft ungemein hoch und man kann sich so gegenseitig auftanken. Es ist jeder dazu eingeladen, das für sich zu tun. Indem er sich ganz locker hinsetzt, Beine nicht verschränkt, die Arme locker auf die Oberschenkel legt. Das ist eine Sitzhaltung, die an sich angenehm ist. Es ist kein Lotossitz, der ist nicht notwendig. Und in dieser Körperhaltung kann die göttliche Kraft, die Lebensenergie, sehr gut fließen. Das hängt mit den Energiebahnen die der Körper hat, mit den Meridianen zusammen. Würde man die Arme verschränken, so würde man den Energiefluss eigentlich blockieren. Lassen Sie alles, was Sie belastet draußen, machen Sie ein Sackerl, einen Rucksack und stellen Sie den da draußen hin. Konzentrieren Sie sich nur darauf, was Sie spüren in Ihrem Körper, machen Sie Ihr Herz auf und wünschen Sie sich, dass Sie das bekommen, was Sie für sich und Ihren Körper am dringendsten notwendig haben. Dann würde ich vorschlagen, dass wir gemeinsam ein paar Minuten in die Stille gehen. Und der Herr Hosp wird uns dann alles Weitere schildern.

Fredy: Eine Bitte, ...... und bitte ganz locker die Hände. Und zwar hat das folgenden Grund, wie schon mein Freund Peter gesagt hat, der Mensch hat, der menschliche Körper hat auch Energiebahnen. Also, es geht die Energie vom Kopf in die Hände und in die Beine bzw. umgekehrt. Aber es ist Folgendes, wenn wir uns entspannen und ganz locker lassen dann können, und alles weglassen, all die Probleme weglassen, die man sonst immer in den Köpfen herumwälzt, dann haben wir die Möglichkeit, die geistige Kraft, die immer wieder um uns herum ist, aufzunehmen. Und dadurch können wir den Körper aufladen mit guter Energie und dadurch wird nicht nur die Seele frei, nicht nur das Gemüt frei, sondern es bekommt der Körper auch genug Energie, um wieder die Ordnung herzustellen.

107

Also, wenn jemand müde ist, und abgespannt und er setzt sich einige Minuten in dieser Ruhigstellung hin und mit den bewussten Gedanken, ich nehme jetzt die Kraft auf, dann wird er eine Wirkung spüren. Und darum kommen wir zusammen. Erstens einmal um Kraft zu zeigen, was man aufnimmt, was die Kraft für eine Wirkung hat und zweitens, um das ganze Leben, den Sinn des Lebens, zu durchleuchten.

Wir haben heut keine Musik, aber wir werden in die Stille gehen, meine Freunde. Gehen Sie in die Stille, schalten Sie all das ab, ...... Schalten Sie all das ab, was Sie belastet, das heißt, der Eine oder Andere hat auch Sorgen, hat auch Probleme, die lassen wir mal weg. Wir gehen in die Stille, wir werden innerlich ganz ruhig, zumindest jetzt, lassen Sie alles los meine Freunde. Die Probleme lösen sich ja sowieso von selber, wenn man sie loslässt. Und wer will, kann die Augen schließen. Wenn man die Augen schließt hat man die Möglichkeit sich Licht vorzustellen. Augen schließen, beobachten Sie einmal, was Sie sehen innerlich, was Sie spüren innerlich, wie Ihr Empfinden ist und dann möchte ich Sie jetzt bitten, mit einer kleinen Meditation, harmonisieren. Bei allen Freunden, ich sage immer liebe Freunde, egal ob Sie das erste Mal, das zweite Mal oder immer da sind, denn wenn Sie das Gute wollen, alle Menschen, die das Gute wollen, sind Freunde, sollen Freunde sein. Wenn das so wäre, sähe es auf der Welt anders aus. Also, wir nehmen jetzt die Kraft auf, egal ob Sie spüren oder nicht, beobachten Sie einmal, was in Ihrem Körper vorgeht, wenn Sie gewillt sind die gute Kraft aufzunehmen. Wir werden immer ruhiger und ruhiger und in dieser Ruhe können wir ermessen, wie schön das Leben sein kann, wenn wir alles loslassen, meine Freunde und alles, was so in sich ist, sollen wir loslassen und einfach hören, einfach fühlen, einfach aufnehmen. Der Eine wird dies oder jenes fühlen, haben Sie keine Sorge, das ist das Richtige. Wenn man etwas fühlt, wenn man ein Strömen fühlt, dann ist man angeschlossen an das Göttliche, an das biologische Kraftfeld. Und gemeinsam gehen wir jetzt in diese Schwingung, alles ist Schwingung, auch das Ungute ist Schwingung. Aber wir gehen jetzt in die gute Schwingung. Wir lassen uns hineingleiten. Man kann sich vielleicht auch vorstellen, dass man unter der Dusche steht und sich mit lauwarmen Wasser berieseln lässt. Es ist so wunderschön. Man löst alles auf, man gibt sich dieser Strömung hin. Und wir wollen uns jetzt gemeinsam dieser Strömung hingeben, die uns Kraft gibt, die uns zur Ruhe bringt. Wir müssen uns zur Ruhe bewegen lernen. Wir müssen die Hektik weglassen, meine Freunde. Das Leben besteht nicht aus Hektik, das Leben braucht Ruhe, braucht Frieden. Es gibt doch einen schönen Slogan, im Gras liegen, mit der Seele baumeln. Wenn man sich das einmal vorstellt und man soll es sich immer wieder vorstellen. Jetzt werden wir mal ganz still, weil ich habe genug erklärt, ganz still. Einige Minuten in Ruhe und ohne zu sprechen verweilen. Fast alle haben es geschafft, halt, macht nichts. Je mehr wir in Harmonie schwingen gegenseitig, um so stärker wird das Kraftfeld meine Freunde. Also, unser Lehrmeister Bruno Gröning, den ich im Jahre 1950 bis 1958, war er mein seelisch-geistiger Lehrer und auch mein körperlicher Helfer, der hat gesagt: „Jeder Mensch ist ein Empfänger und ein Sender zugleich. Und je mehr Menschen harmonisch zusammen wirken und in gemeinsamer Harmonie Kraft aufnehmen, umso stärker wird die gemeinsame Kraft. Umso stärker wird auch die Hilfe, die jeder braucht, egal seelisch, geistig, oder körperlich!"

Also noch einmal eine Minute in Ruhe alles loslassen meine Freunde. Alles, was in Ihrem Kopf vorgeht, wir müssen lernen loszulassen. Wir müssen lernen, die Probleme abzugeben, aber dies erkläre ich Ihnen nachher. Zunächst ist es wichtig möglichst in Ruhe zu verweilen und soweit zu kommen, dass man die Ruhe genießt. Dass man sich nicht verkrampft, dass man die Ruhe nicht mit Gewalt erreichen will, sondern durch Loslassen, denken Sie an was Schönes. Z.B. ein kraftvoller Sonnenuntergang und lassen Sie das Bild auf sich wirken. Die Ruhe der Natur lassen wir auf uns wirken, hmm. Sie können ruhig einen Seufzer der Erleichterung loslassen. So plötzlich alle ausspannen, meine Freunde. So ist es gut. Wenn ich jetzt einiges erkläre, so hören Sie wohl zu, aber nehmen Sie weiter die Kraft auf, die Ihnen von der Schöpfung zur Verfügung gestellt wird.

Mein heutiges Thema ist ein besonderes Thema, ich habe es betitelt, die andere Wirklichkeit. Was heißt denn das, die andere Wirklichkeit? Nun, wir leben auf der Erde, wir sehen was um uns ist, wir registrieren das, wir sind vielleicht etwas ängstlich, weil die Zeit momentan nicht so läuft, wie es sein soll, die Weltlage, aber das ist jetzt die äußere Wirklichkeit. Die äußere Wirklichkeit, die behält jeder, die kann jeder sehen, sie kommt tausendfach durch den Fernseher. Aber der Mensch selbst, hat auch eine innere Wirklichkeit, also, das was er denkt, was er fühlt, meine Freunde. Das, was er als wahr empfindet, ist seine persönliche Wirklichkeit. Und die hängt davon ab, was er für Gedanken hat, was er für Gefühle hat, was er für Erlebnisse gehabt hat und all das formt die Person des Menschen. Und so ist es jetzt ganz klar, dass jeder seine spezielle Wirklichkeit hat. Und dass vielleicht, davon bin ich überzeugt, dass seine Überzeugung oder seine Ansichten, wie man sagen kann, die richtige Wirklichkeit ist.

Aber Vorsicht, meine Freunde, wenn z.B. Menschen zusammen kommen und der Eine glaubt das und der Andere jenes, so ist sehr leicht, wenn man nicht aufpasst, in eine Disharmonie zu geraten. Das heißt, mit anderen Worten, man beginnt mehr oder weniger zu diskutieren und kann dann auch so weit kommen, dass das Ganze in einen unguten Streit ausartet. Was noch lange nicht sagt, wer nun wirklich recht hat. Und seht, meine Freunde, diese innere Wirklichkeit ist wandelbar, sie ändert sich im Laufe der Zeit, im

Laufe der Jahre. Und wenn man z.B. einen Menschen nach einer Zeit wieder trifft komisch, er sieht anders aus, er spricht anders, er argumentiert anders, ja was ist los?

Du bist anders geworden? Du hast dich geändert, was ist los mit dir? Ja, was ist nun wirklich los? Und da hat uns mein Lehrer Bruno Gröning eine gute Aufklärung gegeben: „Das was der Mensch denkt, speichert er!" Wenn er das Ungute denkt, speichert er das Ungute, meine lieben Freunde. Und je öfter er das speichert, um so stärker wird das Energiefeld in ihm und um so mehr ändert sich seine Persönlichkeit. Und die Gedanken wirken auf das Gefühl und das Gefühl wird auch gespeichert und so muss man ein Leben lang achtgeben, was man aufnimmt und was man dadurch speichert. Wenn man immer auf das Negative eingestellt ist, so wird man allmählich als Gesamtheit negativ, beginnt zu zweifeln. Der Mensch, wenn man den trifft, huu wie kalt ist doch dieser Mensch, wie berechnend ist er doch und wie hat er sich doch geändert. In seiner Jugend war er heiter, fröhlich, glücklich und jetzt kommen so verbissene, traurige Gestalten daher. Und daher habe ich mir vorgenommen, über diese innere Wirklichkeit zu sprechen. Der Mensch soll nach Möglichkeit das Leben positiv sehen, er soll Vertrauen haben in die Zukunft. Das ist natürlich nicht leicht, wenn man z.B. den Glauben verloren hat. Wenn man Erlebnisse hinter sich hat, wo man zu zweifeln beginnt. Ja wo gibt's denn so etwas, sagt man dann, ich hab doch nur das Gute gewollt und es wurde mir das Ungute zuteil. Wie ist das möglich? Nun meine Freunde, das Leben ist nicht so einfach wie wir glauben und vor allem ist es deshalb nicht einfach, weil der Mensch seine Ideen, seine Gedanken, seine Überzeugungen und seine Gefühle zu leicht nimmt. Der Mensch muss lernen zu wissen, dass jeder Gedanke eine Wirkung hat. Es gibt ein schönes modernes Lied, das da lautet, die Gedanken sind frei.

Okay, nach außen hin sind sie frei und jeder kann denken, was er will. Aber er muss auch wissen, dass seine Gedanken für ihn selber Folgen haben. Für ihn selber ist es nicht egal und ist auch nicht frei, was er denkt, sondern das Gehirn speichert wie ein Computer alles, was ihm zugeführt wird. Und wenn der Mensch nur mit Materiellen denkt und wenn der Mensch nur daran denkt, materiell gut dazu stehen und wenn er dem Materiellen nachjagt, weil er eben glaubt, Geld macht glücklich, macht nicht glücklich, aber es beruhigt. Aber man muss abwägen, wie weit braucht man die Beruhigung und wie weit braucht man das Glück. Es ist immer eine Gratwanderung, man soll sich nicht fallen lassen und sagen, so, jetzt mache ich überhaupt nichts mehr, jetzt gehe ich den geistigen Weg. Vorsicht, wir bestehen aus Körper und Geist. Und das Körperliche muss genauso in Ordnung sein. Das Familiäre muss genauso in Ordnung sein, wie das Geistige.

Denn wenn der Mensch materielle Sorgen hat, kann er sich natürlich nicht loslösen, kann er nicht loslassen. Also, muss auch das irgendwie gesichert sein, aber es soll nicht zum Selbstzweck werden.

Man muss nämlich auch bedenken und das muss ich jetzt ganz klar sagen, diese zweite Wirklichkeit, die nehmen wir auch mit, wenn wir mal körperlich nicht mehr da sind. Wir gehen als Geistwesen hinüber, mit dem, was wir in uns tragen. Die äußere Wirklichkeit ist vergänglich, die soll uns nicht so belasten, aber die innere Wirklichkeit, die nimmt der Mensch mit, wenn sein körperliches Leben zu Ende ist. Und daher ist es so notwendig, auf die innere Wirklichkeit zu achten, zu prüfen, was fühle ich, wie fühle ich mich, wie stehe ich zu meinem Leben? Wie stehe ich zu meiner Zukunft? Kann ich das alles verantworten, wenn ich einmal diese Erde verlasse? Bruno Gröning hat ein sehr schönes Beispiel gebracht, er hat gesagt: „Der Körper ist ein Kübel, ein Eimer und in diesen Eimer füllt der Mensch alles im Laufe seines Lebens hinein, was er aufnimmt. Nimmt er nur Gutes auf, so bleibt das Wasser klar, nimmt er Böses, Ungutes auf, so wird die Flüssigkeit immer dunkler, immer undurchsichtiger. Und in dieser Flüssigkeit, die ja das Elixier des Lebens ist, die Erfahrung des Lebens, ist eine Gerte eingetaucht, ein Stock eingetaucht, in diesen Kübel und diese Gerte ist der Mensch. Der geistige Mensch und wenn nun das Leben abläuft, so wird dieser Stock herausgezogen aus diesem Eimer. Es bleibt natürlich etwas hängen. Das, was die Flüssigkeit in sich hat, bleibt auch an diesem Stock hängen und das nimmt der Mensch mit hinüber!"

Und ich weiß nicht, wer von Ihnen an die Reinkarnation glaubt oder nicht? Müssen Sie auch nicht glauben, wenn Sie nicht glauben können. Aber Bruno hat gesagt, Bruno Gröning: „Wenn der Mensch ein neues Leben bekommt, so wird dieser Stock in einen neuen Eimer eingetaucht und dann wird aber das, was er mitbringt, mit hineingetragen, sodass der Mensch dort wieder anfangen muss, wo er aufgehört hat!" Ist ein bisser'l schwierig, ich weiß, aber nachdem immer mehr von der Reinkarnation gesprochen wird, könnte man einmal überlegen. Übrigens hat der Bruno Gröning gesagt und das sage ich auch: „Das, was Sie von mir hören, müssen Sie nicht glauben, aber überzeugen Sie sich davon und prüfen Sie, was Sie annehmen können!"

Ja und dann ist Bruno Gröning einmal gefragt worden, überhaupt über die Problematik des Lebens und über die Problematik der Schuld, die der Mensch auf sich ladet im Laufe seines Lebens. Vielleicht unbewusst, aber manchmal auch böswillig. Ist er gefragt worden, ist der Mensch der Gnade Gottes teilhaftig? Ja, dann hat die Dame, die gefragt hat gedacht, wenn man bereut, dann kommt die Gnade Gottes. Aber Bruno Gröning hat ganz was anderes gesagt. Bruno Gröning hat geantwortet: „Ja, der Mensch ist der Gnade Gottes teilhaftig, er bekommt die Gelegenheit, wieder in einem neuen Körper neu anzufangen!" Und jetzt kommt die Frage?

Warum wissen wir nichts vom Vorleben? Und warum sind so viele Menschen bestrebt anhand von Rückführungen, das noch einmal nachzuvollziehen? Bruno hat gesagt: „Das Vergessen ist die Gnade Gottes, dass wir nicht von früher belastet sind." „Also warten Sie ruhig", hat er gesagt, „bis die Erinnerung von selber kommt. Denn erst, wenn Sie befreit geworden sind, wenn Sie wirklich das Gute wollen und dann kommt die Erinnerung, wie das früher war und dann belastet Sie diese Erinnerung nicht mehr, weil Sie es überwunden haben!"

Ja und ich war ja mit Bruno Gröning auch privat zusammen und eines Tages und damals war ich so vierundzwanzig, junger Mann und hab ich gesagt, Herr Gröning warum, was hab ich getan, dass ich in diesem Zustand bin? Hat er mich angeschaut: „Fredy, wenn ich dir etwas erzählen würde, einen Teil, so hätte das keinen Sinn. Wenn das geöffnet wird, die Erinnerung, so muss der ganze Koffer ausgepackt werden und das kannst du momentan noch nicht ertragen, könntest du noch nicht ertragen. Also warte ruhig, bis die Erinnerung von selbst kommt!"

Mhh zwanzig Jahre hat es gedauert. Dann war die Erinnerung da, dann hab ich gewusst, warum, wieso, weshalb. Und dann bin ich aber auch darüber gestanden. Und dann habe ich mich mit dem Körperlichen so weit engagiert. Ich hab mich engagiert, dass mich das nicht drückt, sondern dass ich das Beste daraus mache. Und in dem Augenblick, wo es mir gelungen ist, das Beste daraus zu machen, wo ich sozusagen meine seelischen Ecken, abgeschliffen hab, abgeschliffen und abgehobelt und abgefeilt habe, in diesem Maß, wie das gelungen ist, ist auch der körperliche Zustand besser und besser und besser geworden. Und so weit besser geworden, dass es dann gegeben wurde, dass ich mit der linken Hand den Computer bedienen kann.

Dass ich eben aus Dankbarkeit das niedergeschrieben habe, was ich erleben durfte, was die Wahrheit ist. Was der Mensch berücksichtigen muss. Und unter anderem habe ich auch erleben dürfen, dass sich meine innere Wahrheit gewandelt hat. Von tiefer Verzweiflung zu hoher Dankbarkeit. Für die, die noch nicht da waren, die Freunde ganz kurz, von Geburt an war mein Körper sehr stark behindert. So stark, dass ich nicht einmal ordentlich sprechen konnte und ich habe Zustände, Tag und Nacht Zustände gehabt, die ich nicht beschreiben möchte. Weil das waren körperliche Krämpfe und seelische Krämpfe, kann man sich nicht vorstellen. Und in diesem Zustand hat mich meine Tante im Rollstuhl ein bisser'l spazieren geführt, damit ich auf andere Gedanken komme. Immer der Hauptstrasse entlang gefahren. Ich war todunglücklich, muss ich sagen, todunglücklich. Ich hab gesagt, lieber Gott, jetzt schick doch ein Auto, dass mich endlich zusammen fährt, damit es aus ist. Das war damals meine innere Realität. Und dann bin ich zu Bruno Gröning gekommen, mit all dem, was ich beschrieben habe, aber im Buch. Und heute kann ich sagen, lieber Gott, ich danke dir tausendmal, dass du mir die damalige Bitte nicht erfüllt hast. Und so möchte ich daraus gleich wieder eine Belehrung, oder eine Erklärung anfügen. Wenn jemand einen inneren Wunsch hat, einen ganz inneren Wunsch und auch zu Gott bittet, er soll ihm diesen Wunsch erfüllen und sogar Wallfahrten geht und der Wunsch wird nicht erfüllt, so geschieht das nicht deshalb, weil Gott stur ist. Weil er wegschaut, Gott schaut nie weg. Das Energiefeld ist da und Gott weiß genau, also diese Intelligenz die uns geschaffen hat, weiß genau, was gut oder nicht gut ist. Aber er sieht es, es wird also von einer anderen Warte aus gesehen, es wird von der geistigen Unsterblichkeit aus gesehen, meine lieben Freunde. Man bekommt nur das was vom Geistigen her, was für uns aufbauend für uns ist und man bekommt das nicht, weil es Gott gnadenhalber sieht, dass das, was sich der Mensch wünscht, innigst wünscht, in Wirklichkeit nicht gut für seine geistige Persönlichkeit wäre. Manche Erfüllung von Menschen können das Geistwesen Mensch, wir sind

115

Geistwesen, oft belasten und herunterziehen, meine lieben Freunde. Und so wurde mir oft gezeigt, im Nachhinein siehst du, hätte ich dir das erfüllt, wärst du nicht hier, wärst du nicht auf dem Weg zur Erkenntnis. Und ich bin auch dankbar für das, was mir nicht gegeben wurde, können Sie sich das vorstellen? Soweit muss man in der inneren Realität kommen, dass man sagt, alles was ich aufnehme, bleibt in mir, in meinem Geist, in meiner geistigen Realität und wandelt mich entweder zum Guten oder zum Unguten. Und je mehr wir diese Erkenntnis haben, um so mehr werden wir unsere Gedanken, unseren Willen und unsere Gefühle prüfen. Ist das gut, was ich annehme? Ist das gut, was ich befürworte? Denn meine geistige Realität und das, was auch um uns ist, belastet uns nicht, solange wir es nicht annehmen. Die Welt ist vergänglich meine Freunde, aber unser Inneres ist nicht vergänglich, das bleibt. Das wird mitgenommen, das wird wieder weitergeführt in einem neuen Körper mit all dem, was wir nicht abgelegt haben. Der Bruno hat z.B. gesagt, um wieder auf diesen Eimer mit Stock zurückzukommen: „Wenn der Mensch sich so einstellt, dass er loslassen kann, dass er nicht verbittert ist, dass er keine Angst hat, dass er wirklich sagt, ich übergebe mein Leben der geistigen Führung. Dann wird dieser Stock gereinigt hinübergehen. Und wenn er wieder einen neuen Eimer bekommt, dann wird der gereinigte Stock, das neue Lebenselixier nicht vergiften!" Das hat er gesagt und das hat mich sehr, sehr beeindruckt meine Freunde.

Also, es geht nicht darum, was der Andere über uns denkt, das ist vollkommen egal, damit belastet er sich selber. Es geht darum, dass wir lernen bewusster zu leben, zufriedener zu leben und glücklich zu sein, dass wir hier leben dürfen. Ich weiß, das klingt für die Freunde komisch, die irgendwelche bedrückenden Probleme haben. Aber ich habe Folgendes bemerkt und gelernt, das muss ich auch sagen, solange wir uns von den Problemen bedrücken lassen, halten wir sie fest. Und wenn wir glauben, wir müssen das alles selber lösen, selber ausarbeiten, selber auskosten, dann müssen wir es auch auskosten, denn der Mensch hat den freien Willen. Entweder er macht es selber, mit viel Leid, viel Tränen, viel Unglück, oder er sagt, das ist nicht mein Problem, ich lasse los, ich übergebe es der göttlichen Hilfe. Und ich habe ein sehr schwerwiegendes Problem einmal gehabt, das mich sehr belastet hat und wir sind in die Judenburger Gemeinschaft gefahren und ich sollte mich eigentlich auf die Gemeinschaft vorbereiten, aber in meiner Brust hat es gekocht. Ja gut, hab ich mir gesagt, ja, was soll ich machen? Soll ich mich weiter ärgern, soll ich mich weiter kränken, was soll ich machen? Hab ich gedacht, wir haben Gemeinschaft, denk an die Gemeinschaft. Habe ich mich auf die Gemeinschaft konzentriert, wir haben dann dort die Gemeinschaft gehalten und dann war ich so glücklich und so zufrieden, dass ich wirklich auf meinen inneren Vulkan vergessen hab. So und dann fahren wir heim von Judenburg und in Klagenfurt kommt dann eine Steige die bergab führt. Ich sitze so ganz gemütlich in meinem Auto, fast hätte ich geschnurrt und es ging bergab. Und plötzlich seh ich einen schwarzen Mann aus meiner Brust heraus kommen und wegfliegen, durch das Autodach wegfliegen. Hab ich mir gedacht, ja was war denn das jetzt? Das war so plötzlich, von einer Sekunde auf die andere, ist er rausgekommen und dann hoch und weg war er und die Schnur war auch abgeschnitten. Es dauert nicht lang, fühle ich eine enorme Erleichterung, fühle ich, dass jetzt alles weg war, was mich bedrückt hat.

Aller Logik zum Trotz, war das, was mich bedrückt hatte, eine morz (starke) Beleidigung, eine morz Kränkung, wo ich der Lilo vorher, also die Lilo ist meine Frau gewesen und ich ihr gesagt hab, also das werde ich nie vergessen. Das kann man nicht vergessen. Das hat mich so gekränkt. Ja weg war es. Es ist mir genommen worden, weil ich losgelassen habe. Es ist aber auch geblieben, weil nachher, wenn ich die Person gesehen habe, war

117

ich nett und freundlich es hat mich überhaupt nicht gestört, dass die Person wieder einmal zu Besuch kommt. Ich hab es nur deshalb geschildert, weil es war eine geistige Heilung, die Heilung des Geistes, der verletzten Seele. Aber wenn ich nicht losgelassen hätte in der Gemeinschaft, wenn ich in dem kochenden Brei immer noch rumgerührt hätte, dann wäre ich nicht befreit worden. Ich habe es deshalb geschildert, weil man dadurch ermessen kann, was es heißt, in der Gnade Gottes zu stehen. Aber der Mensch hat den freien Willen meine Freunde und Gott der Allmächtige lässt uns all das, was wir festhalten, all das meine Freunde und wenn man sagt, der Liebe Gott kann uns nicht helfen, so ist das der große Irrtum, dass wir uns gar nicht helfen lassen wollen.

Noch eine kleine Episode, die dazu passt, die ich auch in meinem Buch geschrieben habe. Eine Dame in der Gemeinschaft, das war so lustig, die ersten drei waren heiß umkämpft, weil man so nahe am Bruno gewesen ist. Und da ist halt eine Dame gesessen, mittleren Jahrgangs, ist ja auch egal und die fängt plötzlich zu weinen an. Bruno lässt Sie ein bisser'l weinen, dann sagt er: „Aber liebe Frau, was haben Sie denn? Warum weinen Sie denn? Tut Ihnen etwas weh?" Schluckt, schluckt. „Na, was ist los", hat er gesagt, „jetzt sagen Sie schon was los ist?" „Ich spüre heute nichts, ich spüre heute nicht die Kraft. Und ich brauche Kraft, warum spüre ich denn die Kraft nicht?" Und jetzt kommt es, was interessant ist, der Bruno hat gesagt: „Es ist nicht notwendig, die Kraft zu spüren! Es ist nur notwendig, die Kraft aufzunehmen und das Richtige daraus zu machen!" Und das hat mich sehr beeindruckt, weil man glaubt immer, man muss etwas spüren. Das ist ganz verschieden, meine Freunde, ganz verschieden. Der Eine spürt das, der Andere jenes und der Dritte überhaupt nichts und trotzdem wirkt die Kraft und im Übrigen hat der Bruno gesagt: „Sitzen Sie auf Ihrer Krankheit, Sie lassen ja nicht los!" Die Dame ist aufgestanden, hat sich umgedreht, hat den Sessel betrachtet.

„Wieso? Ich sehe nicht, dass ich auf etwas sitze", hat sie gesagt. „Ja, ja, aber Ihre Einstellung ist so", hat er gesagt, „dass Sie Ihr Problem festhalten, lassen Sie doch los, genießen Sie die Stunde, wo Sie loslassen können und holen dann das Gute, das Göttliche, das wir bekommen!"

Mhh ein anderes Mal hatte eine Dame ganz fest ihre Handtasche gehalten auf ihrem Schoss. Hat er gesagt: „Was ist denn da Wertvolles drin, dass Sie so fest die Handtasche an sich drücken?" „Nichts", hat sie gesagt, „gar nichts". „Na gut, dann stellen Sie die Handtasche neben sich und nehmen Sie doch das Gute, das Göttliche, die Kraft auf!"

Dann war eine Dame, eine andere Dame, das war interessant, das war so am Nachmittag, gegen Abend waren immer die Vorträge von ihm, hat er gesagt: „Liebe Frau, denken Sie jetzt nicht an Ihre Knödel daheim, Sie können sie fertig machen, wenn Sie heimkommen, jetzt seien Sie doch bewusst da!" Man hat gesehen, durch diese Erlebnisse hat man genau gewusst, was die Freunde gedacht haben. „Die Knödel werden schon noch rechtzeitig fertig für Ihre Familie", hat er gesagt. „Das eilt nicht, das ist auch nicht wichtig. Wichtig sind momentan Sie selbst und Ihre Situation!" Und so hat Sie dann die Hände aufgemacht und hat sich wirklich bemüht nicht mehr an die blöden Knödel zu denken.

Eine Episode muss ich einstreuen, um zu zeigen, was der Bruno wirklich geleistet hat. Er war nämlich der große Helfer und nicht nur der große Heiler. Zum Heiler haben ihn eh nur die Menschen gestempelt. Also wir waren da einmal in Rosenheim, im Hause Bavey und da war so eine enge Gemeinschaft, eine Gemeinschaft von engen Freunden, die Bruno schon länger gekannt haben. Und da sind die Freunde zappelig geworden. Wo die Zeit vergangen ist, wurden sie immer unruhiger, immer unruhiger. „Ja, was ist los? Warum sind Sie so unruhig", hat er gesagt. „Ja, Herr Gröning, unser Zug geht bald nach Österreich", das waren die Kärntner.

119

„Was heißt, der Zug geht, der Zug fährt", hat er gesagt, „und im Übrigen haben Sie noch viel Zeit!" „Ja, aber warum schauen Sie doch auf die Uhr!" „Ich schaue nicht auf die Uhr, ich gebe Ihnen Zeit", hat er gesagt. Na ja, mühsam haben sie sich beherrscht, dass sie nicht aufgestanden sind und davon gelaufen. Aber sie konnten ja nicht, weil sie mussten ja mit dem Auto zum Bahnhof geführt werden.

Der Gröning hat gelacht, gelächelt: „So, bitte noch ruhig sein!" Das war seine Art, dass er gesprochen hat und vom Hundertsten ins Tausendste gekommen ist, um die Leute auf die Probe zu stellen. „So", hat er gesagt, „für heute ist es genug. Jetzt können Sie zum Bahnhof fahren!" Schnell, so schnell waren die draußen, das muss man sehen, wie schnell die draußen waren und im Auto, hmm gut. Dann kommt nach einiger Zeit der Herr zurück, der sie hingeführt hat. „Na, wie war's", hat er gesagt, der Bruno. „Ja", hat er ganz kleinlaut gesagt, „der Zug hat noch zehn Minuten Verspätung. Ja, noch zehn Minuten warten."

Ja, so muss man sich Bruno Gröning original vorstellen. Er war die Güte selber. Er war die Liebe selber. Er hat so eine Ausdauer gehabt, so eine Ausdauer. Er war nie ungeduldig. Er war nur dann streng, wenn er gemerkt hat, dass ein Mensch etwas Ungutes gedacht hat. Dann war er wirklich streng und hat gesagt: „So lassen Sie doch das Ungute endlich los! So zweifeln Sie doch nicht immer das Gute an!" Und er hat nie gesagt, so, jetzt werden Sie geheilt, nie. Er hat gesagt: „Nehmen Sie das Gute auf. Leben Sie richtig und dann wird das Gute auch über Ihren Körper kommen!" Und wenn der Eine oder Andere dann gesagt hat: „Herr Gröning, ich bin geheilt danke schön." Dann hat er gesagt: „Nein, danken Sie nicht mir, danken Sie Gott. Ihr Glaube hat Ihnen geholfen!" Genauso wie Christus gesagt hat: „Dein Glaube hat dir geholfen!" Dann hat er gesagt: „Die Hilfe bleibt, wenn der Mensch sich würdig erweist. Wenn er umkehrt, wenn er nicht mehr das tut, was zu der körperlichen Belastung geführt hat!" Ja und jetzt sind wir wieder bei der inneren Wirklichkeit, meine Freunde. Wir haben ein Leben bekommen, nicht um es körperlich oder finanziell zu genießen, sondern wir haben ein Leben bekommen, um unsere Unsterblichkeit, die Fehler unserer Unsterblichkeit zu erkennen und auszumerzen. Jeder von uns ist mit einem inneren Problem zur Welt gekommen, jeder. Jeder von uns hat auch eine geistige Aufgabe, ob er es weiß oder nicht. Der Eine das, der Andere jenes  und wenn man dann in sich hineinhorcht und wenn man wirklich abschaltet, dann kommen die Ideen, dann kommen Gefühle, dann weiß er plötzlich, was er in Ordnung bringen muss, um geistig weiterzukommen. Und wir müssen immer mehr erkennen, meine lieben Freunde, dass wir in Wahrheit geistiger Natur sind, und dass der Körper nur ein Arbeitsinstrument auf dieser Erde ist. Wir müssen uns also zu unserer Wahlpersönlichkeit vortasten und das irdische Blendwerk erkennen.

Das soll nicht heißen, das soll nicht bedeuten, dass wir auch auf der Erde tüchtig und erfolgreich sein sollen. Aber wir sollen das alles als Aufgabe, nicht als Hauptsache, sondern als notwendige Nebensache nehmen. Und wir sollen bei jeder Tätigkeit, bei jedem Entschluss, den wir irdisch durchführen, daran denken, was von dem ist vergänglich, gehört der äußeren Wirklichkeit an. Und was von dem kann ich einbauen als Erfolg, auf dem Weg zu Gott in meiner inneren Wirklichkeit? Immer wieder sich fragen.

Z.B. ist es auch so, der Mensch hat auch die Aufgabe, eine Familie zu gründen. Er hat die Aufgabe, die heranwachsenden Kinder zu erziehen, auch eine geistige Aufgabe. Ihnen eine Lebensgrundlage zu geben, wo sie dann selber weiter an sich arbeiten. Und dann nebenbei muss ich vielleicht noch erwähnen, dass er gesagt hat, zu meiner Mutter, die nie überwunden hat bis zuletzt nicht überwunden, dass sie einen behinderten Sohn hat. Hat er zu meiner Mutter gesagt: „Wissen Sie, Frau Hosp, dass es für Sie die grösste

Gnade Gottes ist, dass Sie den Fredy und die Lilo, überhaupt Kinder, zum Betreuen bekommen haben. Wenn Sie es annehmen? Wenn Sie es als Aufgabe annehmen, wird es für Sie später einmal die größte Erleichterung sein geistig, dass Sie das getan haben. Sie müssen halt den Beiden die Lebensgrundlage zur Verfügung stellen. Wenn Sie es annehmen ist es gut. Wenn Sie es nicht annehmen, ist es Ihr Problem!"

Aber schon einmal diese Erklärung. Ein behindertes Kind kann die größte Gnade Gottes sein? Von der äußeren Wirklichkeit unlogisch. Aber mit der inneren Wirklichkeit soll man sich auseinandersetzen. Der Bruno hat gesagt: „Wenn man so einem Menschen, der nicht so geartet ist wie alle anderen, die Lebensgrundlage zur Verfügung stellt, so kann dieser Mensch seine geistige Aufgabe erfüllen, und dadurch vieles, vieles lösen. Denn die Lösung ist ja die Erlösung. Zuerst muss man es ja lösen und dann kommt die Erlösung. Von dieser Seite muss man es auch sehen. Und man würde viel, viel Mithilfe leisten, viel, wenn man z.B. Behinderten gegenüber keine bedauernden, keine abwertenden Gedanken hätte, sondern sagen würde, aha, Sie gehen auch diesen Weg, den von Gott bestimmten Weg. Mehr braucht man nicht tun.

Ja ich könnte jetzt z.B. sechs Stunden lang darüber sprechen. ...... Aber meine Freunde, ich glaube, ich habe die Grundlage der anderen Realität einigermaßen klar umrissen. Und das, was ich gesagt habe, soll für Sie nicht nur interessant sein, sondern es soll Sie zum Nachdenken anregen. Und Sie brauchen mir auch nicht zu glauben, aber überzeugen Sie sich. Stellen Sie sich auf das Gute ein, stellen Sie sich auf das Gute um. Haben Sie Vertrauen für die Lösung Ihrer Probleme. „Vertraue und Glaube", hat unser großer Lehrmeister gesagt, „es hilft, es heilt die göttliche Kraft! Glauben Sie nur!"

Und damit möchte ich für heute schließen.

Wir haben keine Musik, aber wir haben uns selbst liebe Freunde. Wir haben unsere Einstellung. Stellen wir uns noch einmal ganz ruhig, auf das Gute, auf das Göttliche, auf die Allmacht ein. Meine lieben Freunde, wir vertrauen auf die Allmacht. Wir vertrauen auf all das, was wir brauchen, weil es unserer geistigen Entwicklung dient, gegeben wird. Und all das, was unserer geistigen Entwicklung im Wege steht, wird genommen. Trauern wir dem nicht nach. Das ist die äußere Wirklichkeit. Haben wir doch Vertrauen, dass wir immer die Hilfe haben, wenn wir Hilfe brauchen und wenn wir nicht auf unseren Problemen sitzen bleiben. Das ist das Wichtige. Das Loslassen der Probleme ist der erste Schritt zur Hilfe. Das Vertrauen zur Allmacht ist auch der zweite Schritt zur Hilfe. Und wenn dann die Hilfe kommt, dann Freunde dankbar sein. Und nun freuen, dass wir hier auf dieser Erde einen Körper haben, ein Werkzeug um tätig zu sein. Egal ob wir manuell tätig sind, oder ob wir geistig tätig sind. Ob wir die Wahrheit weitergeben können. Also für mich ist es nach wie vor die größte Gnade, die ich bekommen habe, dass ich diese Wahrheit, wie ich sie von Bruno Gröning erleben durfte, selbst niederschreiben kann, niederschreiben konnte. Und jetzt meine lieben Freunde, eine kurze Aufmerksamkeit noch einmal, wie viele Leute gibt es denn, die sagen, schon wieder muss ich an diesem …… Computer schuften. Das ist die Erfindung des Teufels. Also muss ich dauernd herumtippen, umgekehrt, liebe Freunde. Ich nehme den Computer, meinen Computer, als Gnade Gottes. Ich bin für jedes Wort dankbar, das ich eigenhändig niederschreiben kann. Das ist meine Wirklichkeit. Und wenn die Wirklichkeiten so verschieden sind, wenn die Leute irgendwelche Disharmonien aufbauen, so soll sich doch in Gottes willen, jeder bemühen zu klären. Warum denkt gerade er das, warum will gerade jeder und so haben wir dann eine Sprache. Obwohl es ja mit der Sprache auch so ein Problem ist, wenn man ein Wort ausspricht, weiß man nicht, ob der andere das

123

so aufnimmt, wie man es meint. Aber es geht darum, um den guten Willen. Jeder soll den guten Willen haben …… Jeder soll dankbar sein, dass er einen Partner hat. Wenn er einen Partner hat, dann soll er sich bemühen, den Partner gut zu behandeln. Meine Frau ist leider vor acht Jahren heimgegangen. Ich habe mich natürlich allein zurechtgefunden, aber trotzdem. Wenn man so nachdenkt, nachdenkt mein Gott, wenn ich das gewusst hätte, hätte ich es meinem Partner leichter gemacht. Und das sollte man jetzt schon machen. Ein Teil des geistigen Lebens ist das. Ein Teil zur inneren Harmonie, ein Teil zur Lebensfreude, um das geht es. Hat der Bruno Gröning auch gesagt: „Werden Sie ein friedliches, lebensbejahendes Menschenkind!"

Leben ist Gott! Leben ist ein Geschenk Gottes! Und derjenige, der das Leben nicht als Geschenk empfindet, der ist schon auf dem verkehrten Weg, auf den verkehrten Gleisen. Der hat schon eine unharmonische innere Einstellung, innere Realität. Aber wir, jeder von uns hat die Möglichkeit, seine innere Realität zu ändern, zu wandeln, um in Harmonie zu kommen.

Eine Minute Einstellung, liebe Freunde. Eine Minute innerer Einstellung zur Harmonie. Und dann machen wir Schluss.

Frau Professor Wünsch: Danke, ich glaube, es waren für alle Impulse dabei, um die eigene Wirklichkeit positiv zu beeinflussen. Und das ist ja der Sinn unseres Zusammenseins. Und ich danke allen, die heute geholfen haben, die positive Stimmung und Schwingung zu verstärken. Ich danke, weil Sie gut mitmachen. Sie wissen, es gibt ein Wissen, das wir nicht über den Kopf bekommen werden. Der Kopf ist meistens der dumme Platz für weltliche Gedanken. Das kann jeder an sich selber erfahren. Aber es gibt ein Wissen, das wird uns geschenkt. Und dieses Wissen können wir nur über Menschen erreichen, die selbst alles durchlebt haben, Fredy danke!

Fredy: Aber wir danken auch der göttlichen Führung.

Frau Professor Wünsch: Wir danken der göttlichen Führung und dass wir überhaupt auf diesen Weg geführt worden sind. Dafür müssen wir herzlichst danken und ich sage, ich danke jeden Tag dafür. Denn ich sehe einfach, wie mein Leben anders aussieht, als das von Menschen, die noch so im Weltlichen verankert sind. Sie tun sich viel schwerer als wir, die wir schon einiges, weniges wissen.

Musik: Camille Saint-Saens, Karneval der Tiere, der Schwan

Mitschnitt vom 14.02.2004 im Kulturzentrum in Graz

**Christentum und Karma**

Peter Györfy: Ich wünsche Ihnen einen wunderschönen Nachmittag. Sie haben ja doch von weit hergefunden. Viele wissen ja doch nicht, was sich gehört, sondern was sie brauchen. Was man für sich selber nötig hat. Heute wird nicht nur der Fredy sprechen, sondern auch die Johanna zu euch mal was sagen. Ich für meinen Teil möchte heute nur sagen, das was mir passiert ist, ich bin eigentlich mit der Einstellung hergekommen, ich bin eigentlich zu müde und nicht so gut darauf. Und habe mir gedacht, ich lasse zuerst Frau Professor Wünsch was reden. Und da habe ich mir gedacht, siehst du, du bist eigentlich mit der falschen Einstellung hergekommen ja und nicht mit der Richtigen. Gröning hat einmal gesagt: „Meine Lieben, wenn ich in eine Gemeinschaftsstunde komme, bin ich immer eingestellt. Was wäre, wenn ich nicht darauf konzentriert wäre auf das Göttliche, dann könnte ich euch nichts sagen!" So gesehen, sollte jeder mal über sich nachdenken, mit welcher Einstellung kommt er eigentlich her? Ist er wirklich darauf konzentriert, auf das, was er hier bekommt? Oder gehen ihm doch

125

abertausende Dinge durch den Kopf, die mit diesem Thema nichts zu tun haben? Fredy hat oft einmal erzählt, sie haben gewartet auf Gröning und auf einmal haben sie gesehen, dass der Teppichboden zu flimmern begonnen hat, vor lauter Energie. Die Antwort darauf war, der Gröning hat gesagt, er hat den Raum vorbereitet, mit Energie aufgeladen und dadurch gereinigt von allem Negativen. Es war noch kein Mensch da, hat er schon den Raum vorbereitet, damit die Leute dann die Energie bekommen, die sie brauchen.

Fredy: Drei Stunden vorher.

Peter Györfy: Drei Stunden vorher. Ja, es war früher, habe ich mir erzählen lassen, üblich, dass man den Raum, ihr habt das immer gemacht, den Gemeinschaftsraum, bevor man angefangen hat, zu reinigen. Es wäre auch gut mit der Einstellung, da kann ich mich selber auch an die Nase nehmen, nicht groß plappern, sondern sich hereinzusetzen und sich anfangen einzustellen. Sich selber bemühen, in die Ruhe zu kommen, abzuschalten. Den ganzen negativen Mist, die Sorgen, den Stress, einmal da hinauszuschieben aus dem Tempel, damit man in die Ruhe kommt. Denn nur in der Ruhe, nur wenn ich den Kopf frei habe und gelassen herinnen sitzen kann, kann ich eigentlich die Energie aufnehmen, kann ich eigentlich sagen, kann ich in die Meditation übergehen. Meditation, Gröning hat früher damit man es verstanden hat, gesagt: „Ihr stellt euch ein, wenn Ihr mir zuhört, so seid Ihr auf mich eingestellt!" Das ist ja logisch, wie man das zu verstehen hat. In der Meditation hole ich mich ja von meinem Stresslevel herunter. Ich lasse alle Gedanken fahren, die nichts mit dem Göttlichen zu tun haben. Und je besser ich das zusammen bringe, desto mehr Energie wird in mich hineinfließen. Sie müssen bedenken, Sie sind den ganzen Tag beschäftigt, Dinge zu denken. Viele Menschen, die zu mir kommen, sind nicht nur damit beschäftigt zu denken, die grübeln den ganzen Tag und sie können nicht abschalten. Die verpuffen sich die gesamte Energie, die sie so hereinbekommen, sofort durch ihre Grübelei. Meditation hat nichts anderes im Sinn, als die Energie, die wir im Normalfall nicht aufnehmen können, über die Meditation, wieder hereinzubekommen. Der Gerhard Sauli hat vor einem Monat sehr gut auch beschrieben, wie das funktioniert. Nicht nur theoretisch, sondern er hat Ihnen auch gezeigt, wie es praktisch geht. Das kann man machen mit Musik, das kann man machen ohne Musik. Ob man sich hinlegt, hinstellt, ich muss mich hinlegen. Ich tue mich leichter, wenn ich liege. Im Sitzen funktioniert es bei mir nicht so gut. Das kann jeder machen, wie er möchte. Es gibt auch geführte Meditationen, dass man, das heißt, geführt in dem Sinne, dass einer einen Text vorsagt, wo er sich hindenken soll. Eine schöne Landschaft, Lichter, Blumen. Das hat nichts anderes zu bedeuten, dass man eben von seinem Alltagsleben, von seinen Alltagsgedanken wegkommt und sich auf etwas Positives, auf etwas Gutes, Göttliches konzentriert. Mir ist auch oft einmal aufgefallen, ich muss es so sagen, mir ist aufgefallen, ich habe oft einmal so eine Gemeinschaftsstunde angehört und jedes Mal, wenn ich gesagt habe, stellen wir uns ein, dann war einmal Totenstille, dann hat man gehört, wie die Leute Sessel wetzen angefangen haben. Sich richtig hinsetzen, Handtaschen wegstellen, aha jetzt stellen wir uns ein. Richtig wäre, wenn wir alle miteinander schon längst in der Schwingung drinnen wären, ja. Da wäre schon viel, viel mehr Energie in diesem Raum vorhanden. Und wichtig ist auch, auch wenn man zuhört, was sie uns erzählen, dass Sie in dieser meditativen Einstellung verbleiben. Das ist ganz wichtig, zumindest für diese zwei Stunden, die wir hier zusammen sind. Trotzdem einen wunderschönen Nachmittag.

Johanna Welisek: Mein Name ist Johanna Welisek und ich freue mich ganz herzlich, dass ich Sie hier begrüßen darf. Dass ich ein paar Worte zu Ihnen sprechen kann. Ich werde mich bemühen, ich habe es vor mich kurzzuhalten. Ich habe mir vorgenommen, da wir den Fredy Hosp hier haben, der wie kein anderer mit Bruno Gröning verbunden war und auch immer noch ist, werde ich heute nicht über Bruno Gröning reden, denn wenn wir den Schmied da haben, wenn ich etwas erzähle, wäre es bestenfalls eine gute Nacherzählung seiner Bücher oder seiner Vorträge. Darum lasse ich das, bis auf ein einziges Zitat von Bruno Gröning, wo er gesagt hat: „Werden Sie ein lebensbejahendes, fröhliches Menschenkind!" Und dieses Zitat hat mich heute darauf gebracht, dass wir von Gott eigentlich die Möglichkeiten haben. Viele, viele Möglichkeiten, die uns auf eine sanfte Weise dort hinbringen, dass wir ein lebensbejahendes, fröhliches Menschenkind werden. Das ist die Natur und in ganz besonderer Weise sind es die Blumen. Und wenn wir uns diese Vielfalt der Blumen anschauen, der Farben, der Formen, der Düfte. Es ist ein Labsal für die Augen, ein Labsal für die Nase, aber auch für die Seele und für das Herz. Unser Herz geht auf, wenn wir uns auf die Blumen einlassen. Die Düfte, sie erinnern uns an etwas, z.B. Lavendel, ich weiß nicht, wer kennt nicht den Lavendel. Meine Großmutter hat den Wäschekasten aufgemacht und alles hat nach Frische geduftet. Der Lavendel ist von der Farbe her eine violette Blume. Violett ist eine hohe transformierende Energie, sagt man. Der Lavendel erfrischt und klärt. Aber nicht nur, dass er die Frische in den Wäscheschrank bringt, er klärt auch unsere Gedanken. Wenn wir mit einem Lavendel, wenn wir uns einmal einlassen, diese Blume anschauen, und ihre Energie aufnehmen, wir werden ruhig und der Kopf wird klar. Und wir sind offen für andere Eindrücke. Wenn wir z.B. die Tulpen, wenn wir uns die Tulpen anschauen, die duften zwar nicht, aber wenn die, jetzt kommen sie ja bald, sie arbeiten sich durch, durch Eis und Schnee kommen sie raus. Und auf einmal stehen sie da, Köpfchen sind zu und dann kommt die Sonne, das Licht und die Tulpen öffnen sich. Und wenn dann der Abend kommt, dann schließen sie sich wieder. Und wenn auch bei Regen, immer wenn Unwille kommt, wenn etwas kommt, das nicht grad so angenehm ist, dann schließt die Tulpe ihr Köpfchen. Und wenn wir versuchen, es der Tulpe nachzumachen, wenn negative Dinge kommen und wir verschließen uns, und lassen das abprallen, abfliessen, dann haben wir schon eine gute Möglichkeit, diesen Dingen auszuweichen. In uns zu ruhen, bei uns zu bleiben. Und wenn es weg ist, dann öffnen wir uns wieder und die Sonne und das Licht kann wieder in uns einfließen. Es ist eines der vielen Möglichkeiten, oder ein Löwenzahn. Der Löwenzahn blüht und am Ende dann hat er diese kleinen weißen duftigen Schirmchen. Und die fliegen dann weg, er verbreitet sich. Wenn wir das jetzt für uns umsetzen, und sagen, ja gut, ich habe Sorgen, wie werde ich die los? Da stelle ich mir doch vor, ich bin ein Löwenzahn und meine Sorgen sind diese Schirmchen und dann schicke ich sie weg, schicke ich sie ins Licht. Es ist eine schöne, leichte Möglichkeit. Mit der Natur zu leben und auf dem Weg zu sich selbst zur Ruhe zu kommen. Ich habe früher Seminare gehalten, wo wir uns Blüten auf uns projiziert haben. Tierprojekte, und wir haben uns hineingesetzt. Und wenn man die Augen schließt, und sich für die Blüte öffnet, es passiert soviel. Man merkt, der Kopf wird ruhig, das Herz geht auf, viele Probleme, Schmerzen die man hat, vergehen sogar. Es gibt eine sanfte, die sanfte Medizin, ein sanfter Weg, etwas in uns zu verändern. Schon allein, wenn wir jetzt eine Farbe anschauen, vielleicht haben sie die Liebe für rot, eine rote Blume. Bringt uns Kraft, stärkt uns, ist eine stark transformierende Energie auch, die uns hilft zu uns zu kommen. Oder die Sonnenblume, ist eine starke Blüte, wir öffnen uns für das Licht. Es gibt wirklich viele, viele Möglichkeiten, wenn wir uns auf die Natur einlassen. Wenn wir uns die Natur zum Vorbild machen, und es heißt ja auch, gegen jede Krankheit ist ein Kraut gewachsen. Und wenn wir wirklich in der Küche, ganz einfach jetzt im Frühling, wenn wir Gänse-blümchen nehmen, Löwenzahnblüten. Wenn wir das essen, wir nehmen Spurenelemente zu uns, wir nehmen Vitamine zu uns, frisch aus dem Garten, die wir sonst nicht bekommen. Und noch dazu kann man das auch schön garnieren, man nimmt wirklich Heilung in sich auf. Man isst die Heilung in sich hinein. Ich weiß nicht, wenn jemand einen Garten hat, der wird vielleicht beobachtet haben, der bestimmten Probleme. Auf einmal ist eine Pflanze im Garten, man weiß, weiß gar nicht, warum und wieso. Die ist auf einmal von selber gekommen. Sind sie in Zukunft, wenn so etwas geschieht, achtsam und schauen sie sich diese Blüte ganz genau an. Denn meistens weißt sie diese Blüte dahin, du bei dir ist irgendetwas nicht in Ordnung. Irgendwo stimmt da was nicht, schau dir das jetzt einmal an. Meditieren Sie jetzt vielleicht mit der Blume, oder nehmen sie, sie ganz einfach nur in die Hand. Oder stellen Sie sie, oder pflücken Sie sie ab und stellen Sie sie in eine Vase. Und sie werden sehen, sie hilft. Es hilft auch, wenn wir jetzt einen Baum umarmen, versuchen sie es einmal. Gehen sie einmal hinaus, umarmen sie einmal einen Baum, öffnen sie ihr Herz. Und sie werden merken, oder auch nicht spüren, aber es tut sich etwas, sie bekommen die Kraft. Man wird aufgerichtet. Es gibt so viele Möglichkeiten, wenn wir verbunden sind, mit der Natur. Wenn wir die Farben aufnehmen in uns. Gönnen Sie sich etwas, indem sie sich einmal eine Blume kaufen. Wenn sie traurig sind, gehen sie in einen Blumenladen, oder pflücken sie eine Blume ab und stellen sie ins Zimmer. Sie werden sehen, es ist Licht drinnen. Blumen sind Licht, Blumen sind Liebe. Öffnen sie ihr Herz für die Blumen. Und das war es auch heute, denn heute ist Valentinstag und da wollte ich ihnen das ganz innig ans Herz legen. Es wird soviel über Liebe gesprochen und Blumen sind Liebe. Und jetzt, bei der anschließenden Musik möchte ich sie bitte, dass sie vielleicht, wenn sie Sorgen haben, machen sie es wie der Löwenzahn. Lassen Sie es wegfliegen. Oder schicken Sie Grüße mit, Grüße an Menschen, die ihnen nahestehen. Denen sie etwas

Nettes sagen wollen. Schicken sie diese Liebe, schicken sie es weg. Machen sie es wie die Blume, beobachten sie die Natur. Und sie werden sehen, es ist eine wunderbare Möglichkeit, auf dem Weg zu einem fröhlichen, selbstbejahenden Menschenkind zu werden. Ich danke Ihnen.

Fredy: Danke!

Musik: Recuerdos

Fredy: Liebe Freunde, auch ich möchte alle recht herzlich begrüßen und möchte sofort mit den Blumen anschließen und mit den Pflanzen. Die größte Belehrung der Pflanzen für uns ist, dass sie wachsen und gedeihen, mit einer Ruhe, mit einer Überzeugung und auch davon abhängen, dass sie ihren Platz nicht wechseln können. Also dieser Standpunkt, der feste Standpunkt einer Pflanze, die von sich aus nicht wandern kann, die nur mithilfe ihres Samens ihre Art weitergibt. Dieser feste Standpunkt, wo sie davon abhängig sind, ob sie genug Licht bekommen, ob sie genug Wasser bekommen, ob sie auf dem richtigen Untergrund wachsen, das soll unsere große Belehrung sein. Und zwar deshalb unsere große Belehrung, die Pflanzenwelt ist die größte Welt auf der irdischen Vegetation und alle sind von Pflanzen abhängig. Obwohl sie ortsfest gebunden sind und obwohl wir sehen können, solange sie ein bisschen Sonne bekommen, ein bisschen Wasser, ein bisschen guten Erdboden, wachsen und wuchern sie in einer Pracht, die wir uns nicht vorstellen können. Und das ist das Geheimnis, wenn es heißt, Gottvertrauen zu haben. Die Pflanzen müssen nicht nachdenken, dass sie Vertrauen haben. Die Pflanzen haben Vertrauen. Sie leben das Leben, meine Freunde, das ist es. Mit dieser enormen Energie, die die Pflanzen haben, können wir die Kraft des Lebens direkt erleben. Und brauchen nicht immer darüber nachdenken, mein Gott, wenn ich dort und dort wäre, würde es mir besser gehen, das können die Pflanzen nicht tun. Sie können nur eines machen, das Beste aus ihrem Standort machen. Und die Pflanzen sind so variabel, meine Freunde. Es gibt Pflanzenzellen, die leben in kochendem Wasser und es gibt Moose die im ewigen Eis, die trotzdem ihren Kreislauf, also ihr Leben aufblühen lassen. Ein Beispiel davon ist die Wüste. Die Wüste kann monatelang trocken sein und dann glaubt man, mein Gott, da gibt es überhaupt keinen Regen. Aber wenn einmal Regen kommt, blüht innerhalb von wenigen Tagen die Wüste, mit den herrlichsten Farben, mit den herrlichsten Blumen. Sie warten nur in der Erde auf den segensreichen Regen. Im übertragenen Sinn kann man sagen, solange wir in Schwierigkeiten sind, sollen wir nicht den Mut verlieren, sondern geduldig auf das warten, was auf uns zukommt. Daher soll man nie sagen, ach mir geht es so schlecht, ach mich hat der liebe Gott vergessen, ach das wird sowieso nicht mehr. Meine Freunde, wenn wir dazu stehen, zu der Kraft, zu der Energie, zum Lebenswillen, auf einmal können auch wir auf irgendeine Weise erblühen, indem wir Leistungen erbringen, wo keiner geglaubt hat, dass es möglich ist. Unsere Blüten sind die Leistungen, meine Freunde, das muss man auch bedenken. Es gibt natürlich auch Leistungen, eingebildete Leistungen, gibt es auch, genauso wie es bei den Pflanzen, sogenannte Wassertriebe gibt. Aber, wenn wir zu den Pflanzen zurückkehren, wenn ein Baum plötzlich so lange Triebe austreibt, man sagt, das sind Angsttriebe, er ist verzweifelt, er will seine ganze Lebenskraft hineinstecken, um dem Leben zu dienen. Ist auch ein guter Vergleich mit den Pflanzen bei uns, aber wir sollen nicht immer weniger, auf etwas warten, auf etwas Bestimmtes warten. Wir sollen so leben, dass wir bereit sind, dann aktiv zu werden, wenn wir spüren, dass wir eine Aufgabe bekommen. Und wir sollen nie den Mut verlieren. Und wir sollen nie zweifeln an dem, was wir erleben. Bruno Gröning hat immer wieder gesagt, wir sollen für das Leben dankbar sein. Wir sollen für den Körper dankbar sein, den wir von Gott erhalten haben. Ja, wie viel Menschen sind dankbar? Wie viel Menschen sind mit sich selber zufrieden, mit ihrem Körper? Wo sie in den Spiegel schauen und sagen, mein Gott, könnest auch ein bisschen schöner ausschauen. Aber seien Sie doch zufrieden. Wir haben unsere Aufgabe, meine lieben Freunde. Wir müssen nicht körperlich glänzen, nicht nur körperlich glänzen. Es gibt viele, viele Aufgaben, wo wir ganz still sein können, um unsere Aufgabe und um unser Werk zu erfüllen. Ja und so hat jeder Mensch, egal wie er ist, egal was er denkt, wenn er das Gute denkt, bekommt er seine positive Aufgabe auch für sich selber, damit er lernen kann. Damit er sich entfalten kann, seelisch. Und daher hat Bruno Gröning gesagt: „Seien Sie für diesen Körper dankbar, den Sie von Gott bekommen haben!" Und zu mir hat er gesagt: „Auch du sollst dankbar sein, für diesen Körper!" Das war damals ein bisschen unlogisch für mich, aber jetzt verstehe ich es. Ja und dann hat er gesagt: „Der Körper ist ein Geschenk Gottes", muss man sich einmal vorstellen. „Seien Sie würdig, dieses Geschenk zu haben. Seien Sie würdig, dieses Geschenk zu pflegen. Achten Sie auf Ihren Körper", hat er gesagt. Denn mithilfe dieses Körpers, und zwar nur mithilfe des Körpers, kann man seelisch wachsen, seelisch lernen, seelisch Kraft aufnehmen. Der Körper ist das Werkzeug, um die Verbindung zu Gott aufzunehmen, das darf man nicht vergessen. Und dann, in dieser Beziehung ist es ja so, dass wir denken können, dass wir planen können, dass wir verschiedene Dinge erkennen, mit unseren fünf Sinnen. Und da möchte ich zu bedenken geben, dass jeder Gedanke, jedes Gefühl, jede Regung, schafft energetische Kraftfelder. Wenn wir denken, so wird der Gedanke mit Energie geladen und je öfter wir diesen Gedanken aufnehmen, umso stärker ist das Energiefeld des Gedankens. Und so schaffen wir unser Schicksal und so bauen wir aber auch an dem Schicksal unserer Umgebung. Bauen wir sogar an dem Schicksal

133

der Welt. Wenn wir positive Gedanken aufnehmen, wenn wir vertrauensvoll sind der Zukunft gegenüber, so kommen wir auch in ein positives Ideenfeld hinein. Wir kriegen plötzlich Gedanken, wo wir sagen, na das hätte ich mir nicht gedacht. Ja, das ist ja die Lösung von dem, was uns immer bedrückt hat. Aber wenn wir negative Gedanken aufnehmen, wenn wir traurig sind, wenn wir verzweifelt sind, wenn wir keine Hoffnung haben, dann kommen negative Gedanken. Dann kommen die Gedanken, mein Gott, wie soll das weitergehen. Oder, das schaffe ich nie. Oder, oder zuletzt dann, wozu bin ich überhaupt hier auf der Welt. Und der Bruno hat gesagt: „Das Ärgste ist, wenn man sagt, was habe ich für ein Leben? Das ist ein Hundeleben. Das möchte ich nicht haben und schon sackt man ab. Schafft man sich negative Energiefelder und diese negativen oder positiven Energiefelder, sind das Karma, was wir uns selber aufbauen!" Was wir selber aufbauen, müssen wir wieder abbauen, müssen wir wieder gutmachen. Wenn wir andere Menschen beschuldigen oder abwerten, wenn wir andere Menschen schlecht beurteilen und auch verurteilen, so machen wir uns an dem anderen schuldig. Wenn man z.B. denkt, ach das kann der sowieso nicht. Das bringt der nicht zusammen. Da will ich ihm gar nicht die Möglichkeit geben, das erst zu tun. So machen wir uns schuldig, weil wir den anderen Menschen begrenzen, meine lieben Freunde. Und so weben wir Energiefelder, in uns, um uns und um die anderen, und das ist Karma. Das ist Ursache und Wirkung. Wir schaffen dauernd Ursachen und müssen Wirkungen ertragen, meine Freunde. Nun, ich habe einmal mit Bruno Gröning darüber gesprochen und er hat gesagt, weil ich gesagt habe, wie ist das jetzt, Herr Gröning, wenn ich diese falschen Vorstellungen bereue, was ist dann? Hat er gesagt: „Wenn du es wirklich bereust und nicht mehr tust, dann ist es von Gott schon vergeben. Aber wenn du dann wieder die Wiederholungsfehler machst, na gut, dann fängt das Ganze von vorne an. Und so sind wir in mehreren

Sphären daheim, geistig daheim. Wir sind in der körperlichen Sphäre daheim, wo uns der Körper immer wieder Gedanken schickt, was er gerne haben möchte. Der arme Körper, er sagt, er hat Hunger, uhhh so gehen wir los, den Körper zu füttern usw. Oder der Körper ist müde. Mei jetzt bin ich so müde, heute kann ich überhaupt nichts tun, und wenn wir dem nachgeben, wird man immer müder und schlapper, bis man sagt, na ja. Z.B. meine Tante, die war eine ganz weise Frau, die hat auch verschiedene Medikamente gehabt also, Hausmittel und sie hat mir erzählt, da habe ich mich grad letztens erinnert daran. Da war ein Ehepaar und die Frau hat behauptet, sie ist so müde, sie ist so krank, sie muss im Bett liegen und der Mann hat sie pflegen müssen und füttern. Und alles Mögliche hat er machen müssen. Die Dame ist nicht aufgestanden, weil sie krank war. Und dann ist der Mann gestorben und siehe da, die Frau war quicklebendig. Sie ist aufgestanden und hat sich alles selber gemacht, selber gekocht usw. also, sie war gesund, das heißt, sie war immer gesund, aber sie war faul. Sie wollte sich vom Mann bedienen lassen. Und so gibt es viele, viele Beispiele, wo der Mensch sich selber begrenzt, meine lieben Freunde. Wo er sagt, das kann ich nicht. Das beste Beispiel bin leider ich. Immer wieder muss ich mich ein bisschen erinnern daran, dass jeder Arzt gesagt hat, wo ich jung war, so zwölf, dreizehn Jahre, na der wird nie etwas leisten. Es gibt sogar Ärzte, die gesagt haben: „Legen Sie ihn in ein dunkles Zimmer, damit er keine äußeren Anreize bekommt, dann wird sich die Spastik beruhigen." Das haben wir natürlich nicht gemacht. Ist ja logisch. Und der Bruno hat gesagt: „Vertraue und glaube, du bist ein selbstbewusster Mensch. Du wirst all das tun können, was notwendig ist, um im Leben zu lernen. Du bist ein vollwertiger Mensch!" Der Bruno Gröning war der erste, der mir das gesagt hat: „Du bist ein vollwertiger Mensch!" Und dann habe ich mich umgestellt. Dann habe ich meine Begrenztheit, körperliche Begrenztheit, schrittweise überwinden können. Auch meine sprachliche Begrenztheit habe ich überwinden können. Denn wie Bruno Gröning da war, also körperlich noch da war, habe ich kaum reden können. Und das war so schlimm, wenn z.B. andere Menschen in meiner Nähe waren, nicht die eigenen, ich habe kein Wort herausgebracht. Und was ist jetzt? Jetzt spreche ich sogar mit Genuss, mit Dankbarkeit, meine Freunde. Dass ich das mitteilen kann, was ich erleben durfte. Und drum bin ich ja Bruno Gröning so dankbar dafür, dass ich nicht nur ein selbstbewusster Mensch sein kann, sondern auch ein aktiver Mensch. Dass ich das nützen kann. Obwohl immer wieder vergleichbar mit einer Pflanze in einem Plexiglas und warten muss, bis man mich hin und herschiebt. Ich will es dahingestellt sein lassen, mit welcher Pflanze man mich vergleicht. Vielleicht bin ich sogar ab und zu ein Kaktus. Aber ich habe die Geduld gelernt und die Dankbarkeit, dass ich auf meinem Computer arbeiten kann. Wenn man sich denkt, im Jahre 1950 bis 58, hat es ja noch keine Computer gegeben. Da waren die klapprigen Schreibmaschinen, da habe ich mir gedacht, na da kann ich keinen Buchstaben anschlagen, na gut. Und trotzdem hat der Bruno Gröning gesagt, er wird einmal schreiben, das habe ich ja schon ein paar Mal erwähnt. Aber es ist doch so unwahrscheinlich, so unglaubwürdig gewesen damals, in jener Zeit, wo er gesagt hat: „Der Fredy wird einmal schreiben. Und er wird all das nieder-schreiben, was er mit mir erlebt hat!" Da hab ich mir gedacht, lieber Bruno, du kannst leicht reden. Ich habe wirklich geglaubt, er wünscht sich das. Aber dabei hat er damals das Samenkorn in meinen Körper gelegt, damit das doch soweit wird. Und jetzt lege ich meine Hand ins Feuer, dass der Bruno schon damals gesehen hat, was für herrliche Schreibwerkzeuge die Menschen konstruieren werden, siehe Computer. Obwohl manche lästern, obwohl manche sagen, das ist ein Blechtrottel. Meine Freunde, überlegen wir doch einmal, nehmen wir einmal an, wenn ein Kind geboren wird, wenn ein

Kind erzogen wird. So wird es doch von der Umgebung programmiert, es wird gelehrt. Die Buchstaben werden gelehrt, die Worte werden gelehrt, die Bedeutung der Worte wird gelehrt. Es wird auch, im wahrsten Sinne des Wortes, programmiert. Man hat Versuche gemacht, wo man gesunde Kinder abgeschieden hat und dann nach einiger Zeit, wo sie älter waren, so zwölf Jahre, waren sie die reinsten Toka (Trottel), weil sie nicht von der Umgebung programmiert wurden. Und genauso ist es aber mit dem Computer, der Computer hat alles in sich, aber er muss Programme haben. Er braucht Anweisungen, wo er dann reagieren kann. Kann man nicht sagen, Blechtrottel, meine Freunde. Da muss man sagen, manchmal bist du ein Trottel, aber im übertragenen Sinne natürlich. Ja dann ist noch etwas Interessantes. Es wird so viel geschrieben über den Smog, da gibt es Verschiedenes, Autosmog, Elektrosmog und weiß der Kuckuck, was es da noch für einen Smog gibt. Da ist mir eingefallen, der gefährlichste Smog, ist der Psychosmog. Was kann man sich darunter vorstellen? Die Gedanken, die Gefühle, die Vorstellungen, die Einbildungen, das Negative, was der Mensch durch Gedanken und Worte und Gefühle ausstrahlt oder auch aufnimmt. Das ist ein gefährlicher Smog. Weil, der Mensch baut sich durch den negativen Psychosmog ab. Er verliert Kraft, er verliert Zuversicht, er verliert Energie, er verliert Lebensfreude. Da ist ja der Elektrosmog gar nichts dagegen, meine Freunde. Der Elektrosmog wirkt nur, wenn man davor Angst hat, vor diesem Smog. Wenn man sich das vorstellt, schon wieder ein Handy in der Nähe, ja um Gottes willen. Was wird denn das heute für eine Wirkung auf mich haben. Und alleine durch diese Angst, wird der Mensch krank, hat der Bruno gesagt, das ist nicht von mir. Bruno Gröning hat gesagt: „Wenn der Mensch auf-geladen ist, wenn er energievoll ist, wenn er genug Kraft hat, dann schadet die Strahlung nicht. Wenn er aber zu wenig Energie hat, Lebensenergie, dann wird der Körper durch diese

137

verschiedenen Felder gestört!" Übrigens, wenn man von Elektrosmog spricht, was soll man denn dagegen machen? Da gibt es die Fernsehsender, da gibt es die verschiedenen Radarsender, also die ganze Sphäre, die Biosphäre ist durch diese neuen Schwingungen belastet. Und damals also wie Bruno Gröning gelebt hat, das war im Jahre 57, 58 da hat er uns zu sich eingeladen. Und siehe und staune, er hat auch einen Fernseher gehabt, obwohl die damaligen Fernseher wirklich neunzehn Strahlen abgegeben haben in sehr hohem Masse. Und da hat Bruno Gröning gesagt: „Ich muss jetzt meinen Fernseher einschalten, damit der Nachbar nicht mithören kann, was wir sprechen!" Na mich hat das wahnsinnig gestört, dass der Fernseher gelaufen ist. Hat er gesagt: „Lasst den Fernseher, denkt nicht an den Fernseher, gebt acht was ich sage, so und so. Wenn du auf den Fernseher hörst, oder wenn er dich stört, so wird er dich stören. Wenn du aber die göttliche Kraft aufnimmst, so wird er dich nicht stören!" So hat er mich belehrt, so hat er uns belehrt, damals. Und Bruno Gröning hat so gesteuert das Ganze, dass zuletzt wirklich nimmer der Fernseher gestört hat. Dass wir nur auf seine Worte aufgepasst haben, abgelesen haben und auf einmal, obwohl der Fernseher weitergelaufen ist, hat er uns nicht mehr gestört. Und so hat der Bruno gesagt: „Ja und so soll es jetzt sein, meine lieben Freunde, das, was Sie stört, beeinflusst Sie. Das, was Sie nicht stört, beeinflusst Sie nicht. Sie haben es in der Hand, das Gute vom Bösen, vom Unguten zu trennen durch Ihre Vorstellung, durch Ihre Einstellung, durch Ihren Willen und durch Ihren Glauben. Die göttliche Kraft ist die stärkste Kraft. Man muss sich nur einzustellen wissen!" Die göttliche Kraft ist dann wirksam, wenn wir mit dieser göttlichen Kraft in Harmonie schwingen. Wann schwingen wir in Harmonie? Wenn wir selbst im Gleichgewicht sind, wenn wir uns selbst in der Ruhe befinden. Und daher immer wieder die gleiche Warnung, verweilen Sie keinen Augenblick in einem negativen Gedanken, wenn wir ehrlich zu uns sind. Bruno hat gesagt, man muss zu uns selber ehrlich sein, damit wir den Weg gehen können und der Weg, den uns Bruno Gröning gelehrt hat, ist ja der Weg zur eigenen Harmonie. Zum eigenen Glück, zur eigenen Selbsterkenntnis. In der jetzigen Zeitung, in der letzten, haben wir einen Artikel hineingeschrieben, Selbsterkenntnis ist Gotterkenntnis, oder auch umgekehrt. Also, wenn man sich selbst nicht erkennt als geistiges Wesen, werden wir nie einen nahen Bezug zu Gott erhalten. Wir müssen uns selbst erkennen und wir müssen uns bemühen, möglichst in geistiger Harmonie zu leben. Möglichst in Dankbarkeit zu leben, möglichst freudig zu sein, fröhlich zu sein, obwohl es aussen vielleicht gar nicht so ausschaut. Ich habe öfter eine nahestehende Situation erlebt, wo es wirklich nicht schön ausgeschaut hat, wo Probleme aufgetreten sind. Auf einmal habe ich mich gefreut, habe ich mir gedacht, so jetzt spinnst du komplett. Wieso freust du dich auf einmal, wo es im Außen alles andere ist, als sich zu freuen? Na gut, ich hab mich halt gefreut. Und einige Zeit später, haben sich diese Probleme wie von selbst gelöst, weg, futsch. Von außen gelöst und da ist mir die Erkenntnis gekommen, wenn wir vertrauen und glauben, wird Vieles gelöst, was sonst nicht gelöst worden wäre. Der Mensch ist falsch geschaltet, hat Bruno Gröning gesagt, er weint, wenn er traurig ist und lacht, wenn er fröhlich ist. Falsch! Wenn der Mensch traurig ist, soll er lächeln lernen, dann bekommt er mehr Kraft. Und wenn etwas sehr Schönes geschieht, dann soll er vor Freude weinen. So wie ich beim Bruno Gröning öfter bemerkt habe, wie z.B. auch bei mir. Er hat gesagt: „Fredy steh auf!" Und ich bin mit großer Mühe aufgestanden, aber ich bin dann gestanden. Und auf einmal habe ich bemerkt, wie Bruno Gröning die Tränen herunter geronnen sind, die Freudentränen. So hat er sich gefreut, dass bei mir die göttliche Kraft so gewirkt hat. Und man muss sich vorstellen, dass ich ja im Jahr 1950 zum ersten Mal bei Bruno Gröning war, das

139

sind jetzt vierundfünfzig Jahre her, damals hat man mir keine drei Jahre mehr gegeben. Na ja, wenn es gut geht hat es geheißen, wird er zwanzig. Schwamm darüber. Und aber der Bruno hat also sozusagen Vertrauen zu mir gehabt. Der Bruno Gröning hat gesagt: „Der Fredy wird das tun können, was ich von ihm erwarte!" Schön was? Da kommt ein Hilfesuchender mit letzter Kraft zu Bruno Gröning, Bruno Gröning sieht mich an, hockt sich vor mich hin, sieht mir in die Augen und sagt: „Willst du mir helfen?" War reinster Schock für mich. Um Gotteswillen habe ich mir gedacht, ich brauche doch Hilfe? Warum fragt er, ob ich ihm helfen will? Ja hab ich gesagt, nur aus Höflichkeit hab ich ja gesagt, ich gebe es ja zu. „Dann ist es gut", hat er gesagt. Später dann, hat er mich noch zweimal gefragt: „Willst du mir helfen?" Und dann habe ich bewusst gesagt ja, ich will. „Gut", hat er gesagt, „gut, dann wirst du's eben tun!" So war`s. Also die größte Belehrung ist bei der ganzen Sache, dass wir diejenigen sind, die für uns selbst bestimmen. Keiner, nicht der Nächste, nicht der Partner, nicht die Tochter, der Sohn oder die Mutter, Großmutter nein. Wir bestimmen für uns, das ist der Grund, warum er gesagt hat: „Nicht menschenhörig sein, nie menschenhörig sein, immer gotthörig werden!" Und wirklich wahr, meine Freunde, wenn man so viel hört auf die Menschen, der sagt das, der sagt jenes. Der sagt ja, der andere sagt nein. Na, was soll man dann tun? Dann kommt man nicht vorwärts. Und darum habe ich gesagt, habe ich gelernt zu bestimmen, ja gut. Wir waren in Wien im Jahre 1957 in der Wohnung meiner Eltern und Bruno Gröning hat dann geplant nach Klagenfurt zu fahren. Er hat auch eine Dame mitgehabt aus Klagenfurt und plötzlich sagt er, bitte ich weiß, dass es im Buch steht, aber es ist doch interessant, wenn man das noch einmal erzählt, „wollt ihr mit nach Klagenfurt kommen?" Das ist dann die Sache, wo ich gesagt habe, da muss ich die Mama fragen. Hat er gesagt: „Fredy, ich will es von dir wissen, ob ihr nach Klagenfurt kommen möchtet!" Hab ich gesagt, Herr

Gröning, was soll ich tun? „Jetzt fragt das Luderchen schon wieder mich! Er muss sich entscheiden. Du musst entscheiden, willst du mit nach Klagenfurt kommen, ja oder nein?" …… Na ja habe ich gesagt, wenn das so ist, ja ich will. Und die Dame daneben, die hatte eine große Familie gehabt, sie war eine reiche Dame. Der Mann war Sägewerkbesitzer und sie haben eine große Villa gehabt ja. Und da hat er gesagt: „Frau Lerchbaumer, Sie haben doch ein Zimmer mit vier Betten? Wollen Sie die vier aufnehmen?" Das war die Lilo, ich, die Lisl und meine Tante, also, wir waren zu viert. „Sind Sie bereit, die vier Freunde zu beherbergen?" „Selbstverständlich", hat sie gesagt, „ja, Sie sind bei mir eingeladen." „Sehen Sie Frau Lerchbaumer," hat er gesagt, „jetzt wissen Sie, warum ich Sie nach Wien mitgenommen habe!" Also hat er schon geplant. Und die Folge von dem Ganzen war ja, dass wir nach Klagenfurt gefahren sind, dass wir dann letztlich nach Klagenfurt gezogen sind. Und dass sich das dann so ergeben hat, dass ich dann in weiterer Folge zwanzig Jahre danach unseren Verein leiten durfte. Das war der Anfang von der Freiheit, meine Freunde. Und viele haben gesagt, viele Verwandte haben gesagt: „Ja seid ihr denn wahnsinnig? Die zwei Behinderten wollen in die Fremde ziehen, was fällt euch denn ein?" Nicht menschenhörig sein meine Freunde. Es gibt oft Entscheidungen, die sehr unglaublich, sehr unwirklich klingen. Unwahrscheinlich, unlogisch. Gott kann man nicht mit Logik erfassen. Das Geistige ist oft unlogisch, weil wir nicht vorausehen können. Und wenn wir uns auch nicht trauen? …… Auch meine Frau war im Rollstuhl. So zwei Rollstuhlfahrer trauen sich neu anzufangen, in einer fremden Stadt. Da gehört Gottvertrauen dazu, da gehört das Wissen dazu. Was Bruno Gröning gesagt hat stimmt. Er hat gesagt: „Für euch ist am allerbesten Klagenfurt, überall anderswo, würdet ihr versauern!" Also es ist schon wundervoll, wenn man einen geistigen Lehrer hat, es ist wundervoll, wenn man eine geistige Führung hat

141

und es ist noch wundervoller meine Freunde, wenn man auf diese geistige Führung vertraut. Z.B. das Gegenteil war, dass eine Dame auch in Stephanskirchen, von Klagenfurt nach Stephanskirchen ist sie gefahren zu Bruno Gröning, auch im Rollstuhl. Ein bisschen hat sie gehen können, ein bisschen nur. So, sagt Herr Gröning zu ihr: „So stehen Sie doch auf!" Und Sie antwortet: „Aber Herr Gröning, Sie wissen doch, dass ich das nicht kann." „Gut", hat er gesagt, „gut, wenn Sie glauben, Sie können es nicht, dann bleiben Sie sitzen!" Wenn sie es getan hätte, hätte sie stehen können. Und dann hat er sofort mich in der Reissen gehabt und ich hab zu mir gesagt, um Gotteswillen, ich hab es schon geahnt. Sagt er: „Die Zwei sollen zu mir kommen, so Fredy, jetzt steh du auf!" Habe ich mich natürlich nimmer getraut zu sagen, sie wissen, habe ich mich halt hauruck ruck, warten Sie ein bisschen Herr Gröning, hab ich gesagt, ich muss erst Gas geben. Damals haben wir das erste Auto neu gekauft, einen Volkswagen, deshalb habe ich vom Gas gesprochen. Da hat er so gelacht, hat er so herzlich gelacht, Bruno Gröning. Aber ich bin aufgestanden. Also, wenn man den geistigen Weg geht, noch einmal, wenn man den geistigen Weg geht, so muss man alle Begrenzungen beiseite lassen. Alle Begrenzungen, alle Zweifel, alles Wissen, was man bisher gewusst hat, muss man beiseite lassen und sagen, ich vertraue, ich glaube an die göttliche Kraft. Und ich weiß, dass mir die göttliche Kraft hilft, wenn ich sie aufnehme, wenn ich daran glaube. Ist ja der alte Ausspruch von Jesus Christus auch gewesen, der gesagt hat: „Dein Glaube hat dir geholfen! Nicht ich hab dir geholfen. Dein Glaube hat dir geholfen!" Darum ist dieser Glaube so wichtig, weil wir uns damit in Harmonie mit Gott begeben. Gott ist allmächtig, sagen wir. Gott ist allwissend und manchmal kommt dann halt, na ja, der liebe Gott kann mir auch nicht helfen. Ja, warum denn nicht? Wir bestimmen ja, ob wir diese große Energie aufnehmen, diese große Lebensenergie, meine Freunde. Wir bestimmen, ob wir daraus das Beste

142

machen. Und wir sind immer noch geneigt, wenn der Körper irgendeine Störung hat, beinah vor dem Körper auf die Knie zu fallen und so zu sagen, lieber Körper, tu mir das nicht an. Nein ich hab solche Angst, tu mir das nicht an. Der Geist bestimmt die Materie, das darf man nicht vergessen. In meinem ersten Buch habe ich darüber geschrieben, der Geist bestimmt die Materie. Und die engsten Freunde von Bruno Gröning in Deutschland, haben zuerst gesagt, das hat Bruno Gröning nicht gesagt. Ha, habe ich gesagt, ha und dann habe ich ein Bild herausgezogen, mit der Widmung, und der Handschrift von Bruno Gröning selbst, wo er draufgeschrieben hat, der Geist bestimmt die Materie. Die Beweise waren niederschmetternd, hat mir keiner mehr sagen können, das hat Bruno Gröning nie gesagt. Und Bruno Gröning hat mehr gesagt, als auf manchen Tonbändern vorhanden ist. Und das, was z.B. auf dem Traberhof bei Rosenheim geschehen ist, war großartig. Und wir haben jetzt eine CD, von einem alten Mann kopiert und gemacht. Da ist eine Augenzeugin, eine Reporterin spricht, berichtet über das Geschehen in Rosenheim von Bruno Gröning. Also, er fordert sie auf und sie erzählt, erschütternd meine Freunde. Ich habe für euch die CDs gemacht, jeder kann sie haben. Wenn man das hört, was da in Rosenheim geschehen ist, bzw. auch nicht geschehen ist. Dann sieht man, was es bedeutet, wenn man sagt, der Geist bestimmt die Materie einerseits und andererseits, wenn Bruno Gröning gesagt hat: „Nicht menschenhörig sein!" Nicht die Logik sprechen lassen, sondern den Glauben, so ist das meine Freunde. Im Jahr 1949 waren diese großen Heilungen in Rosenheim am Traberhof. Nicht nur körperliche Heilungen, auch seelisch-geistige Heilungen, und da hat man erlebt welche Energie, welche negative Energie davon ausgeht, wenn einer zweifelt. Wenn der Mensch zweifelt, wenn die Umgebung zweifelt. Mhh da ist einer geheilt worden, ein Mann, ein Kriegsversehrter, und ist auf- gestanden und ist gegangen. Freudig, strahlend ist er heimgegangen. Was haben seine Verwandten gesagt? Du bist ja blöd. Wie kannst du dir denn einbilden, dass du gesund bist, das ist ja nur Hypnose. Das Wort, Hypnose, hat genügt und er war wieder im Rollstuhl. Ein anderer Mann, das war in Norddeutschland, ist auch vom Rollstuhl aufgestanden und war glücklich. ...... um Gotteswillen, ich verliere jetzt meine Versehrtenrente. Mhh hat genügt, die Heilung war futsch. Und so ist es von jedem Menschen, von jedem einzelnen Menschen abhängig gewesen, ob er geheilt wurde und ob die Heilung geblieben ist. Natürlich haben die Reporter immer wieder die Fälle aufgegriffen, wo die Heilung nicht geblieben ist. Sie haben aber nicht dazu gesagt, dass der Mensch selbst gezweifelt hat. Dass er das Gute nicht angenommen hat, daher ist es ihm wieder weggenommen worden. „So zweifeln Sie doch nicht immer das Gute an", hat Bruno Gröning gesagt. Ganz energisch, vertrauen Sie und glauben Sie. Zweifeln Sie das Gute nie an, sonst wird Ihnen das Gute genommen. Nach der heutigen Technik wissen wir, dass wir nur dann ein Programm empfangen können, wenn z.B. der Fernseher ganz genau auf die Sendewelle eingestellt ist. Man sagt, der Kanal muss stimmen, dann kann man empfangen. Na gut, meine Freunde. Die Kraft Gottes ist auch ein Kanal, eine ganz bestimmte Schwingung, die wir aufnehmen können. Jede Sekunde muss der Fernseher auf diesen Kanal eingestellt sein, sonst ist das Bild weg, sonst ist der Ton weg, sonst sieht man nur noch Schneeflocken am Fernseher. Na und wie ist es bei uns? Wir stellen uns ein und bitten um die Hilfe, und dann kommt schon der nächste Gedanke daneben, irgendwo, irgendwann, der Gedanke kam. Wie er zu einer Frau gesagt hat, Bruno Gröning. „Denken Sie doch nicht an ihre Knödelsuppe daheim. Die Knödel werden schon richtig sein, wenn Sie daheim sind, aber jetzt denken Sie nicht an das Essen, jetzt nehmen Sie die göttliche Kraft auf!" Ach, was er alles gesagt hat. Die Leute waren so perplex, sie sind rot und weiß geworden, weil er alles gewusst hat, unglaublich. „Ja ja", hat er gesagt, „meine Ohren sind größer als Sie glauben. Meine Hände sind länger als Sie meinen. Es wird mir gegeben, um den Menschen zu helfen", hat er gesagt. Er hat nie gesagt ich kann das oder ich kann jenes, er hat es immer bewiesen, dass er es kann. Das war es, das war so großartig. Und es ist heutzutage noch so großartig, dass wir wissen, was wir in Wirklichkeit zu tun haben. Dass wir genau wissen, was das Negative für Kräfte hat, das uns von Gott, von der göttlichen Kraft wegbringen will. Und was das Positive für Kräfte hat ja, wenn wir darauf hören, wenn wir sie aufnehmen, meine lieben Freunde. Und vor allem, wenn wir wirklich vertrauen, wenn wir in uns genau wissen, was die Allmacht Gottes bedeutet? Ja meine Freunde und darum habe ich eben Freund Karlo gebeten, dass er dieses Band auf CD macht, damit die Freunde ein bisschen eine Ahnung haben, was in Rosenheim wirklich geschehen ist. Soll ich noch weiter-sprechen?

Peter Györfy: Ja, freilich.

Fredy: Ich habe doch schon sehr viel gesagt. Bruno Gröning hat z.B. in diesem Zusammenhang gesagt, die Freunde müssen so weit kommen, dass sie keine Worte brauchen, um das Gute aufnehmen zu können, keine Worte. Sie waren alle entsetzt. Jetzt wird er dastehen und nichts mehr sagen, haben sie sich gedacht. Ja und hat er gesagt: „Ja und? Wenn Sie so weit sind, dass Sie die Kraft aufnehmen können, dass Sie die Gedanken aufnehmen können, dass Sie das Gute wirklich empfangen, dann brauche ich doch nicht mehr zu sprechen!" Ja und leider hat er dann eben gesagt: „Es wird nicht mehr lange dauern, da werde ich nicht mehr sprechen!" Wir haben aber nicht gewusst, was er damit meint. „Es wird nicht lange dauern, da werde ich nicht mehr rauchen, wehe den Freun-den, die da noch rauchen!" Nachher haben wir es gewusst, was er gemeint hat. Also am Anfang, wie ich die Nachricht vernommen

145

hab, dass Bruno Gröning den Körper verlassen hat, für immer, seinen Körper. Habe ich geglaubt, die Welt bricht zusammen. Das war der erste große Schock meines Lebens. Aber was ist mir anderes übrig geblieben, meine Freunde, wie trotzdem weiterzumachen. Es hat z.B. sehr viele Menschen gegeben, die geglaubt haben, sie sind Freunde Bruno Grönings. Aber wie er dann nicht mehr körperlich unter uns geweilt hat, haben sie gesagt, so, Bruno Gröning ist gestorben, also brauchen wir nicht mehr an die Kraft glauben. Es ist vorbei, aus, Schluss. Das waren nicht die echten Freunde vom Bruno, die haben es nicht verstanden, meine Freunde, was er wollte. Nämlich, er wollte uns den Weg zeigen. Er hat gesagt: „Ich will euch nur den Weg zeigen, gehen müsst ihr ihn selber!" Und damit will ich heute den Vortrag schließen meine Freunde. Auch ich kann euch nur den Weg zeigen, gehen muss ihn jeder wirklich selber, aus eigener Kraft, aus eigenem Glauben, aus eigenem Vertrauen. Danke für die Aufmerksamkeit.

Peter Györfy: Ich muss meinen Senf noch dazu geben. Bei Rosenheim ist mir etwas eingefallen. Es hat ja, wie du erzählt hast, Menschen gegeben, die geheilt wurden, aber sie sind durch ihr Umfeld wieder abgefallen. Und das ist auch eine Schwierigkeit für uns alle. Das in die Tat umzusetzen und knallhart dabei zu bleiben, was wir als richtig empfinden. Ich habe oft schwerkranke Leute um mich, die operiert wurden. Die an sich wieder gesund sind, aber durch ihr Umfeld, durch die Ehemänner, durch die Kinder, durch die ganze Familie daran gehindert werden, bei dieser Einstellung zu bleiben. Ich weiß nicht, ob sie mich verstehen können? Ich habe das selber miterlebt im Krankenhaus, in der Kasse, wir haben Brustkrebs operierte Patientinnen, die alle miteinander, das kann ich behaupten, erkannt haben, was in ihrem Leben falsch gelaufen ist. Mit welcher falschen Einstellung sie gelebt haben. Sie haben das alle erkannt und setzen es auch in die Tat um. Sie ändern sich, aber ihr Umfeld behindert sie oft daran. Die Menschen verstehen sie nicht, dass sie krank waren und unterstützen sie nicht dabei. Diese Problematik, die damals in Rosenheim bestanden hat, besteht auch heute noch. Und deswegen habe ich am Anfang auch gesagt, es ist nicht wichtig die Theorie, sondern es ist die Praxis wichtig. Und die ist oft sehr hart. Es ist wirklich sehr hart, das in seinem eigenen Leben in die Tat umzusetzen. Der liebe Gott, bin ich drauf gekommen, setzt uns oft einmal Prüfungen vor die Nase, in welcher Form auch immer und wir haben die Möglichkeit, zu entscheiden, aus eigenem Antrieb zu sagen, ich mache das, setze das um. Ich habe nicht die Möglichkeit zu sagen, zu entscheiden, welche Lektion ich lernen soll. Ich habe immer nur die Möglichkeit, zu entscheiden, ob ich diese Lektion lernen möchte. Das ist das, was ich noch dazu sagen wollte. Die Problematik von damals besteht heute noch und nicht nur für diese Dame, sondern eigentlich für uns alle. Jeder hat irgendwas in die Tat umzusetzen und tut sich mehr oder weniger oft immer schwer damit, dabei zu bleiben, was er als richtig empfunden hat. In diesem Sinne wünsche ich Ihnen die Kraft und die Überzeugung, das umzu-setzen, was Sie vom Herz her, vom Gefühl her, vom Herzensgefühl her, als richtig empfinden. Nicht vom Kopf her, sondern vom Herz her. Alles Gute.

Fredy: Ich möchte noch was dazu sagen. Also, die Prüfungen werden nicht von Gott geschickt, aber sie werden von Gott zugelassen. Das heißt, wir begeben uns durch unser Tun, durch unser Denken und Handeln in die Situation, wo wir eine Prüfung auf uns zukommen sehen. Also wir sind die Ursachen der kommenden Prüfungen. Gott zwingt niemanden, sondern er lässt es zu. Das Einzige, was Gott dann macht, ist seine Hilfe. Er lässt es zu und wenn wir aber dann auf ihn hören, wenn wir auf ihn vertrauen, dann können wir die Prüfung, die wir selbst erzeugt haben, leichter überwinden. Darum müssen wir, der Bruno Gröning hat's auch gesagt: „Gott schickt keine Krankheit. Die Krankheit ist die Folge unseres falschen Verhaltens. Unseres falschen Denkens. Unserer falschen Lebenseinstellung, ist die Krankheit, bzw. das Problem die Folge, das ist Karma!" Selbst geschaffene, selbst aufgebaute Energie ist Karma. Und wenn wir zum Schluss noch überlegen, ja was ist denn dann die göttliche Kraft? Die göttliche Lehre? Was ist denn dann der Christusweg? Christusweg wirkt dann, wenn wir, meine Freunde, wenn wir alle Schuld überwunden haben. Alle negativen Vorstellungen, alle negativen Einstellungen. Wenn wir lernen, loszulassen. Dann sind wir erlöst. Ich weiß, dass das schwer ist. Das ist der einzige Weg, loszulassen. Jetzt werden wir uns noch einmal einstellen. Wir lassen los und übergeben uns der göttlichen Führung, und der göttlichen Kraft, danke schön.

Musik: Russisches Vater unser

Mitschnitt vom 07.08.2004

**Warum greift Gott nicht ein**

Name unbekannt: Lieber Hosp ergreife die Initiative, wir sind bereit, wir folgen.

Fredy: Liebe Freunde ich möchte alle recht herzlich begrüßen. Man spricht so oft das Wort Gott aus, aber was Gott wirklich ist, wer Gott wirklich ist und das wissen die meisten selbst fast zu wenig. Z.B. gibt es Menschen, die glaubten, Gott schickt ihnen die Krankheit. Es gibt Menschen, die glaubten, Gott straft, usw. Und das ist eben der große Irrtum, mit dem Bruno Gröning aufgeräumt hat. Gott ist eine Energie, eine Intelligenz, ein Schöpfer, von dem überhaupt nichts Ungutes ausgehen kann. Wenn wir das Göttliche in uns verwirklichen, jeden Tag, jede Stunde, jede Minute beherzigen, so kommen wir mit dem Unguten überhaupt nicht in Berührung. Das muss man bedenken, meine Freunde. Es wird oft etwas Ungutes herangetragen, von außen, oder auch von den Massenmedien. Es kommt nun darauf an, dass wir innerlich nicht reagieren. Dass wir das wohl zur Kenntnis nehmen, aber sagen, das ist nicht unser Problem. Das geht uns nichts an. Wir bemühen uns das Gute, die Harmonie, zu verwirklichen. So kommt es oft vor, dass etwas an den Menschen herangetragen wird, wo er sich gerne ärgern möchte, ist ja klar. Aber wir müssen bedenken, dass man nicht immer mit der Gerechtigkeit agieren soll. Das heißt, wir sollen nicht immer aufgrund der Gerechtigkeit reagieren, meine Freunde. Denn die Gerechtigkeit ist das, wo in Wirklichkeit die Liebe, die geistige Liebe zu Hause ist. Und wenn wir einen Menschen also beurteilen wollen, wenn wir über ihn urteilen wollen, so ist es schon nicht in Ordnung, weil wir nicht den Menschen beurteilen können. Selbst den Bruno Gröning, sondern höchstens verurteilen. Und da sollen wir sehr vorsichtig sein, mit dem, was wir planen. Wir sollen auch vorsichtig sein, wenn man sagt, der oder jener ist es nicht wert, dass ihm geholfen wird. Der oder jener hat die Reife nicht dazu, wie man oft so hört. Oder in den Kreisen gehört zu werden. Meine Freunde, jeder Mensch hat den freien Willen. Jeder Mensch kann kommen, jeder Mensch kann gehen, jeder Mensch kann an unserer Gemeinschaft teilnehmen, ohne irgendwelche Grenzen zu setzen. Wir sind ein Verein und aufgrund dieses Vereins, geben wir den Menschen die Freiheit. Wir dürfen nicht eingreifen, wir dürfen nicht bestimmen. Wir dürfen den Menschen nur beraten und ihnen den Weg zeigen. Jede Einengung meine Freunde, jede Behauptung, so ist es, ist schon eine Begrenzung. In Wirklichkeit ist Gott unbegrenzt und die göttliche Weisheit, das göttliche Leben, also das Leben in Gott. Es gibt soviel Variationsmöglichkeiten. Dass wir nie sagen können, das ist gut oder das ist nicht gut. Wir können nur zu uns selbst sagen, was gut ist. Wir können uns selbst beurteilen und aufpassen, dass wir nicht irgendwo in ein Eck abrutschen, wo man dann nicht mehr weiß, was zu tun ist. Bruno Gröning hat jedem die Freiheit gegeben zu ihm zu kommen. Er hat ihnen sogar die Freiheit gegeben zu glauben an das Gute. Wo er gesagt hat: „Sie brauchen mir nicht glauben, aber überzeugen Sie sich von der Kraft des Guten!"

Und wenn alle Freunde Bruno Grönings das getan hätten, dann wär heute eine ganz große Einheit vorhanden. Aber so gibt es immer wieder Menschen, die glauben, urteilen zu müssen. Obwohl sie nicht wissen, was damit gemeint ist.

Nun meine Freunde, Bruno Gröning hat gesagt: „Jeder der den anderen verurteilt, oder jeder, der den anderen ausgrenzt, muss die Folgen von dem tragen, was er tut!"

Damals meinte z.B. ein Begleiter von Bruno, war der Dr. Trampler, der Kurt Trampler, von dem das Buch stammt, die große Umkehr. Warum eine Trennung zustande gekommen ist, warum sich die beiden fähigen Männer getrennt haben, will ich nicht beurteilen. Tatsache ist aber, dass der Dr. Trampler behauptet hat, er kann auch heilen. Obwohl Bruno gesagt hat: „Kein Mensch kann heilen, sondern nur Gott kann heilen!" Und er hat auch Heilerfolge gehabt, weil er die Methode von Bruno Gröning angewandt hat. Und da haben wir Bruno Gröning gefragt, ja wieso? Der arbeitet doch gegen Sie. Warum entziehen Sie ihm nicht die geistige Energie? Und Bruno Gröning hat gesagt: „Das kann ich nicht! Damit würde ich vielen, vielen Menschen, die an die Kraft von Trampler glauben, nur schaden. Er muss die Folgen von dem tragen, was er tut. Aber entziehen, die Heilkraft entziehen das geht nicht. Dann müssten viele andere Menschen auch darunter leiden!" Seine zweite Frau, die Monika Trampler, die ist viel jünger gewesen wie er. Und sie ist Heilpraktikerin und hat auch ein Buch geschrieben, über die Heilkraft. Aber, sie hat Bruno Gröning in keinem Wort erwähnt. Die tun so, als wenn es aus ihrer eigenen Erkenntnis käme. Und ich hab die Monika Trampler angerufen, weil wir das Buch, die große Umkehr, neu aufgelegt haben, ob sie damit einverstanden ist. Und dann hat sie mir klipp und klar gesagt: „Mit dem hab ich nichts zu tun. Machen Sie, was Sie wollen." Na gut, dann haben wir gemacht, was wir wollen und haben das Buch neu aufgelegt.

Also es gibt so viele Menschen, die glauben, dass sie dann von sich aus heilen können. Und Bruno Gröning hat gesagt: „Kein Mensch kann heilen, er kann nur den Weg zeigen, zum Heil." Also, wir sind auf uns selbst angewiesen, indem wir das Richtige tun. Indem wir nach Möglichkeit positiv denken und nicht aus der Harmonie mit Gott heraus zicken. Es möge z.B. jeder überlegen, wenn ich selber überlege, ob er im geistigen Grund im Herzen irgendwie einen Groll, oder eine Enttäuschung hat? Und das hindert ihn schon wieder, das Gute voll aufzunehmen, das Gute voll in die Tat umzusetzen. Sehr gefährlich sind die erlebten Enttäuschungen, wo man glaubt, man hat ein Recht zu sagen, mit dem will ich nichts zu tun haben. Nicht einmal das sollen wir tun. Wir sollen uns befreien und sollen den anderen die Freiheit lassen, diese indirekten Spannungen aufzulösen. Auf jeden Fall ist es so wichtig, dass wir keine Spannungen in uns haben. Dass wir keine Enttäuschungen haben. Dass wir keinen Menschen sozusagen verurteilen, indem wir sagen, mit dem will ich nichts zu tun haben. Man muss es nicht, sozusagen von selber kommen. Denn man muss dem anderen die Freiheit lassen, das auf jeden Fall, auf seine Weise zu bereinigen, was bisher nicht in Ordnung war. Bruno Gröning hat gesagt: „Lassen wir immer eine Tür offen, nur einen Spalt der Tür, schlagen sie nie die Tür zu!" In keiner Situation soll man die Tür zuschlagen. Denn dadurch begrenzen wir uns und dadurch lassen wir unserem Geist nicht die Freiheit, uns auf den richtigen Weg zu führen. Und das sind die ganzen Probleme, entstehen  dadurch, dass die Menschen immer glauben, sie müssten nach ihrer Vorstellung handeln. Es muss alles nach ihrer Vorstellung laufen. Und wehe, der andere sagt etwas dagegen, dann ist der andere immer der Böse, der Ungute, der Gemeine usw. Und das ist der Grund warum es auf der Welt so schrecklich zugeht. Der eine Mensch beschuldigt den anderen. Die eine Gruppe kämpft gegen die andere. Aber wo bleibt da Gott?

Gott ist der Schöpfer aller Menschen und Bruno Gröning hat gesagt: „Ich bin zu allen Menschen gekommen!" Zu allen Menschen, Freunde. Was bedeutet denn das? Er hat niemanden gezwungen, aber die Tür stand offen für alle. Und deswegen haben ihn auch oft andersgläubige Menschen, wie schon gesagt, besucht. Auch von einer anderen Hautfarbe. Menschen mit einer anderen Hautfarbe haben ihn besucht und waren froh, dass sie ihn gekannt haben. Und bei niemandem hat Bruno Gröning irgendeine Abwehrreaktion gezeigt. Sogar die Menschen, die ihm geschadet haben, hat er nicht von sich gewiesen. Sondern er hat sie sozusagen reifen lassen, um das zu erkennen, was im Unrecht war. Und ein Journalist, der ihn bekämpft hat, mit den gemeinsten Artikeln bekämpft hat, der gesagt hat: „Scharlatan und Schwindler" usw. Der hat dann einige Zeit später erkannt, dass das nicht in Ordnung war, was er gesagt hat. Und ist zu Bruno Gröning gekommen und hat gesagt: „Herr Gröning ich habe mein Unrecht eingesehen, bitte seien Sie mir nicht böse. Hat er gesagt: „Ich Ihnen böse? Nein. Ich war Ihnen nie böse und bin Ihnen nie böse. Sie müssen selbst die Folgen von dem tragen, was nicht in Ordnung ist. Und wenn Sie das bereut haben, so werden Sie keine Folgen tragen müssen!" Jeder, der sein Unrecht bereut und es wiedergutmachen will, der hat schon die Verzeihung vom Bruno. Aber, er muss beweisen, dass er es tut. Alles, was der Mensch tut, denkt, fühlt, plant usw., hat für ihn selbst Folgen. Wenn er Negatives denkt, so zieht er negative Folgen an. Wenn er Positives denkt, dann hat er die Hilfe Gottes. In jener Macht, wo es nichts Ungutes gibt. Da kommen oft die Fragen, warum lässt denn das Gott zu? Warum greift Gott nicht ein? Die Antwort ist, Gott greift deshalb nicht ein, weil er den Menschen die Freiheit gegeben hat. Und mit dieser Freiheit, man kann fast sagen, mit der Narrenfreiheit macht der Mensch Unfug. Aber, er hat dem Menschen auch die Möglichkeit gegeben, sich zu bessern. Also, immer wieder die Situationen durch Einsicht, diesen negativen Weg zu verlassen. Und einmal ist Bruno Gröning gefragt worden: „Herr Gröning, ist der Mensch nicht doch der Gnade Gottes teilhaftig?" Hat er gesagt: „Doch der Mensch ist immer der Gnade Gottes teilhaftig!" Und jetzt kommt es, er darf immer wieder neu anfangen. Er bekommt immer wieder einen Körper, wo er das gut machen kann, was bisher nicht in Ordnung war. Also muss man folgendes bedenken, daraus folgern, ist das Leben eine Gnade. Wenn wir einen Körper bekommen haben, damit wir lernen, so ist das eine Gnade Gottes, die uns zuteil geworden ist, damit wir den geistigen Weg beschreiten können. Und drum kann ich die Menschen nicht versteh'n, die mir begegnen und sagen: „Mei, bin ich froh, wenn mein Leben zu Ende ist, dann hab ich meine Ruhe." Nicht haben die ihre Ruhe, meine Freunde. Denn sie möchten, sie sollen dankbar sein, dass sie leben dürfen. Er hat gesagt: „Jeden Tag, jede Minute, wo wir leben dürfen ist eine Gnade Gottes!"

Einmal war es so, dass Bruno Gröning zu einer Familie gekommen ist und die haben gesagt: „Herr Gröning wir wissen keinen Rat, wir wissen keinen Rat mehr was wir tun sollen mit der Oma. Die Oma liegt im Bett und will sterben." „So so," hat er gesagt, „sie will sterben!" Ja, dann ist er hinauf gegangen. „Ja Oma, was ist denn los mit dir?" „Ja, ich mag nicht mehr, ich will lieber sterben." Hat er gesagt: „Na, Oma, anziehen, aufstehen, aufstehen Oma! Sie können noch nicht sterben. Sie sind noch in der Gnade Gottes, dass Sie weiterleben dürfen!" Hat er sie aufgejagt aus dem Bett und dreimal die Stiegen rauf und runter gejagt. „So, Oma!" Natürlich hat Sie einen Hunger gehabt, die Oma nachher. Und hat noch einige Jahre leben dürfen. „Oma", hat er gesagt, „man darf nie von sich aus sagen, dass man nicht mehr leben will. Weil das ist die Gnade Gottes, wo man da immer noch die Möglichkeit hat etwas dazuzulernen auf dem Weg zu Gott!" Bruno Gröning hat uns nämlich sehr oft gesagt, dass wir nicht nur so dahin leben, wie die Menschen es wollen. Dass wir z.B. eine Familie gründen, einen Beruf ergreifen usw. und sofort. Nein, der Mensch lebt, um geistig zu erkennen, geistige Erkenntnisse zu bekommen. Das ist der Hintergrund. Und wenn der Mensch das nicht tut, ...... Sicht aus lebt, meine Freunde. Dann ist geistig gesehen, das Leben umsonst. Weil von der geistigen Seite, von der göttlichen Seite leben viele Menschen so, dass ihr Leben zwecklos ist. Dass ihr Leben ganz im Gegenteil die Lage verschlimmert. Und da müssen sie eben, und dürfen sie noch einmal, sie dürfen wieder geboren werden. Nicht, sie müssen wieder geboren werden.

Und Bruno Gröning ist sogar weitergegangen und hat erklärt: „Bevor der Mensch wiedergeboren wird, also die Seele, oder das Geistwesen Mensch, wird er gefragt, der Mensch wird auch gefragt, ob er dieses Leben annimmt? Und der Mensch wird auch gefragt, ob er dann die Aufgabe erfüllen will? Und wenn der Mensch, der noch nicht verkörperte Mensch, weil der genau weiß, seine Schulden, seine geistigen Schulden ist er froh, wenn er einen Körper bekommt. Ist er froh, wenn er hoch und heilig seine Aufgabe versprechen darf. Und dann, ja ja, ich mache alles, ich will nur wieder einen Körper haben, um das gutzumachen, was ich schlecht gemacht hab. Das sind nicht meine Worte. Das sind die Belehrungen von Bruno Gröning gewesen. Ja und dann wird er wiedergeboren. Als Baby, mit einem kleinen Körper. Und jetzt kommt das Problem, dass der Mensch, das Kind nimmt nur alles von außen auf. Also, alles, was von außen gelernt wird, nimmt das

Kind auf. Und wenn es dann irgendwelche geistigen Erkenntnisse hat, so machen wir also den Fehler zu sagen, jetzt hör doch auf mit deinen blöden Fantasien. Und so wird die Erinnerung unterdrückt. Und das Leben geht weiter, und dass die Seele es leicht hat, auf die Aufgabe zu vergessen. Auf das Versprechen vergessen. Die der Geist vor seiner Geburt gegeben hat. Und dann läuft ebenso vieles schief.

Und es läuft sogar soviel schief, dass viele Menschen ihr Schicksal verschlechtern anstatt zu verbessern usw. An einer Stelle im Vortrag sagt Bruno Gröning: „Solange der Mensch sich nicht an das Vorleben und an seine Aufgabe erinnert, muss er immer wieder einen neuen Körper bekommen. Und der Kreislauf beginnt von neuem. Daher soll sich der Mensch bemühen, zunächst in sich hineinzuhorchen, was für eine Aufgabe habe ich bekommen? Mit welcher Aufgabe bin ich auf diese Welt gekommen? Man findet es vielleicht. Und dann soll man  gegen jede Logik zu dem ja sagen, was auf einen zukommt. Man soll Vertrauen haben meine Freunde, in die Zukunft. Und man soll sich freuen, auf das, was man tun kann. Und da hat Bruno Gröning auch zu mir gesagt: „Du hast die Wahl Fredy, entweder du gehst den geistigen Weg und machst die notwendigen Fortschritte, oder du lehnst das Geistige ab, und bleibst immer wieder in diesem behinderten körperlichen Zustand!" Blöd wär ich gewesen, wenn ich nicht ja gesagt hätte. Also hab ich ja gesagt. Dass ich natürlich mit diesem ja, so und so viele Aufgaben machen musste, von denen ich keine Ahnung habe, ist auch Gnade Gottes, meine Freunde. Und so sollen wir auf dieser Erde leben, um gut zueinander zu sein. Seid gut zueinander heißt es, und streitet nicht und streitet nicht. Wie ich gesagt hab, der eine sagt so und der andere sagt so und jeder will recht haben, um das geht es meine Freunde. Es geht nicht darum, dass man verschiedener Ansicht ist. Es geht darum, dass man diese Ansichten harmonisiert und dann gemeinsam weiterarbeitet. Auf einem Band sagt Bruno Gröning und zwar war das im Juni 1958, hat er über die Vereine gesprochen und gesagt: „Es gibt den deutschen Verein und es gibt den österreichischen Verein!" Es soll aber die Zeit kommen, wo diese beiden zusammen arbeiten. Beide Vereine sind ein Werk. Das Werk des Guten. Und jetzt kommt das Problem. Derjenige des Vereins, der geistig am meisten gelernt hat, der am meisten gearbeitet hat, der soll die Führung übernehmen. Es soll nicht gestritten werden. Es soll kein Zankapfel sein. „Wenn es so weit ist", hat er gesagt, „dann werde ich bestimmen", also er wird bestimmen, „wer die meisten Werke geschaffen hat!" Meine Freunde, wer wird so weit sein sagen wir mal, wenn wir alle Freunde Bruno Grönings zusammennehmen, mit den verschiedensten Interessen. Wer ist so weit, dass er sagen kann, so wir arbeiten zusammen und wir wollen gemeinsam das Werk aufbauen. Das ist die Aufgabe in der Zukunft. Es ist sogar die Aufgabe in der nahen Zukunft, meine Freunde. Dass jeder, das Seine dazu gibt, z.B. innerhalb der Freunde Bruno Grönings, dass wir zusammenarbeiten und gemeinsam weiterarbeiten. Wer ist bereit, frage ich? Hier im Kreis merkt man es, wer ist bereit zu sagen, wir wollen das tun, kurze Frage? Der Mensch hat die Freiheit. Ich hab den Freunden gesagt, ich bin zu allem bereit. Ich lehne nur jede Begrenzung ab. Gute Antwort, gel, zu allem bereit. Aber jede Begrenzung lehne ich ab. So, das werden wir sehen.

Weil ich weiß, was Bruno sich vorgestellt hat, Bruno Gröning. Ich weiß, dass er, dass er das Werk wirklich von Menschen betreut haben wollte. Die nur eines haben, nämlich den guten Willen. Die aber kein Bestreben haben, kein Machtbestreben, kein Herrschaftsbestreben. Soll man denn friedlich zusammenarbeiten wollen und werden? Es gibt so viele Hinweise Bruno Grönings, dass was alles getan werden soll. Und wisst Ihr, was ich bemerkt habe? Jeder pickt sich das heraus, was ihm angenehm ist. Jeder die Worte vom Bruno so, wie sie ihm genehm sind. Und da sind die Menschen und ich frage mich oft, warum lehnen sie die Notwendigkeit der Reinkarnation vehement ab. Eine Dame im Ausland soll gesagt haben, mit der Wahl. Ich scheiß auf Reinkarnation. Hat sie ein Glück gehabt, dass ich nicht dabei war, denn ich hätte geantwortet, na, dann werden sie bald selber in der Scheiße sitzen. Ja, so war es ja insofern also, so gegen das Natürliche, verbindlich sind die Menschen. Und sie tun sich sehr, sehr schwer, das Natürliche zu empfinden. Sie wollen eben eine Rolle spielen. Bruno Gröning hat gesagt: „Spielen sie die Rolle Ihres Lebens, aber spielen sie nicht mit dem Leben. Und wenn sie die Rolle gut spielen, dann werden sie nach dem Leben belohnt. Und wenn sie die Rolle schlecht spielen, so bestrafen sie sich selbst, mit dem, was sie getan haben. Gott straft nicht!" Gott im Gegenteil, die Menschen, die die Rolle schlecht gespielt haben, die bekommen die Gnade, einen neuen Körper zu bekommen. Aber gleichzeitig müssen sie mit einem neuen Körper das mitmachen, also erleben, was sie bei den anderen schlecht gemacht haben. Das ist die Gerechtigkeit, meine Freunde. Jeder muss das an sich ertragen, was er dem andern für Schmerzen bereitet hat. Sogar im übertragenen Sinn das Wort von Jesus aus-legt, dass er gesagt hat: „Was ihr dem geringsten meiner Brüder Gutes getan habt, das habt ihr mir Gutes getan. Und was ihr dem geringsten meiner Brüder angetan habt, an Schlechtigkeiten, das habt ihr mir angetan!"

Wobei er gemeint hat, die ganze Welt schwingt in einem Bad der Gerechtigkeit. Von Gott also von Gott eingesetzten Gerechtigkeit. Aber nicht so wie es der Mensch sieht. Sondern wie es von Gott aus gesehen wird. Jeder muss die Folgen von dem tragen, die guten Folgen und auch die schlechten Folgen.

Und dann hat er noch etwas gesagt, dass es doch Menschen gibt, die sagen, Christus hat uns erlöst und wir brauchen nicht wieder geboren werden. Hat er gesagt: „Und wenn der Mensch, die ganze Schuld abgelegt hat, aufgelöst hat, die er aufgebaut hat, die ganze

Schuld, die Ganze, wie soll ich sagen? Alles, was nicht in Ordnung war. Wenn er das abgebaut hat, dann erst hat er die Gnade, in Gott einzugehen. Und muss nicht wieder geboren werden. Er kann freiwillig kommen, um den Menschen zu helfen. Aber das Schwache ist nur so lange gegeben, solange nicht in der Harmonie mit Gott gelebt wird!" Logisch, was? Nun meine Freunde, jeder muss darüber nachdenken, muss darüber nachdenken. Wie weit bin ich auf dem Weg zu Gott fortgeschritten? Wie weit bin ich so, dass ich keinem Menschen mehr folgen brauch. Dass ich nicht menschenhörig bin. Dass ich mich nicht begrenze, dass ich mich nicht aufrege, dass ich mich nicht ärgere. Dass ich nicht danach denke, na der wird schon seine Strafe bekommen. Nicht einmal das, nicht einmal das dürfen wir tun. Dass wir über einen Menschen sagen, der wird schon seine Strafe bekommen. Das ist nicht unser Problem, hat der Bruno gesagt. Jeder hat seine Aufgabe. Jeder hat sein Schicksal sich selbst geschaffen und keiner darf den anderen verurteilen. Ist ja genauso ein weiser Spruch, dass man sagt, der Mensch sieht immer den Splitter im Auge des andern und den Balken im eigenen Auge sieht er nicht. Mhh komisch, so alt ist der Spruch, so alt ist die Erkenntnis. Und immer wieder macht der Mensch den Fehler, weil er zu wenig übergeordnete Liebe ausstrahlt. Ich sage übergeordnete Liebe, wenn ein Mensch, der uns beleidigt hat gel, der uns gekränkt hat, der uns schaden wollte, plötzlich auftaucht, wie reagieren wir? Lassen wir ihn ins Haus hinein, oder nicht? Lassen wir einen Menschen, der einem Verschiedenes angetan hat ins Haus herein, ja oder nein? Sind wir vorsichtig, man kann ja sagen mit dem will ich nichts zu tun haben. Dann verurteilen wir den Menschen. Man kann aber auch sagen, gut, gut komm herein. Verschiedene Weisen, hab ich gestern erlebt. Ja, komm rein. Und die Spannung, die jahrzehntelange Spannung war plötzlich weg. Ich hab die Wahl gehabt, ja oder nein zu sagen. Das war eine sehr große Belehrung für mich auch. In jeder Weise ist das eine Entscheidung gewesen, ist ja egal. Also, ich kann ganz so überzeugt davon sprechen, weil ich es tun konnte. Und ich rate jedem Menschen, jedem Freund, wenn er vor diese Situation gestellt wird, das ist eine Prüfung, steht man darüber, oder steht man nicht darüber? Man kann hundertmal sagen, ich stehe darüber. Und dann steht der Mensch im Zimmer. Und dann weiß man, ob man darüber steht oder nicht. Das ist die Lebensaufgabe, dass man das immer wieder beweisen muss, dass ich selber beweisen muss. Dass man das wirklich in die Tat umsetzt, wovon man so schön spricht. Wie sagt man, was wir predigen im freien Denken, ist ein altes Sprichwort. Aber man muss auch da beim Wasser bleiben, wenn man da …... meine Freunde. Ich wollte damit sagen, man kann tausendmal sagen, millionenmal sagen, man kann jede Sekunde sagen, ich stehe darüber. Das ist vorbei. Und dann kommt die Prüfung. Und die Prüfung, das ist so gemein, die kommt unerwartet, ohne Vorbereitung, kommt die Prüfung. Und wenn man diese Prüfung wirklich besteht, ehrlich besteht, dann hat man es überwunden. Früher nicht, meine Freunde, früher nicht, da belügt man sich selbst. So ist das Leben. So ist die geistige Schule, meine Freunde. An den Taten werdet ihr sie erkennen. Bitte schön, nicht an den Worten, so ist das. Und man hat auch in dieser Prüfung die Freiheit, ja oder nein zu sagen. Die Freiheit wird einem gegeben, man hat in jeder Sekunde die Freiheit, meine Freunde. Aber man muss auch achten, man soll acht geben, dass man an dieser Freiheit nicht schuldig wird. Denn mhh, was wär es denn gewesen, wenn ich nein gesagt hätte? Ein Verurteilen, wäre die Spannung aufgelöst gewesen? Nein, hätte ich die Wucht. Mit jedem nein begrenzt man sich. Da begrenzt man sich. Weil man dem anderen die Freiheit nimmt, das Gegenteil zu beweisen. Also es ist wirklich nicht einfach das Leben, meine Freunde. Das Leben ist immer wieder ein Tun, ein Tun in der Verantwortung. Und noch ein Beispiel, nachdem, wenn sie sich entschieden haben, weiß man, ob man es richtig getan hat, oder ob man Blödsinn getan hat. Aus Sturheit ein Blödsinn, meine Freunde. Ja, es ist so wunderschön, wenn es einem gelingt, das Gute in die Tat umzusetzen. Immer das Gute in die Tat umzusetzen. Was der andere draus macht, geht uns nichts an. Und jeder Mensch, der nein sagt, egal wegen was, belastet sich durch dieses nein in jeder Hinsicht. Das soll man auch bedenken. Und da ist es so wichtig, enorm wichtig, bewusst zu handeln. Bewusst zu denken. Bewusst zu fühlen. Ja, so ist das Leben. Bereiten wir uns vor, wir reden immer so groß, meine Freunde. Wir stehen darüber. Wir stehen darüber. Momentan steht man nicht darüber. Und dann, wenn die Zeit vergeht, bildet man sich ein darüberzustehen. Mhh und dann, wenn man dann das nächste Mal einen Anruf bekommt, mhh, dann zuckt man oft zusammen. Oje, oje ich stehe ja noch immer nicht darüber. Also achtgeben, auf die Gedanken, auf die Gefühle, auf die Reaktionen. Und noch etwas meine Freunde, wenn man eine Belastung und eine Spannung mitschleppt, das ganze Leben mitschleppt, mhh so ist das eine Bindung, die auch nach unserem Ableben besteht. Und wenn man das nicht jetzt löst, so muss man immer wieder, oder öfter die gleiche Situation erleben. In einer anderen Variante, solange, bis das Problem gelöst ist. Und ich hab gefühlt meine Freunde, dass die andere Seite auch beobachtet gestern. Ich bin auch froh, dass es jetzt gelöst ist, obwohl wir nur eine halbe Stunde miteinander gesprochen haben, über belanglose Dinge. Aber die beiden Seelen, die haben zueinander gefunden. Und dazu bin ich sehr dankbar dafür, dass ich doch fähig war, oder fähig bin, über den Dingen zu stehen. Weil ich erkannt habe, dass das Leben weitergeht. Jeder Mensch, soll erkennen, dass das Leben immer weitergeht. Und jede Begrenzung ist eine Belastung, meine Freunde. Und jede Los-lösung, wie der Bruno gesagt hat: „Die Lösung ist eine Erlösung!" Ach, der Bruno hat so viel gesagt, so viel wichtige Dinge. Man wundert sich, dass gerade andere Menschen, das was Bruno gelehrt hat, zum Anlass nehmen, sich selbst weiter zu begrenzen und zu sagen, ja der Bruno, was er auf den Tonbändern gesagt hat, das nehm ich an. Das andere ist nicht die Lehre Bruno Grönings. Und Sie nehmen nicht einmal das an, was er auf den Tonbändern gesagt hat. Nicht einmal das. Oje, in ihrer Verbohrtheit, in ihrer Sturheit und in ihrem Machtbestreben, meine Freunde. Mhh, was ist die Macht? Da liegt der Körper leblos da. Wo bleibt die Macht? Wo bleibt das, was der Mensch behauptet hat? Wenn der Körper am Ende ist, wenn der Körper nicht mehr kann. Das muss jeder bedenken.

Ich hab gehört, ich hab eine Bekannte im Pflegeheim, die jeden Tag erleben muss, wenn die Menschen heimgehen. Und sie hat gesagt: „Man macht sich keinen Begriff, was da geschieht. Manche geben den Körper ganz leise und ausgeglichen und still ab. Und manche toben, manche schreien. Manche sagen, ich will mit dem oder jenem Verwandten sprechen, mit dem ich ein ganzes Leben im Streit war." Da dürfen die alle kommen und alles dazu tun, dass diejenigen an das Sterbebett kommen. Mhh geht aber nicht. Weil sie ihn vielleicht nicht fragen können, oder vielleicht in Amerika sind, oder irgendwo auf der Welt. Und kümmern sich einen Schmarren drum, dass der andere sich versöhnen möchte. Zu spät, meine Freunde. Man soll rechtzeitig danach trachten, die Dinge in Ordnung zu bringen. Oder in Ordnung zu halten. Drum hat auch Bruno Gröning gesagt: „Denken sie stets daran. Handeln sie stets so, als wäre es Ihr letzter Tag!" Mhh das alles in Ordnung ist, jeden Tag alles in Ordnung. Ach, der Bruno hat sehr viel gesagt. Man darf es nicht vergessen! Man soll es nicht vergessen!

Und jeder, der Bruno Gröning versprochen hat, für ihn zu arbeiten, für das Werk zu arbeiten, hat für sich selber eine sehr, sehr große Aufgabe angenommen. Nämlich selbst das zu tun, was er von anderen verlangt. Das ist die Aufgabe, die wir im Werk haben. Ja, solange im Werk und bemühen das zu tun.

Ich rate allen Freunden, auch selbst die Mühe auf sich zu nehmen und sich immer wieder zu prüfen, stehe ich darüber, wenn mich jemand beleidigt hat? Stehe ich darüber, wenn mich jemand unschuldig beschuldigt? Stehe ich darüber, wenn mir jemand, etwas an den Kopf wirft was nicht stimmt? Jeder soll sich fragen, jeder hat die Freiheit. Denn wenn er auf seiner Entbehrung sitzen bleibt und schmollt, mhh, wunderschön schmollen, oder er kann wirklich sagen, das ist nicht mein Problem. Das soll der andere in Ordnung bringen. Diese Wahl im geistigen Leben haben wir immer. Aber es ist auch die Aufgabe des geistigen Weges, dass wir das in die Tat umsetzen. Jeder Gedanke, meine Freunde, der nicht in Ordnung ist, belastet den Menschen. Und jeder Gedanke, der in Ordnung ist, befreit den Menschen .......

Ja meine Freunde, dass ich immer wieder ein Wort gesprochen, eine Erklärung gegeben, von der ich vorher keine Ahnung hatte. Wie ich gekommen bin, ja was werden wir heute durchnehmen, hab ich mir gedacht. Und dann ist gekommen, wir müssen das tun, was Gott von uns verlangt. Oder erwartet, er verlangt ja gar nichts. Er erwartet es ja nur. Er hat die geistigen Gesetze geschaffen. Und anhand dieser geistigen Gesetze sollen wir leben. Sollen wir handeln. Sollen wir denken. Ja, ist richtig, sollen wir entscheiden. Mehr verlangt Gott gar nicht. Mehr ist auch gar nicht nötig, denn die Schöpfungsgesetze sind so vollkommen, meine Freunde. Das keine Korrektur von Gott aus nötig ist. Und es steht auch in der Bibel. Am siebenten Tag betrachtete Gott seine Schöpfung und sah, dass sie gut war. Mhh von ihm aus ist die Schöpfung gut. Was der Mensch draus gemacht hat, ist nicht Sache Gottes. Ist Sache des Menschen.

Herr Wallner: Bitte darf ich was dazu sagen?

Fredy: Ja!

Herr Wallner: Ich glaube, wir brauchen eine Quelle, eine gute Quelle, die uns sagt, so musst du machen, so musst du machen. In erster Linie glaube ich müssen wir wissen, dass für uns das Wissen etwas ganz Wichtiges ist. Damit wir mit diesem Wissen uns öffnen und das in uns hineinlassen, was wir von höherer Warte, als nicht menschenhörige Wesen bekommen müssten. Damit wir das empfangen können und mit dem höheren Wissen dann arbeiten können.

Fredy: Ja, im Grunde genommen ist das die innere Stimme. Die innere Stimme sagt, du lässt mich jetzt in Ruhe. Ich will machen, was ich gern möchte.

Herr Wallner: Er muss unbedingt wissen, dass er sich frei machen muss von dem Gedanken, es gibt ja gar keinen Herrgott, es gibt ja keinen Gott, es gibt ja das nicht, und damit will ich nichts zu tun haben. Das ist ja die größte Krankheit von uns. Wenn wir uns einmal öffnen, unser Herz so geöffnet haben, dass Gott hinein kann mit seinen guten Gedanken, wir empfangen ja. Alle guten Gedanken empfangen wir. Und damit diese guten Gedanken in uns hinein können, müssen wir bereit sein, dass wir die Erkenntnis, selbst das Göttliche zu sein. Dass wir das aufnehmen können.

Fredy: Ja, da gehört Bescheidenheit dazu. Der Bruno, der hat so viel gewusst. Der soviel gekonnt hat. Hat er immer wieder gesagt: „Ich bin nur der kleine Bruno!" Hat er gesagt, man muss sich klein machen vor Gott, um sich führen zu lassen, das ist es. Wenn der Mensch eigene Gedanken hat und eigene Vorstellungen, dann unterbrechen wir die Sendung des Guten. Das ist das Problem.

Herr Wallner: Es hat jeder die Aufgabe, seinen Weg sich zu bereiten und soweit freizumachen, dass das Göttliche überhaupt in ihn hinein kann. Das was er gesendet, das heißt durch seine innere Stimme, das Richtige in Erfahrung bringt.

Fredy: Wer ist z.B. bereit, jederzeit bereit, zu sagen, nicht mein Wille geschehe, sondern dein Wille. Wer ist immer bereit zu sagen und zu denken und zu handeln, sich führen zu lassen. Nur in Eigenheit, dass man die Führung Gott übergibt. Aber, wenn es dann irgendwie nicht passt, so greift man in die Speichen des Lenkrades und wusch, liegt man im Graben. Weil, ja warum hat mich der liebe Gott nicht davor geschützt, hat er gesagt. Da gibt es einen guten Witz, den muss ich erzählen. Ein Pfarrer ist verunglückt gel und liegt halt schwer verletzt im Graben. Kommt die Rettung vorbei und sagt, kann ich ihnen etwas helfen? Nein, nein, Gott wird mir helfen. Gut, da fährt die Rettung weiter und dreimal kommt die Rettung und dreimal lehnt er die Rettung ab, der gute Pfarrer. Und dann stirbt er natürlich und kommt zu Gott. Sagt er, sag mal, ich hab so auf dich vertraut, warum hast du mir nicht geholfen? Hat er gesagt, ich hab dir dreimal die Rettung geschickt, du Depp du. Warum hast du die Hilfe nicht angenommen? Guter Witz, gel? Ein Witz mit Hintergrund. Und zwar deshalb, weil er immer dies wollte, was er sich vorgestellt hat. Es wollen Menschen immer nur geheilt werden. In jeden Preis geheilt werden. Aber der Bruno hat gesagt: „Es kommt der Tag, der von Gott bestimmte Tag, wo das Leben zu Ende ist. Mein Freund, der Tod", hat der Bruno gesagt, „wenn jemand schwer krank ist, dann sind wir beide am Bett von diesem Kranken. Und dann bestimmt Gott, wer tätig sein soll. Wenn das Leben weitergeht, darf ich helfen. Und wenn nicht, dann übergebe ich den Menschen, meinem Freund den Tod", hat der Bruno gesagt. Also, wir sind keine Gegner wie die Leute glauben. Wir sind Freunde, die so handeln wie eben die Situation ist.

Herr Wallner: Ich glaube, es ist gut, wenn wir so ehrlich und aufrichtig sind zu jedem, wenn wir helfen wollen, wenn wir sagen, wir sind nur Übermittler, Übermittler der Erkenntnis, dass er sich selbst heilen muss. Dass er nur selber imstande ist, seine Unordnung wieder in eine Ordnung zu verwandeln.

Fredy: Und dann noch etwas, was sehr interessant ist, was Bruno Gröning gesagt hat. Wenn einer hinübergehen darf und seinen

Körper ablegen kann und auch die Belastung auch ablegt, dann ist es die größte Heilung.

Wenn er seine Belastung mitnimmt, weil er nicht versteht? Dann nimmt er sie mit und es kommt wieder im nächsten Leben. Aber wenn einer frei ist und alles freigibt, dann ist es die größte Heilung.

Herr Wallner: Die vollkommenste auf alle Fälle.

Fredy: Bitte!

Herr Wallner: Die vollkommenste Heilung.

Fredy: Ja, da braucht man's nicht mitnehmen, nicht mit schleppen. Hab ich ein bisser'l zu viel gesagt heut? Sind Sie auch damit einverstanden, was ich gesagt hab?

Unbekannter spricht: Ja auf jeden Fall.

Unbekannte spricht: Darf ich noch einen Spruch sagen? Erlösung kommt von innen, nicht von außen und wird erworben, mehr als dir geschenkt. Jetzt weiß ich nicht mehr weiter, ich habe es aufgeschrieben, ist mir noch nie passiert, dass ich es vergessen habe. Ach ja ich weiß es schon wieder. Und wird erworben mehr als dir geschenkt. Sie ist die Kraft des Innern, die von draußen rückstrahlend deine Schicksalsströme lenkt. Was fürchtest du? Es kann dir nur begegnen, was dir gemäß und was dir dienlich ist. Ich weiß den Tag, da du dein Leid wirst segnen, dass dich gelehrt zu werden, was du bist.

Fredy: Ja, Bruno Gröning hat zu mir gesagt, ich soll Gott für den Körper danken, den ich habe. Das war so wichtig.

Herr Wallner: Wo hättest du diese Erkenntnis bekommen können, sonst? Wäre nie, nie etwas erreicht worden.

Fredy: Und dann hat er noch gesagt, ich bin ein Segen für die ganze Familie, wenn die Familie mich annimmt, so hat er gesagt.

Herr Wallner: Darum dreht es sich ja. Die Erkenntnis haben, dass wir es annehmen. Wirklich mit einem bereiten Herzen annehmen. Denn dann kommt ja auch das Wissen, dann kommt auch das, was er braucht, um weitergehen zu können. Das ist ja das Wichtigste.

Fredy: Ja, und wenn man es Gott übergibt, die Zukunft, aber wirklich übergibt, dann erlebt man sehr große Überraschungen. Weil man nicht mehr begrenzt ist. Ja meine Freunde, machen wir noch eine Musik. Tun wir uns noch gemeinsam einstellen.
Musik: J. Pachelbel, Kanon in D-Dur


Mitschnitt vom 15.01.2005 im Kulturzentrum in Graz

**Gott ist alles was um und in uns ist**

Musik: Pacheibel Kanon
Peter Györfy: Ich hoffe, dass Sie genug Elan haben, für das neue Jahr. Auf dem geistigen Weg gibt es ja viele Aspekte, die man beachten sollte, müsste, könnte. Ein wichtiger Aspekt ist immer das Gefühl. Wonach entscheidet man sich, wonach trifft man seine Entscheidungen im Leben? Mit dem Verstand oder mit dem Gefühl. Wir sind eigentlich immer angehalten worden, nach dem Gefühl kannst du nicht gehen. Sondern du musst es mit dem Verstand machen. Und Gröning hat damals schon gesagt, du musst lernen, wieder auf dein Gefühl zu horchen. Durch das Gefühl wirst du dann vom Göttlichen angeleitet, das Richtige zu tun. Nur so einfach, wie das hier klingt, ist es dann in der Praxis ja doch nicht. Und so wird man eigentlich, weil man zwischen dem Gefühl und dem Verstand oft einmal hin und her schaltet, doch im Leben ziemlich hin- und hergerissen. Einmal sagt der Verstand mach das, dann sagt das Gefühl wieder, nein mach es nicht und umgekehrt. Und so ist man eigentlich oft einmal, wie ein Segelschiff auf offener See ohne Segel. Und das wird von den Wellen mal auf die eine Seite geschmissen, und dann kommt die nächste Welle, dann fliegt man auf die andere Seite. Und so geht man oft einmal durchs Leben, und hat darauf vergessen, dass man eigentlich auf das

Gefühl horchen muss. Wie ich da gesessen bin, ist mir noch eingefallen, dass wir als Kinder oft einmal so Schattenspiele gespielt haben. Taschenlampe, eine weiße Mauer, dann hat man dazwischen mit den Fingern was auf die Wand gemalt. Vögel, oder Hunde die bellen. Und im Laufe der Zeit, vor allem wie ich da eine Zeit lange herinnen gesessen bin, hat sich das dann weiterentwickelt. Da habe ich keine Schattenspiele mehr gemacht, sondern eigentlich habe ich gesagt, in mir läuft ein Film. In mir gibt es einen Filmprojektor, und dieser Filmprojektor projiziert einen Film nach außen. Durch meine Gefühle, meine Gedanken, meine Einstellungen, Gewohnheiten, durch all das, was ich durch meine Vorleben mitgebracht habe. Habe ich einen Film in mir. Und die Leute, die an mir vorübergehen, das ist die Projektion des Films, den ich in mir selber habe. Und diese Menschen werden dann oft einmal bekrittelt (kritisiert). Und diese Bekrittlung ist eigentlich falsch. Man müsste eigentlich immer nach dem Gefühl gehen und sagen, ist der andere schuld? Oder bin ich selber schuld? Und das ist auch ein Aspekt, den man immer beachten muss. Wenn es um Lösung, um auflösen von Problemen geht. Da muss ich eigentlich immer in mich hineinhorchen, in mich selber hineinhorchen und mich fragen, ja bin ich schuld, oder ist der andere schuld? Und bei einem Vortrag habe ich dann einmal gesagt, habe ich gesehen, dass man das auch anders sehen kann. Der hat keinen Filmprojektor genommen, sondern der hat einen Overheadprojektor genommen. Und hat gesagt, schau durch deine ganzen vielen Leben, und durch deine Vorstellungen, Einstellungen und Gefühle, legst du verschiedene Overheadfolien auf den Projektor. Und einmal kommt die eine Folie zum Tragen, dann kommt wieder die andere Folie zum Tragen. Das ist wieder das Spielchen zwischen Herz und Verstand. Wir haben vieles erlebt, in früheren Zeiten und der Verstand sagt, mei schau, einmal hast du es Klasse gelöst. Und heute ist eine ähnliche Situation, nimmt die Folie wieder her und mach es so wie du es damals gemacht hast. Das Gefühl sagt aber hmm, heute ist es anders. Das war damals gut, aber heute tät ich es nicht machen. Und der Verstand hat gesagt, das ist unlogisch, hat das Gefühl gesagt mache es, der Verstand ist richtig. Und diese Overheadfolien, die sind eigentlich ein sehr guter Vergleich. Wo man früher gesagt hat, ich bin ein Schiff auf offener See. Einmal nehme ich diese Folie her, dann nehme ich wieder die Folie her. Und so tänzelt der Mensch eigentlich immer von einer Verstandesseite auf die andere hin. Und so tänzelt er eigentlich durchs Leben. Und wird eigentlich hin und her geworfen. Würde man felsenfest nur auf sein Gefühl horchen, nur das tun, was einem das Gefühl sagt, was einem der Herrgott eingibt, dann bräuchten wir das eigentlich nicht. So gibt es im Leben, ich sage, das ist kein Tänzeln, sondern das ist oft schon richtig erschreckend. Die eine Folie sagt, mei schön, legt man die andere Folie auf, puh. Und so geht man die ganze Zeit irgendwie so dahin, gestresst durchs Leben. Und das ist für mich, zumindest heute als Gedankenanregung für Sie, so zum Nachdenken, so zum Nachvollziehen. Wie geht man durchs Leben? Mit dem Gefühl mit dem Herzen, oder mache ich alles mit dem Verstand? Und das zu üben, gilt es eigentlich ein Leben lang. Und immer das Gefühl versuchen in den Vordergrund zu schieben. Ich habe für mich zumindest herausgefunden, dass es zwei gute und zwei schlechte Gefühle gibt. Nicht nur eins, sondern zwei. Das eine gute Gefühl kommt vom Verstand, der sagt, hmm damals, das war super, mache es heute wieder. Das Gefühl sagt aber, hmm. Oder umgekehrt, dass der Verstand sagt, das war nicht gut damals, darfst du heute auch nicht machen. Das Gefühl sagt, oh ja, heute schon. Die Schwierigkeit ist für uns heute, den Verstand, also diese beiden Gefühle auseinander zu halten. Und Gröning hat aber gesagt, na ja, wenn du ein Problem hast, etwas lösen musst, dann horche auf dein Gefühl. Und hast du bei diesem Problem, oder bei den Lösungsansätzen, die dann daher kommen, ein gutes Gefühl, immer das erste gute Gefühl. Auf das sollen wir horchen. Bei den Dingen, die dir angeboten werden, wo du ein schlechtes Gefühl hast, das sollst du nicht nehmen. Aber die Unterscheidung zwischen Kopf und Verstand, die muss man trotzdem lernen. So wünsche ich Ihnen für dieses neue Jahr, viel Spaß bei der Lösung dieser Aufgaben. Alles Gute.

Musik: Rybin Chor Moskau Vater unser

Frau Professor Wünsch: Auch ich möchte Sie ganz herzlich begrüßen. Und für das neue Jahr, alles Liebe, alles Gute wünschen. Vor allem, dass es, so wie wir vorher gehört haben, Gefühl und Verstand, dass es ein Jahr wird, wo wir unser Herz sprechen lassen können. Wo wir den Kontakt zu unserem Herzen finden, unser Herz öffnen können. Und wirklich mit dem Herzen, mit der Liebe leben können, lernen können, wachsen können. Und dass wir unseren Verstand, den wir ja brauchen, sonst würden wir in unserem Leben sicher nicht immer bestehen können. Verstand ist wichtig, aber wie Peter gesagt hat, das Gefühl und für mich ist das, das Herz, das Zentrum des Gefühls sollte in unserem Leben an erster Stelle stehen. Es heißt immer, hör auf dein Herz, hör auf dein Gefühl, das ist leichter gesagt und wie tut man das? Ich hab gelernt, wie ich damit umgehen kann. Wie ich den Kontakt zu meinem Herzen bekomme. Und ich möchte heute mit Ihnen diese Übung durchmachen. Und vielleicht kann ich Ihnen helfen, dass Sie dadurch den Kontakt zu ihrem Herzen, zum Gefühl, zur Liebe bekommen. Und dann genau erkennen, ist es der Verstand, oder ist es das Herz, die Liebe, die durch mich strömt. Ich glaube, es gibt, gibt es irgendjemanden im Saal, der Blumen nicht mag? Ich glaube, Blumen mögen wir ja alle. Blumen sind etwas wirklich wunderschönes und ich möchte Sie jetzt bitten, dass Sie mir folgen, und zwar, das nachvollziehen, was ich Ihnen jetzt sage. Wenn Sie jetzt bitte die Augen schließen, sich versenken in ihr Herz. Spüren Sie die Energie in ihrem Herzen. Fühlen Sie die Energie, diese

169

wunderschöne Liebe in ihrem Herzen. Nehmen Sie das Gefühl ganz fest auf. Und dann visualisieren Sie in ihrem Herzen eine wunderschöne Rose. Diese Rose ist groß, strahlend, in ihrer Lieblingsfarbe. Und sie duftet. Und die Rose wächst und nun fühlen Sie in ihr Herz, wie fühlt sich die Energie in ihrem Herzen an, wenn es diese wunderschöne Rose sieht. Achten Sie auf dieses Gefühl. Spüren Sie ihm nach. Dehnen Sie ihr Herz aus, nehmen Sie die Energie der Rose an. Und nun kommt jemand, reißt Ihnen die Rose weg und zertritt sie. Und spüren Sie dieses Gefühl, wie ist es jetzt? Wie reagiert ihr Herz darauf? Merken Sie sich dieses Gefühl. Und ich hoffe, jeder konnte dies visualisieren. Und je öfter Sie diese Übung machen, egal ob es jetzt eine Rose ist, eine Blume ist, ob es ein Tier ist, etwas, was Ihnen lieb und wert ist. Und Sie werden dadurch immer sicherer werden, Sie werden immer mehr auf ihr Herz hören können. Genau die Energie spüren, das ist jetzt schön, das ist die Energie der Rose. Und das ist das, wenn mir die Rose weggenommen wird, wenn sie vernichtet wird. Ich hoffe, es ist Ihnen gelungen, wenn es eine Frage dazu gibt?

Unbekannt: Warum ist die Rose kaputtgegangen?

Frau Professor Wünsch: Damit Sie den Unterschied spüren. Es ist das Schöne, und dann passiert etwas, was nicht schön ist. Was nicht gut ist, was nicht aus meinem Herzen kommt. Ja, und wenn ich jetzt irgendwo den Kontakt aufnehme zu meinem Herzen, ist das jetzt gut für mich, dann spüre ich die Energie der Rose. Dann kann ich in mein Herz gehen. Und wenn ich diese Energie der Rose spüre, dann weiß ich, ich bin im Herzen, in meinem Gefühl. Und wenn ich aber sage, so jetzt ist es kaputt und aus Schluss und weg, dann ist es der Verstand. Konnte ich mich klar ausdrücken, oder gibt es noch Fragen dazu? Wenn Sie das immer öfter machen und immer wieder probieren, dann werden Sie ganz, ganz sicher sein. Wollten Sie etwas sagen? Stimmt es nicht für Sie? Probieren Sie es einmal aus, glauben Sie mir, ich habe es probiert, ich habe es auch weitergegeben. Es ist eine leichte Übung und man bekommt wirklich den Kontakt dazu. Und so bekommt man auch die Sicherheit, dass ich wirklich in der Liebe bin und nicht im Kopf, im Verstand. Es gibt auch immer wieder Situationen, wenn man jetzt z.B. irgendwo hineinkommt und man fühlt sich nicht wohl. Dann gehe ich in mein Herz, dann fühle ich meine Herzenergie, dann geht es mir auch wieder gut. Da kommt dieses Ungute nicht an mich heran. Probieren Sie es einmal. Das Zweite, wenn Sie eine ungute Situation haben und ich muss mich auf ein Gespräch vorbereiten, dann weiß ich nicht sage ich das Richtige? Denn oft sagt man Sachen, die man eigentlich gar nicht sagen will. Wenn sie so herauskommen vom Kopf. Und da bitte ich immer um die göttliche Lösung und dass ich meine Worte über das Herz, dass ich meine Worte mit Liebe aussprechen kann. Und in dem Moment, wo das tief aus mir kommt, da ich ja den anderen nicht verletzen will, dass ich nur meine Meinung sage, aber so dass sie in Liebe hinüberkommt. Dann bitte ich, dass die Energie durch mein Herz fließt und meine Worte durch das Herz kommen. Und dann kann ich sicher sein, dass der andere sich nicht verletzt fühlt, oder beleidigt ist. Und soll das der Punkt sein, dann muss man halt darüber reden und dann hat er halt ein Problem damit. Denn die Liebe ist der stärkste Schutz in unserem Leben, den wir überhaupt nur haben können. Die Liebe und das Herz, das ist die Verbindung zu Gott. Ich habe einen wunderbaren Lehrer aus Amerika gehabt, der hat uns erzählt, dass die stärkste Energie, die stärkste Macht, die Liebe ist. Auch in schwierigsten Situationen. Und er hat uns erzählt, er war einmal in New York unterwegs und da war er in einer Telefonzelle. Und da kamen Menschen, so richtige Hooligans auf ihn zu, und er hat gespürt diese negative Energie. Und er hat richtig Angst bekommen. Das war ein Mensch, der riesengroß und sehr stark. Jedenfalls hat er irrsinnige Angst bekommen, er hat gefühlt, diese Menschen wollen ihm etwas Böses. Und da hat er sich daran erinnert, was er seinen Schülern immer gesagt hat. Und zwar, dass sie in ihr Herz hineingehen, ihr Herz öffnen, Kontakt aufnehmen zu dem anderen Herzen und sagen, ich ehre das Licht in dir. Es muss aus dem Herzen kommen. Und da passieren Wunder. Und ich bin ein neugieriger Mensch, und ich muss natürlich immer alles ausprobieren. Und ich habe es dann auch ausprobiert. Und ich habe herausgefunden, es hilft wirklich. Nur muss man es mit dem Herzen tun. Es muss wirklich nicht von Verstand, dass ich sage, ah jetzt sage ich, ich ehre das Licht in dir, und dann passiert nichts. Es muss wirklich hier herauskommen, es muss wirklich, ich ehre das Licht in dir. Jeder Mensch hat ein Licht in sich. Bei einem ist es ganz klein, bei dem anderen groß. Aber es ist da. Und dann bin ich einmal mit meinem Mann, sind wir auf einer Straße gefahren in Wien, wir waren da ziemlich flott unterwegs. Ist er bei drei Kreuzungen schon bei Gelb drübergefahren. Dann sind wir oben gewesen auf einem Berg, er will wieder drüberfahren, sage ich, du fahr langsam, hinter uns kommt eine weiße Maus. Ja er bleibt stehen und da war die weiße Maus schon da. Er ganz zornig, wirklich er hat eine Energie gehabt, Fenster runter, Papiere. Und ich hab mich hingesetzt und habe mich konzentriert und gesagt, ich ehre das Licht in dir. Und dann hat der Mensch gesagt, kann ich ihre Papiere sehen? Nochmal wiederholt, ganz sanft. Mein Mann hat ihm die Papiere gegeben und er hat gesagt, wissen Sie, warum ich Sie jetzt aufgehalten habe? Mein Mann sagt, ich glaube, ich bin bei Grün blinken hinübergefahren. Sagt er nein, Sie sind schon zwei Mal bei Gelb hinübergefahren, bitte achten Sie beim nächsten Mal darauf. Gibt die Papiere zurück und wir sind gefahren. Und mein Mann schaut mich an und sagt, was hast du denn jetzt gemacht, weil der hat sich ja so verändert? Ich habe zurückgeschaut, der ist auf seiner weißen Maus gesessen und hat uns so nachgeschaut. Er hat typisch nicht gewusst, was jetzt mit ihm passiert ist. Und ich habe gesagt, ich habe sein Licht geehrt. Und sein Licht ist in diesem Moment, ist gewachsen und hat die ganze Aggression weggenommen. Also, dass wenn es wirklich aus dem Herzen kommt, probieren Sie es aus. Es muss aber aus dem Herzen kommen. Ich ehre das Licht in dir. Sie werden Wunder erleben. Sämtliche Aggressionen verschwinden. Es gibt keine stärkere Macht, die Aggressionen wegnimmt, als die Liebe. Das ist etwas, was ich oft probiert habe, in irgendeiner Situation, das hat mir immer geholfen. Und wenn ich nicht gut drauf war, und ich konnte mein Herz nicht genau öffnen, wirklich nicht öffnen, so dann na ja so dann habe ich es gelassen. Dann habe ich um die göttliche Führung gebeten. Dann habe ich es nach oben abgegeben, und habe gebeten, dass ich die Worte bekomme, die die richtigen sind. Dass das Beste passiert für all die Menschen, die um mich sind. Und die göttliche Lösung für all die Menschen, die mit diesem Problem, oder mit dieser Situation, oder in dieser Situation eingebunden sind. Und damit habe ich nichts manifestiert, ich habe nicht gewünscht, dass das oder das passiert. Denn ich kann nicht wissen, was für den Anderen gut ist. Ich weiß es oft nicht einmal für mich selber, weil ich ja noch nicht so weit bin, dass ich weiß, wie meine Zukunft aussieht. Ich kann nur darauf zu arbeiten. Dass ich in mein Herz gehe, dass ich meinen göttlichen Weg hier auf Erden erfülle. Dass ich meine Aufgabe hier lerne. Aber wie ich das tue, ich kann immer nur darauf vertrauen, und bitten um die göttliche Führung. Und das ist etwas, was ich Ihnen sehr ans Herz geben möchte. Immer um die göttliche Führung bitten, in ihr Herz hineinfühlen, und Sie werden sehen, es passiert Ihnen wirklich nichts mehr. Sie bekommen immer die Lehren, immer die Hinweise, die Sie brauchen. Wenn es auch nicht immer die Hilfe ist, die man sich wünscht. Aber Sie können sicher sein, dass es in Zukunft gesehen immer das Richtige war. Und es gibt auch nichts Negatives auf der Welt, was nicht im Grunde genommen etwas Positives hinten an hat. Das ist dann das Geschenk, wenn wir mit dem Negativen gut umgehen. Wenn wir nicht in die Negativität fallen, sondern eben versuchen in die Liebe zu gehen, in unser Herz. Und ich wünsche Ihnen ein wunderschönes Jahr in Liebe, in Freude. Ein lebensbejahendes, fröhliches Leben, danke.

Fredy: Danke schön.

Musik: Nana Mouskouri Recuerdos

Fredy: Liebe Freunde, auch ich möchte Sie recht herzlich begrüßen. Und ein gutes, gesegnetes neues Jahr wünschen. Ich hab mir heute vorgenommen, es gibt Dinge, die soll man immer wieder bedenken, immer wieder wiederholen, damit man sie nicht vergisst. Und da gibt es so wichtige Aussprüche von Bruno Gröning, z.B. der Geist bestimmt die Materie. Was ist denn der Geist, meine Freunde? Das wollen wir einmal überlegen. Man sagt, oder man ist überzeugt, selber ist man ein verkörpertes Geistwesen. Das ist der eine Teil. Der zweite Teil ist der, dass wir wissen, dass wir ständig geistige Tätigkeiten verursachen oder veranstalten, auch wenn wir das gar nicht so genau nehmen. Und diese geistigen Tätigkeiten sind die Gedanken. Ständig durchfluten Gedanken unser Bewusstsein. Und da müssen wir sehr achtgeben, denn Bruno Gröning hat gesagt: „Wie der Wille, so der Gedanke!"

Deshalb wir dürfen nicht leichtsinnig mit unseren Gedanken, mit unseren Gefühlen umgehen, sondern wir sollen ständig kontrollieren, was wir denken. Damit wissen wir auch, was wir wollen. Natürlich will der Mensch das Gute. Er will ja positiv sein, aber dann kommen Ereignisse, dann kommen auch Schicksalsschläge, meine lieben Freunde. Wo der Mensch wirklich kämpfen muss, positive Gedanken zu haben, vertrauensvolle Gedanken. Und das ist so wichtig, dass immer wieder Bruno Gröning gesagt hat und dass er uns darauf aufmerksam gemacht hat, wie wichtig das Denken und das Fühlen und dann auch das Handeln ist. Und wie notwendig es ist, das Wort, vertraue und glaube, in die Tat umzusetzen. Was heißt denn, vertraue und glaube in jeder Situation? Auch in der schwierigsten Situation sollen wir lernen, Vertrauen zu haben. Sollen wir üben, zu vertrauen. Und das ist nicht immer einfach, weil immer wieder die Logik uns da hineinpfuscht. Wenn es uns nicht gut geht, wenn wir schwach sind, wenn wir Schwierigkeiten haben, dann sagt uns die Logik, ja was glaubst denn? Schau dich doch an, du armer Wicht. Wie du aussiehst, was brauchst denn du Vertrauen und Glauben? Du siehst doch, wie schrecklich, es dir geht. Und dann kommt die Antwort, vertraue und glaube, es hilft, es heilt die göttliche Kraft. Und da sind wir an einem Punkt angelangt, wo man fragen muss, was heißt denn die göttliche Kraft, meine Freunde? Was hat er denn mit der göttlichen Kraft gemeint? Wie sollen wir sie denn empfangen? Wie soll man sich dazu einstellen? Denn er hat auch gesagt, wenn wir uns richtig einzustellen wissen, kommt auch die Hilfe. Und da haben wir wieder ein Problem, wie sollen wir uns richtig einstellen? Besonders dann, wenn es den Menschen nicht so gut geht. Wie sollen wir vertrauen und glauben, wenn der Körper die gegenteiligen Signale aussendet? Und da bin ich jetzt drauf und dran, das einmal ganz ernstlich auszuprobieren. Wie stelle ich mich ein? Was muss ich denken? Was muss ich fühlen, um Hilfe zu bekommen? Ja, meine Freunde, das ist eigentlich die geistige Aufgabe von uns. Und Bruno Gröning hat es ja auch gewusst, wie schwer es ist, wirklich zu vertrauen und zu glauben. Weil er gesagt hat: „Solang es Ihnen nicht möglich ist, selbst zu glauben, selbst zu vertrauen, will ich für Sie glauben!" Das war damals, meine Freunde. Und damals sind ungeheure Dinge, gute Dinge passiert. Damals sind Heilungen zustande gekommen. Von denen wir heute nur träumen können, meine Freunde. Ja, der Mensch hat allerdings einen Fehler gemacht. Den Fehler gemacht, dass er sich immer auf Bruno Gröning verlassen hat. Wenn irgendein Problem aufgetaucht ist, ahh der Gröning wirds schon machen. Und das war der große Fehler. Weil er wollte ja, dass wir lernen und nicht dass wir uns auf ihn verlassen. Auf einem Tonband, in einem Vortrag hat er gesagt: „Liebe Freunde, ich hör immer nur Gröning, Gröning, Gröning. Aber Sie sollen es ja selber aufnehmen. Sie sollen ja diejenigen sein, die das Gute aufnehmen. Und das Gute in dem Körper wirken lassen!"

Ja, aber es war damals in einer Zeit um 1950 bis 59, wo die Menschen vom Geistigen noch keine Ahnung hatten. Zumal im Gegenteil eher glaubenslos, eher hoffnungslos, eher verzweifelt, nach dem furchtbaren Krieg. Und daher ist Bruno Gröning gekommen, um den Menschen geistig zu helfen. Und jetzt sind jedenfalls fünfzig Jahre vergangen, sogar mehr als fünfzig Jahre. Weil 1949 waren ja die großen Heilungen am Traberhof. So ist es von der Reporterin Frau Ilgner, so eindrucksvoll geschildert worden. Und da ist der Mensch, da ist die Zeit so, da sind die Behörden verkehrt gepolt gewesen. Verkehrt gepolt deshalb, weil sie geglaubt haben z.B. das ist Hypnose, das ist Einbildung oder das ist jemand, der das Volk aufwiegeln will. Merkwürdigerweise ist damals ein Film gedreht worden. Ein Film, wie Bruno Gröning die Menschen geheilt hat. Ich will nicht sagen, behandelt hat, das ist ganz was anderes. Er hat niemanden angegriffen, hat niemanden berührt. Aber mit Vorstellungen sind sie da gekommen. Und dieser Film ist zwei oder drei Mal öffentlich gelaufen und dann wurde er eingezogen. Wurde von den Behörden verboten. Unter dem komischen Aufwand, das ist Volksaufwiegelung. Unter dieser komischen Begründung. Heutzutage verstehe ich überhaupt nicht, warum das Volksaufwiegelung sein soll, wenn jemanden geholfen wird. Jetzt, wenn jemand die Kräfte hat, weil er die Heilwelle, die heilende Strahlung aussenden kann, aber man höre und staune, dieser Film befindet sich in Berlin, im Zentralarchiv unter der Bezeichnung, Volksaufwiegelung. Noch heute, meine Freunde, haben sie Angst vor der geistigen, irgendetwas körperliches, ein

176

körperliches Problem kommt, dann zu glauben und dann zu vertrauen, dann zu wissen, es geht wieder vorbei. Es kommt die Hilfe. Das ist ja das Problem, was uns Bruno Gröning gelehrt hat, das müssen wir lernen. Das müssen wir befürworten, meine lieben Freunde. Sonst ja, was soll ich sagen. Sonst gehen die Probleme nicht weg und dann kann man, so wie manche Menschen sagen, ja da kann mir Gott auch nicht helfen. Ja bitte, das ist auch schon ein Zweifel. Die Menschen haben eine ganz verkehrte Vorstellung von Gott selbst.

Beispiel, bei der vergangenen Katastrophe, heißt es immer, ja wenn es einen Gott gibt, wie kann er so etwas zulassen? Und da wissen wir wieder, dass die Leute, eine falsche Vorstellung vom All- mächtigen haben. Das, was geschehen ist zu Weihnachten, ist eine ganz normale für die Erde, eine ganz normale Sache, die sich jederzeit wiederholen kann. Die Menschen sind so, so vertrauens- selig, so leichtsinnig meine Freunde. Sie wissen, dass immer wie- der Erdbeben kommen in dem Raum. Aber sie sind nicht fähig zu sagen, wir bauen unsere Häuser so, dass uns eine Flutwelle nicht erreichen kann. Also es ist der Mensch selbst, der zum Teil diese Katastrophen mit verursacht. Und dann beschwert er sich bei Gott selbst. Obwohl er genau weiß, oder wissen müsste, dass wir auf einem wilden Planeten leben, meine Freunde, wilden Planeten. Wo jederzeit eine noch viel größere Katastrophe über die leichtsinnigen Menschen hineinbrechen kann. Es hatte schon immer wieder furchtbare Katastrophen gegeben. Bevor es Menschen gab, gab es Katastrophen. Und unter anderem hat es ein Wissenschaftler, z.B. gesagt, alle, durchschnittlich natürlich, alle dreihunderttausend Jahre, wird die Erde von einem großen Asteroiden getroffen. Das weiß ich ab und zu, aber er hat es zugegeben. In diesem Fall würde eine Milliarde Menschen das nicht überleben. Also bitte, seien wir dankbar, solange wir leben dürfen, dass es uns gut geht. Danken wir Gott und lassen wir alle Zweifel, alle Vorwürfe, alle Vorstellungen weg, wenn wir Hilfe brauchen. Und lassen wir vor allem die Logik weg. Lassen wir noch, wenn möglich, die ärztliche Diagnose weg. Natürlich, wenn wir ärztliche Hilfe in Anspruch nehmen, aber manche Diagnose ist fast ein Todesurteil. Und wenn man dem nachgeht, na bitte, dann können wir nicht die göttliche Heilkraft, die göttliche Heilsendung empfangen. Und daher ist es so notwendig, dass wir endlich das für uns selbst tun, was Bruno Gröning immer wieder gesagt hat: „Vertraue und glaube!"

Und das ist der Kernsatz, meine Freunde. Und das ist jenseits jeder Logik. Jenseits jeder Überlegung, jenseits jedes Gefühls. Keine Zweifel, wenn es heißt, vertraue und glaube, es hilft, es heilt die göttliche Kraft. Und da kommt dann die Frage, ja aber, warum bei mir nicht? Gute Frage, die kann man nicht beantworten. Die müssen wir Gott überlassen, was er mit uns vorhat, in Zukunft. Aber das ist eine große Prüfung, vertraue und glaube. Eine ganz, ganz große Prüfung, die jeder von uns auf irgendeiner Weise bestehen muss, oder nicht besteht. Wenn man es nicht besteht, dann muss man die Folgen tragen. Es hat ein neues Jahr begonnen, meine Freunde. Am Neujahr hat man verschiedene Vorsätze. Aber der wichtigste Vorsatz, der lebensnotwendige Vorsatz ist der, dass man lernt, in jeder Situation, zu vertrauen und zu glauben. Zu glauben bis zur letzten Stunde. Warum hab ich das jetzt gesagt? Zu vertrauen bis zur letzten Stunde, weil es ist ja nur die letzte Stunde des Körpers. Aber nicht die letzte Stunde des Geistes. Und wenn man sich z.B. Gott gegenüber vertrauensvoll zeigt, so wird die letzte Stunde des Körpers ein wunderschönes Erlebnis für den Geist. Bruno Gröning hat gesagt, er freut sich schon heute, hat er damals gesagt, wenn er diese Erde verlassen darf und in die geistige Welt hinüberwechseln darf. Also wir sollen auch dem Gegenüber offen sein. Und auch das Gott übergeben, wie das jetzt geführt wird. Es gibt Menschen, die wehren sich bis zur letzten Sekunde den Körper zu verlassen und das ist eine Tragödie für die

Seele, weil sie dann nicht weiß, wo sie landet. Bruno Gröning hat damals gesagt, er besucht sehr, sehr die Friedhöfe, weil da sind so viele Verstorbene, also geistige Wesen am Grabstein und warten auf das jüngste Gericht. Und da hat er sehr, sehr viele Aufklärungsarbeiten geleistet, um diese Seelen ohne Körper mitzuerlösen. Zu lösen, zu lösen von einer Vergangenheit. Und wenn der Mensch die richtige Einstellung hat, so wird die letzte Stunde ein wunderschönes Erlebnis. Und wenn der Mensch die verkehrte Einstellung hat, so wird die letzte Stunde der Beginn einer Qual. Also man kann wählen.

Meine Großmutter mütterlicherseits, war eine sehr fromme Frau. Und ihr Enkel war daheim, und plötzlich sagt sie: „Du sage der Mama, sie soll in den ersten Stock gehen., ich gehe sterben." „Jetzt gehe ich sterben", hat sie gesagt. Und ist hinaufgegangen und dann ist ihre Tochter gekommen und hat zum Enkel gesagt: „Wo ist denn die Oma?" Und er hat gesagt: „Ja, sie hat gesagt, sie geht sterben." Und da hat der einen Butzen (Ohrfeige) bekommen. „Du blöder Kerl", hat sie gesagt, „wie kannst du so was sagen." Dann ist sie hinaufgegangen und vor der Tür, wo sie gewohnt hat, die Oma, ist sie gelegen. Friedlich gelegen und hinübergegangen ohne Schmerzen, ohne Streit, ohne Probleme. Weil sie geglaubt hat, so muss man glauben. Das ist ein anderes Leben, man muss an sich Selbst glauben, dass man ein unsterbliches Geistwesen ist. Und Bruno Gröning hat gesagt, unter anderem, wenn man die Belastungen abgeben kann, bevor man hinübergeht, so ist das die größte Heilung, geistig gesehen, weil der Mensch, der geistige Mensch dann frei ist. Und dann ist es noch was, dann war der Bruno da und jetzt ist er doch gestorben. Also hat er nicht helfen können. So falsch ist der Mensch gepolt. So falsch ist die Einstellung des Menschen, dass er immer nur noch das irdische Gewand sieht und nicht weiß, dass er auch ein geistiges unsterbliches Wesen ist. Dass man sich auch Gott anvertrauen kann. Also meine lieben Freunde,

179

nehmen wir das, was Bruno Gröning uns gelehrt hat ernster. Viel, viel ernster und sehen wir nicht über die Tatsachen hinweg, dass wir in jeder Lebenslage lernen müssen, lernen sollen, lernen dürfen. Das Leben ist in Wirklichkeit eine Vorbereitung auf die Ewigkeit von uns. Auf die ewige Seligkeit oder auch auf die ewige Verzweiflung. So wie wir es wollen, so geschieht es. Wie der Wille, so der Gedanke, hat er gesagt. Der Gedanke bewegt den Menschen zur Tat. Und dann noch, willst du das Göttliche erleben, so musst du danach streben. Ja, aber was ist das Göttliche? Das Göttliche ist kein Reichtum. Das Göttliche ist keine irdische Einbildung. Das Göttliche ist jenseits von Zeit und Raum. Das Göttliche steht uns jederzeit zur Verfügung. Man muss es nur annehmen, man muss es nur finden, man muss es nur fühlen. Aha, jetzt ist die Kraft da. Jetzt nehm ich die Kraft auf. Aha, jetzt geb ich mich der Kraft und der Heilung hin. Egal was gehört wird bei uns. Egal ob der Geist geheilt wird. Egal ob das Gefühl geheilt wird. Egal ob uns unsere Unzulänglichkeiten geheilt werden. Wir bekommen die Heilung, wenn es uns gelingt, von allem loszu-lassen, was Probleme macht. Das ist die Botschaft von Bruno Gröning. Und darum wollte ich, musste ich das wirklich heute noch einmal wiederholen. Dass wir aufwachen, aus der irdischen Blindheit. Dass wir aufwachen, aus der körperlichen Begrenztheit. Und dass wir uns über diese Begrenztheit, innerlich erheben. Das ist notwendig, das ist die Botschaft. Nicht nur von Bruno Gröning, das ist auch die Botschaft von Jesus Christus. Das ist die Lehre Gottes. Mehr will er ja gar nicht. Mehr erwartet er nicht von uns, als in Harmonie mit ihm zu Leben und mit ihm zu schwingen, meine Freunde. Ja, so ist das. Und da wollen wir, ich muss Ihnen sagen, ich muss fast darum bitten, dass Sie sich innerlich umstellen, dass Sie sich innerlich einstellen, dass Sie sich innerlich einstellen auf ihre eigene Realität, die geistige Realität, meine Freunde, nicht die Irdische. Und so wollen wir das neue Jahr, mit dem Bewusstsein beginnen, dass wir immer wieder danach trachten, das Geistige zu realisieren. Das Geistige in uns zu erkennen. Das Geistige in uns anzuerkennen und zu wissen, dass wir das Göttliche erleben und danach streben sollen. Das Göttliche beinhaltet alles, meine Freunde. Alles, was wir brauchen, beinhaltet das Göttliche, wenn wir es nicht nur anerkennen, sondern wir müssen es nur aufnehmen. Das ist das Geheimnis und da wünsche ich Ihnen weiterhin viel Erkenntnis. Viel Liebe, viel Kraft, um das zu meistern, was wir Leben nennen. Danke für die Aufmerksamkeit.

Bulgarischer Nationalchor Otche nash

Fredy: Meine Lieben, da sind wir jetzt geistig zusammen. Jetzt nehmen wir die Kraft auf. Die Kraft des Guten, die Lebenskraft, die harmonische Kraft. Nehmen wir immer mehr und mehr Licht auf, meine lieben Freunde. Immer mehr und mehr Harmonie in uns. Lassen wir alles los was bedrückt. Alles, was noch nicht in Ordnung ist, übergeben wir dem Licht, dem geistigen Licht, auf dass es aufgelöst wird. Und wir spüren jetzt, wie sich die Harmonie in uns sich aufbaut. Wie alles leicht, wie alles locker wird. Alles ist so unwichtig. Das Materielle, das Irdische, das Vergängliche wird unwichtig. Und das Licht wird immer strahlender, und strahlender in uns. Wir nehmen es über den Kopf, über die Hände auf. Und es fließt zum Herzzentrum. Unser starkes Herz, das Eis des Herzens beginnt zu schmelzen. Die innere Verkrampfung löst sich auf, meine Freunde. Und wir spüren es, die Liebe Gottes. Wir spüren die Kraft Gottes. Und wir beginnen über dem Alltag zu stehen. Immer mehr Licht fließt in uns hinein. Immer heller wird unser Herz. Immer heller wird der Raum. Immer ruhiger und ausgeglichener werden alle Anwesenden. Machen Sie sich keine Vorwürfe. Denken Sie nicht an die Vergangenheit. Wir haben alle noch die Chance, das Richtige zu tun. Solange wir von Gott einen Körper besitzen, dürfen wir, können wir, sollen wir das Richtige tun. Nützen wir die Zeit des Lebens, meine Freunde. Die Zeit ist Gott. Jede Sekunde ist Gott. Und lassen wir uns die göttliche Zeit nicht verderben. Erkennen wir die Gnade, dass wir einen Körper besitzen, dass wir einander haben. Dass jeder für den anderen in Freiheit und aus freiem Willen da ist. Jeder für den anderen und alle für alle. Das ist so wichtig auf dieser Welt Licht aufzunehmen. Es ist so wichtig auf dieser Welt Licht auszustrahlen. Es ist so wichtig zu erkennen, dass das Ungute nur ein böser Traum ist. Nur eine Vorstellung, eine falsche Vorstellung der Menschen. Alle sind Kinder Gottes. Und alle sollen das erkennen. Wir stellen uns darauf ein, dass dieses Licht, was wir für uns aufgenommen haben hinausgeht. Dass die Menschen, auch die anderen Menschen, die gleiche Idee erkennen. Jetzt hab ich eine Idee gehabt sagen sie, dann hab ich ganz eine neue Idee gehabt. Und das ist das Gute, meine Freunde. Lebet im Licht, lebet im Frieden, lebet die geistige Liebe, lebet die Harmonie. Das ist mein innigster Herzenswunsch. Bis zum nächsten Mal, danke.

Frau Professor Wünsch: Es gilt danke zu sagen, alle, die uns heute gute und wichtige Worte gegeben haben. Es ist viel über Gefühl, über Liebe gesprochen worden. Und ich kann nur eines sagen, ich durfte es erleben, Gott ist die Liebe. Und deswegen hat diese Liebe so eine enorme Kraft. Und Ausstrahlung und kann alles bewirken, aber dessen müssen wir uns bewusst sein und bewusst in der Gegenwart Gottes leben. Denn Gott ist alles was um und in uns ist. Dieses Bewusstsein allein, wird uns dort hinbringen, wohin wir gehören, nämlich zu Gott. Ich möchte noch Sie erinnern, dass wir am 19. Februar wieder hier eine Gemeinschaft haben. Und ich freue mich schon, dass wir uns wiedersehen. Auf Wiedersehen.

Mitschnitt vom 19.03.2005 in Judenburg

**Wozu wir dieses Leben haben**

Musik: Stromlied

Herr Wallner: Liebe Freunde ich darf Sie alle recht herzlich begrüßen. Ich freue mich, dass ich heute wieder unter euch sein darf. Und ich glaube, es geht euch genauso, wenn wir wieder einige Wochen, Monate mal nicht zusammenkommen können. Dann spüren wir ganz genau, wie wichtig für uns, diese Konzentration ist. Dass wir wieder zur Verfeinerung der wunderbaren Christuserkenntnisse kommen, die unser lieber Herr Hosp, hier verständlich macht. Es ist ja so schade, dass hier soviel Arbeit zu tun ist, dass wir wirklich sehen, was eigentlich unser Leben bedeutet. Dass das Erkennen des wahren Lebens, dass wir das erst ausgraben müssen, ist das eine, möchte fast sagen eine Schande. Dass man uns zu so armselige Wesen erzogen hat. Wenn wir dahinter kommen, was es bedeutet, die Erkenntnisse des Christuslebens, dass wir ja alle anstreben sollten, und zwar das ist das normale, das ganz vernünftige normale Leben des Menschen, dass es sein soll. Die Erkenntnis, was beutet Christus. Den ganzen Humbug (Schwindel) den man uns anerzogen hat, mit dem wir nicht viel anfangen können. Deshalb ist es für uns sehr, sehr wichtig, diese Zusammenkunft. Und dass wir unseren wunderbaren Obmann hier haben, der uns hier das, die Verfeinerung durchführt, zeigt und sagt, durch unser Weg, durch unsere Zeitung, durch seine Worte, dass wir erfahren dürfen, welch große Chancen wir haben. Wenn wir richtig denken, wenn wir richtig tun, was wir alles selbst erledigen können, selbst erreichen können. Und da möchte ich euch alle dazu aneifern und euch sagen, tragt den Verein in das, was uns hier gesagt, was uns hier gegeben wurde. Dieser christliche Weg, ist so wunder-

bar und ist so großartig, und wenn wir auch langsam vorwärts-
kommen, aber wir kommen vorwärts und wir haben einen ganz
schönen Vorsprung. Dazu möchte ich alle herzlich begrüßen und
möchte ich sagen, passt gut auf, macht die Ohren auf und hört mit
den Ohren. Und nehmt den Kopf wirklich zum Denken. Dieser
wichtigen Sache, die für uns ganz große Wunder vollbringt.

Fredy: Und fühlt mit dem Herzen.

Herr Wallner: Ja und fühlt mit dem Herzen. Das ist das Wichtigste,
wenn wir mit dem Herzen dabei sind und uns hineinfühlen können,
hineindenken, in all das, was wir hier hören. Wird unser Leben von
einem zum anderen Mal entschieden reicher. Nicht wenn wir hier
rausgehen, sagen, so jetzt ist eh wieder alles vorbei. In einem
Monat kommen wir wieder zusammen. Dann ergründen wir, was
hier gesagt wird, wir kriegen nur einen Mercks möchte ich sagen,
dass wir aufmerksam gemacht werden. Hier ist etwas, dass zu
holen ist. Dann müssen wir selber bitten darum, dass wir
Erkenntnis bekommen. Dass uns das gegeben wird, was wir brauchen und dass das kommt, was für jeden einzelnen von Bedeutung
ist. Dazu möchte ich noch sagen, wir kommen heute wieder ein
Stückchen weiter. Wir sind gerne bereit, zu marschieren. Wir
können auch tun, dass es noch besser verständlich wird. Jeder
einzelne kann mitmischen, du pass auf, hier ist etwas, da musst du
richtig davon abgehen. Das zahlt sich aus. Dein Leben wird viel
schöner, wird viel reicher. Jetzt möchte ich bitten, dass du das
Spielchen weiterführst.

Fredy: Frau Fuchs ich hätte eine Frage.

Frau Fuchs: Ja bitte.

Fredy: Möchten Sie vorher etwas sagen, oder nachher?

Frau Fuchs: Ach derweil habe ich eh schon so viel gesagt,
eigentlich nachher.

Fredy: Machen wir nachher. Also meine lieben Freunde, auch ich
begrüße alle recht herzlich. Und ich hoffe, ihr habt die gleichen

Frühlingsgefühle wie auch ich. Dass wir wieder neu anfangen, dass wir wieder ein Stück von uns selber kennenlernen. Wir wissen, warum wir hier sind, wozu wir dieses Leben haben. Ich hab in den letzten Monaten die Gelegenheit genützt, indem ich immer wieder Ansprachen vom Bruno Gröning abgehört und in mich aufgenommen habe. Und ich hab nicht schlecht gestaunt, was da alles drinnen enthalten ist. Zunächst einmal die Notwendigkeit der inneren positiven Einstellung. Und das ist so ein hartes Erkennen, meine Freunde. Wenn man negativ eingestellt ist, wenn man Angst hat, wenn man traurig ist, oder wenn man sich den Beschwerden hingibt, dann ist die Verbindung zu Gott unterbrochen. Ich möchte dazu etwas sagen, wir leben in Gott, wir leben in der göttlichen Schwingung, wir haben alles zur Verfügung, bis zur wundervollen Heilung. Aber wir müssen das tun. Wir müssen dazu stehen, wir müssen davon überzeugt sein, dass wir die Hilfe bekommen, wenn wir an diese Hilfe glauben. Das ist das Wunderbare und Bruno Gröning hat gesagt, mehr erwartet Gott gar nicht von uns, nur dass wir an die Kraft glauben, dass wir das Gute von ihm kriegen. Dass wir trachten immer in Harmonie zu sein, in innerer Harmonie. Und die Aussprüche vom Bruno Gröning, die müssen wir in unser Bewusstsein eingravieren. Vertraue und glaube, es hilft, es heilt die göttliche Kraft! Aber nur, wenn wir vertrauen, nur wenn wir glauben. Und das ist oft so schwer, wenn wir schwere Zeiten durchmachen. Wirklich zu glauben und wirklich zu vertrauen. Und alles der göttlichen Führung übergeben. Bruno Gröning hat immer wieder fast dasselbe gesagt: „Vertrauen Sie und glauben Sie, dann kommt die Hilfe, dann kommt die Heilung, dann kommt ein positives Leben!" Und es ist interessant, heutzutage neigen die Menschen dazu, das Böse zu bagatellisieren. Sie neigen dazu auch zu sagen, es gibt nichts Böses, es gibt keinen Satan usw. Und das ist die große Gefahr für den heutigen Menschen, dass sie das Böse bagatellisieren. Und dann nehmen sie um so mehr auf. Es gibt z.B.

Leute, in Theorie sagt man das, alles ist in Gott, alles ist eine Schöpfung Gottes, auch das Böse. Und das ist der größte Irrtum, den man glauben kann. Das Böse, der Böse ist nicht die Schöpfung Gottes, sondern es ist die Leistung Gottes. Gott hat das Ungute zugelassen, damit wir anhand unseres freien Willens uns zum Guten bekennen. Ich will gar nicht zu weit ausholen, aber erst will ich das erwähnen aus der Schöpfung. Zunächst war die Schöpfung geistiger Natur. Also vor dem Urknall war die Schöpfung geistiger Natur. Und die sogenannten Engel, das sind die Geister die Gott zuerst geschaffen hat, ja und einer davon ist halt ausgebrochen. Der Intelligenteste ist ausgebrochen. Er wollte Gott gleich sein. Das geht halt einmal nicht, weil er auch ein Geschöpf Gottes ist. Und dieser Erstlingssteig, den wir Luzifer nennen, der ist abgestürzt. Und als Rache gegen Gott will er noch immer die Schöpfung vernichten. Das müssen wir wissen. Aber wir haben genauso den freien Willen von Gott bekommen und wir können bestimmen, ob wir uns verführen lassen, verlocken und verleiten lassen, oder ob wir zum Guten zur göttlichen Kraft stehen.

Ein Beispiel aus der Bibel, das uns schon damals gelehrt wurde, ist folgendermaßen. Jesus Christus hat vierzig Tage gefastet und war er natürlich ein bisserl schwach und ein bisserl müde. Und plötzlich ist ein Mann zu ihm gestoßen und hat gut mit ihm geredet. Er will ihn führen, er will ihm helfen, er hat ihm sogar etwas zu essen angeboten. Und so sind sie einige Zeit als gute Freunde nebeneinander gewandert. Und das Gelände ist bergauf gegangen und der Mann hat Jesus auf einen hohen Berg geführt und hat gesagt zu Jesus: „Siehe, dies alles soll dir gehören, was du siehst, also was du vom Berg aus siehst, aber du musst niederknien und mich anbeten." Und Jesus hat gesagt: „Weiche Satan!" Das ist aus der Bibel überliefert. Und jetzt frage ich, wie oft haben wir Gedanken, uns Gedanken gemacht, Gedanken gesagt, Gedanken, die nicht in Ordnung sind. Und wie oft sagt dieser Geist, der uns verführen will, dies alles soll dir gehören, wenn du mich anbetest. Noch immer, noch immer sollen wir verführt werden, um von Gott abzukommen. Das kann man ja nicht liebe Freunde, das ist traurige Tatsache. Und heutzutage, wenn da so weise Sprüche kursieren, wo es heißt, das Negative stammt aus den Gedanken der Menschen, das ist nicht von Gott. Das heißt, Gott ist die Schöpfung und innerhalb der Schöpfung existiert dies auch. So ist das die größte Verführung, die Luzifer unter die Menschen gestreut hat. Das muss man bedenken. Das meine Freunde, Bruno Gröning hat ganz deutlich gesagt, ganz deutlich: „Der Mensch kann gar nicht denken! Er nimmt nur Gedanken auf!"

Es gibt im Geistigen die gute, die göttliche Sendung und es gibt den unguten, den luziferischen Sender. Und je nachdem, was der Mensch für einen Willen hat, diese Gedanken nimmt er auf. Er sagte: „Der Mensch handelt nach seinem Willen. Wie der Wille, so der Gedanke. Und der Gedanke bewegt den Menschen zur Tat!" Sowohl sichtbar als auch unsichtbar. Es gibt auch unsichtbare Taten. Es gibt Gedanken, es gibt Gefühle, es gibt Vorstellungen. Sowohl positive wie auch negative. Und da soll man so aufpassen, was man für Ideen bekommt, so aufpassen. Von einer Sekunde auf die andere, meine lieben Freunde, können wir oft in Wut und Zorn und Ärger geraten, ohne dass wir eine erklärende Ursache haben. Und da ist wieder einmal der verkehrte Sender eingeschaltet. Und Bruno Gröning war ja und ist ja hellsichtig. Er hat alles gesehen, er hat alles gefühlt. Er hat die Menschen durchschaut. Und da hat er gesagt, z.B. bei einer Gemeinschaft hat er gesagt, und zwar bei einer Gemeinschaft von leitenden Freunden, hat er gesagt: „Meine Freunde, wenn Sie das sehen würden, was ich sehen muss, wenn Sie das riechen würden, was ich riechen muss, Sie würden aufstehen und den Raum verlassen und nicht mehr wieder betreten. Aber ich bleibe bei euch, als Liebe zu euch", hat er gesagt! „Um euch Hilfe zu bringen. Aber ihr müsst das tun, was ich sage, sonst geht ihr in die Irre!" Und diese Worte vom Bruno die sind so eindrücklich, die sind so gravierend. Dass ich mir oft denke, ja warum haben wir das zu leicht genommen in der Vergangenheit? Wir haben es zu leicht genommen. Wir kennen zwar die Sprüche, aber wir kennen nicht die Folgen von dem, wenn wir das nicht tun, was Bruno Gröning zu uns gesagt hat. Daher ist es so notwendig, weil er gesagt hat: „Diese Lehre ist nicht für mich, diese Lehre auch nicht für euch. Diese Lehre ist für den gesamten Erdkreis bestimmt! Dass der Mensch endlich erkennt, dass er bestimmt, was er will, was er aufnimmt, was er sagt, was er weitergibt. Wenn der Mensch das Gute aufnimmt, dann gibt er das Gute weiter! Aber wenn er das Ungute aufnimmt, so gibt er das Ungute weiter und so wird es verbreitet. Der Mensch gibt immer das weiter, was er aufnimmt. Wovon er überzeugt ist!" Aber auch wovor er sich fürchtet, meine Freunde, das ist schuld. Diese Erkenntnis ist so wichtig. Und lassen wir uns nicht von den Massenmedien verleiten, verlocken und ängstlich machen. Wir sind hier in einem Paradies. Bruno hat gesagt, hier in Kärnten, in der Steiermark und in Österreich ist das Paradies. Aber die Menschen müssen sich für dieses Paradies würdig erweisen. Und nicht immer irgendwelche negativen Ängste oder negativen Gefühle aufnehmen. Wir sollen nicht mehr das Ungute beachten. Wir sollen aber auch aufpassen, wenn wir z.B. einen Fernsehkrimi schauen, wo soviel Grausamkeit drinnen ist. Wozu, man sagt das, ist Unterhaltung, aber nachher in der Nacht, fällt einem ja doch ein, was da gespielt wurde und wenn man es beachtet. Also wir sollen viel ernster, viel sorgfältiger mit unseren Gedanken und Gefühlen und Hoffnungen und Ängsten umgehen, meine lieben Freunde. Und wenn der Körper einmal durch jede Menge Auswirkungen schwach geworden ist, so sollen wir trotzdem vertrauen. Trotzdem das ganze Gott übergeben. Und nicht irgendwie hoffnungslos werden. Denn die Hoffnungslosigkeit ist das Falsche, dann ist auch die Verbindung zu Gott nicht mehr

vorhanden. Und es ist doch so, damals wie Bruno Gröning gewirkt hat, durch die falsche Propaganda usw., ist er immer wieder als Wunderdoktor, als Wunderheiler, oder auch als Scharlatan dargestellt worden. Und die Menschen sind eigentlich nur, oft nur gekommen, um geheilt zu werden. Und z.B. eine Frau hat einmal zum Bruno Gröning gesagt: „Wissens was Herr Gröning, reden`s nicht soviel umeinander, tun Sie lieber heilen." Sie hat nicht gewusst und nicht erkannt, dass ja die Heilung eine Folge und auch ein Guthaben für den Weg ist, den der Mensch gehen soll. Früher oder später, gehen soll. Und so hat Bruno Gröning an einer Stelle auf dem Tonband gesagt, die ich auch vorspielen werde: „Solange der Mensch nicht umkehrt, solange der Mensch nicht den Weg zu Gott geht, muss er immer wieder auf dieser Welt verkörpert werden, bis er endlich sich besinnt, den Weg des Guten zu gehen!"
Und einmal ist Bruno Gröning gefragt worden: „Herr Gröning, ist der Mensch der Gnade Gottes teilhaftig? Und wie ist er der Gnade Gottes teilhaftig?" Und da hat Bruno Gröning geantwortet: „Ja, der Mensch ist der Gnade Gottes teilhaftig. Er darf immer wieder mit einem Körper beginnen!" Aber wir sollen danach trachten, dass wir uns die Erinnerung behalten, damit wir immer ein Stück weiter gehen können. Jetzt will ich Ihnen ein Stück von dieser Stelle vorspielen aus der CD.
CD Unbekannt: Wir wissen ja, dass wir nicht nur durch ein Leben miteinander verbunden sind, sondern dass die Verbindung bereits lange anhält. Nur sind uns die Erinnerung an das Frühere genommen worden. Wir müssen erst in diesem Erdenleben lernen, da wieder anzuknüpfen, wo wir einmal gestanden haben.
Bruno Gröning: Ich darf mal kurz unterbrechen, genommen worden? Nein, der Mensch hatte das in dem vorherigen Leben nicht so in sich gefestigt. Er hat nicht so fest daran geglaubt. Und er hat das wieder verloren. Es ist ihm nicht wieder in Erinnerung gekommen. Er hatte das nicht in diesen seinen heutigen Körper hineintragen

können, um dieses seinem Bewusstsein zu übergeben. Nachher ist er unwissend geblieben. Daher sage ich, von nun an wird es Ernst. Ihr müsst das nur richtig verstehen. So ihr das Gute jetzt beherzigt, werdet ihr es immer bei und auch in euch tragen! Und so wie der Wechsel des Körpers vorkommt, werdet ihr es immer wieder mitbekommen und später in einem anderen Erdenleben, wenn ihr wieder einmal auftaucht in einem noch sehr jungen Körper, werdet ihr soviel Gutes, Wahres von euch geben, dass jeder Mensch darüber sprechen wird und auch sagen wird, das ist ein Wunderkind, wohlverstanden, der hat das mitbekommen. Also der hat das in seinem vorherigen Leben in sich zu festigen gewusst. Und das ist das Wichtigste! Und deswegen soll es jetzt ernst werden. Ihr sollt zur wirklichen Tat übergehen und sollt wirklich das tun, was ihr hier zu tun habt. Sonst ist das vergeudete Zeit. Ihr könnt immer wieder zur Erde kommen, immer wieder einen anderen Körper haben und immer wieder wisst ihr von nichts. Immer wieder müsst ihr von vorn anfangen. Ich wollte das nur in kurzen Zügen klarstellen!

Unbekannt: Es ist aber so, und es ist auch sicher, dass wir uns in einem ....... befinden.

Fredy: So, das war die wichtige Stelle, wo der Bruno Gröning ganz genau von der Reinkarnation spricht. Und je öfter wir versagen, weil wir es halt nicht so ernst nehmen. Umso öfter muss der Mensch wieder geboren werden. Und zu mir persönlich hat er in diesem Zusammenhang gesagt: „Wenn der Fredy den Weg bewusst geht, den geistigen Weg, den ich ihm zeige, so wird er das im nächsten Leben bewusst mit sich mitbringen. Er wird genau wissen was vorher war und wird dadurch den Menschen, vielen Menschen helfen können!" Also meine Freunde, unser Weg ist kein Kinderspiel. Er hat an einer anderen Stelle gesagt: „Wir kommen ja nicht zum Kaffeeklatsch zusammen, sondern wir kommen zusammen, um das Richtige, das Wahre zu lernen. Das zu lernen, was der

Mensch lernen muss, um eben geistig zu wachsen!" Und noch etwas hat Bruno Gröning gesagt: „Der Körper ist ein Geschenk Gottes. Der Körper ist die Gnade Gottes, damit wir mit Hilfe dieses Körpers geistig wachsen können!"

Nun muss ich wirklich sagen, sollen wir glücklich sein diesen Körper zu haben. Und dann, zu mir hat er gesagt, was ja damals nicht leicht verständlich war, weil ich ein junger Mann von siebzehn, achtzehn und zwanzig Jahren war. „Auch dein Körper ist ein Geschenk Gottes, so wie er geschaffen ist. Du musst ihn nur annehmen, damit du das Maximum daraus machen kannst. Das ist dein Leben!" Das muss ich betonen. Nicht nur die Lehre von Bruno Gröning, sondern er hat gesagt: „Das ist die Lehre Jesu Christi!" Und er hat weiter gesagt: „Es ist die Lehre Gottes, wie man als Mensch leben soll, leben muss! Leben kann, um das Leben zu erleben und nicht zu verleben!" Das ist so wichtig. Und nun meine Freunde, in den vergangenen Monaten habe ich sehr, sehr viel lernen dürfen, oder lernen müssen, lassen wir das dahingestellt. Aber, ich hab es getan, liebe Freunde. Und drum bin ich so alt, dass ich sage, wir müssen jetzt beginnen, bewusst zu leben. Wir müssen beginnen zu erkennen, was ist Versuchung? Was kommt von der Gegenseite, um uns auf dem Weg herauszukatapultieren.

An einer anderen Stelle sagt Bruno Gröning, wenn wir aufgrund der Versuchung den verkehrten Weg gehen und wir erkennen früher oder später das, was wir falsch gemacht haben, so müssen wir den gleichen Weg zurückgehen bis zu der Stelle, wo wir den guten Weg verlassen haben. Aber jetzt kommt noch was, er hat gesagt, durch die Gnade Gottes, wenn wir wirklich das Gute wollen, wenn wir wirklich zum Guten stehen, wird der Rückweg abgekürzt. Aber, sobald wir das nicht tun, sobald wir uns verlocken und verleiten lassen, muss der Mensch immer wieder von vorne beginnen. Wir sind ein Geschöpf Gottes. Bruno Gröning hat gesagt, wir sind göttlicher Natur, Gott sind wir nicht, aber gött-

licher Natur. Sobald wir das beherzigen, sobald wir unseren Schöpfer anerkennen und zum Schöpfer zurückwollen, gehen wir den richtigen Weg. Aber wie oft werden wir in Versuchung geführt. Bruno Gröning hat gesagt, er selbst wird immer in Versuchung geführt. Jede Minute, jede Sekunde wird er in Versuchung geführt, um den Weg zu verlassen. Und wir werden auch in Versuchung geführt. Ich brauche einmal ein Taschentuch. Ja meine Freunde und daher ist das Leben kein Kinderspiel. Es ist auch keine Unterhaltung, es ist etwas anderes. Es ist die Möglichkeit, das Göttliche in uns zu empfangen, das Göttliche in uns zu erkennen. Es ist sozusagen eine Aufgabe, die wir freiwillig auf uns genommen haben. Also es geht ja noch weiter, das ist ja noch von vorher, von vor der Geburt. Wir sind ja nicht zum ersten Mal hier und auch nicht zum letzten Mal. Und vor der Geburt, wird die Seele, oder das Geistwesen, das verkörpert werden soll, gefragt. Du hast jetzt die Chance das gut zu machen, was du vorher nicht gut gemacht hast. Du hast die Chance, dich zu verbessern. Du wirst in einer Familie geboren, wo du die Chance hast, die genau zu deinen Zwecken, deinen Stärken konform zugeht. Willst du das tun? Weil das Geistwesen genau weiß, was es angestellt hat, vor lauter schlechtem Gewissen, ja ich nehme alles an, ich will wieder geboren werden. So, dann wird also das Wesen verkörpert. Kriegt einen neuen Körper, kriegt einen neuen Verstand. Und dann wird der große Fehler begangen, dass die Programmierung, die Erinnerung weggelassen wird. Und das Kind von außen wieder verlockt und verleitet wird, um das Versprechen nicht einzuhalten.
Bruno Gröning hat eine nette Bekannte gehabt. Sie war in einer reichen Familie. Aber wie es so war, der gute Mann hat daneben gehaut, wie die Männer oft so sind. Und dadurch war sie enttäuscht. Und hat gesagt: „Herr Gröning ich wäre so froh, wenn ich dieses Leben hinter mir hätte." Und der Bruno hat nur geantwortet: „So so und Sie haben am meisten geschrien, dass Sie

wieder geboren werden möchten. Also machen Sie weiter, verwirklichen Sie das Gute. Denn ihr Mann muss selber für das die Verantwortung tragen, was er tut, oder was er nicht tut!"

Ja, so war das und daher ist es so wichtig, sich als verkörpertes, unsterbliches Wesen zu erkennen. Wir haben vor der Geburt ja zum Schicksal gesagt, mit allen positiven und negativen Aspekten. Also stehen wir dazu, meine Freunde. Machen wir das Beste daraus. Solange, bis Gott sagt, nun ist gut für diesmal, das nächste Mal machen wir weiter, Herr Gott. Und dann muss ich auch noch erzählen, hat Bruno Gröning gesagt: „Mein Freund, der Tod. Wenn ich zu jemanden gerufen werde, um helfen zu sollen, so ist mein Freund der Tod dabei. Und Gott bestimmt, wer stärker ist. Und wenn ich helfen darf, dann zieht sich der Tod zurück. Und wenn das Leben zu Ende ist, dann ziehe ich mich zurück, auf Geheiß Gottes!" Das muss man bedenken. Und einmal da ist Bruno Gröning in einem Sessel gesessen und der Sessel neben ihm war frei. So wie die Menschen sind, kommen sie herein und setzen sich natürlich möglichst nahe zu Bruno Gröning auf den Sessel. Huu, um Gotteswillen wie von einer Tarantel gestochen ist der Mann hochgefahren. Ja, das ist ja eiskalt, was ist denn da los, das ist ja nicht auszuhalten! Hat Bruno Gröning gesagt: „Ja, Sie wollten meinen Freund, den Tod verdrängen, der auf diesem Sessel sitzt!" So meine Freunde genauso, und so bin ich so bereit und bin ich so bestrebt, Bruno Gröning so zu bringen wie er war, was er wollte, was er gewusst hat.

Wir dürfen nicht vergessen, das was Bruno Gröning uns immer wieder gesagt hat und immer wieder auf Tonbändern gesagt hat. Das hören wir richtig, aber in was für einer Form, aber nie so genau, nie so direkt, wie damals, als Bruno Gröning uns belehrt hat. Und damals wie ich zu ihm gekommen bin, das war 1950 und ich war damals siebzehn Jahre alt. Hab mordsmäßig Spastik gehabt, mordsmäßige Verkrampfungen, sodass schon damals mein

Leben zu Ende gewesen wäre, wenn Bruno Gröning mich nicht geführt hätte. Und der eine Arm, der linke Arm, der war immer rückwärts am Rücken. Und ich habe so geschlafen, dass immer der Arm am Rücken war. Bruno Gröning hat gesagt: „Fredy, du musst deinen Arm nach vorne geben. Du musst das zumindest wollen, dass er nach vorne geht!" Herr Gröning, ich kann das nicht. Ich hab das nie gekonnt, habe ich gesagt. Da ist er aber ernst geworden. „Fredy", hat er gesagt, „ich hab einmal deinen Karren aus dem Dreck gezogen. Aber wenn du ihn wieder hineinführst in deinen Dreck, so werde ich ihn nicht ein zweites Mal herausziehen!" Also na gut, habe ich gesagt, ich werde mich bemühen. Aber das Bemühen hat sehr lange gedauert. Aber Sie sehen ja, jetzt habe ich die Hände vorne. Jetzt habe ich die Hände schon mehrere Jahre vorne. Was damals unmöglich war. Und wenn Sie mich damals gekannt hätten, ein Häufchen Elend, gut. Bruno Gröning hat sehr, sehr viel bewegt, nicht nur seelisch, sondern auch körperlich. Und ich bin ungemein dankbar. Und ich bin fest entschlossen, solange Gott das will, diese Lehre, die echte Lehre, die reine Lehre zu verbreiten und das weiterzugeben.

Eine Aufgabe habe ich für diesmal, nach der Lehre, beobachtet euer Denken. Beobachtet euer Fühlen. Beobachtet eure Ängste und Zweifel, und alles was negativ ist, kommt von der unguten, von der bösen Seite. Und da sagte auch Bruno Gröning: „Die Krankheit ist auch das Böse, was die Unordnung im Körper hervorruft!" Und wenn wir Kraft aufnehmen, so sollen wir die Gefühle beobachten, die wir bisher nicht gehabt haben. Neue Gefühle, Gefühle, jeder fühlt das anders. Kribbeln oder Hitze oder irgendwas, nur so können wir erkennen, dass die göttliche Kraft im Körper wirkt. An einer Stelle hat er gesagt zu einem Mann in der Gemeinschaft: „Warum bewegen Sie sich dauernd? Warum sitzen Sie nicht ruhig?" „Ich kann nicht anders", sagt er, „ich muss mich bewegen." „Müssen Sie sich jetzt bewegen? Oder mussten Sie sich schon immer bewegen", war die Frage. „Ja, ich musste mich schon immer bewegen." „Ja warum erzählen Sie mir das, was schon immer war? Sie sollen doch beobachten, was Sie jetzt spüren!" Das war das Ungute, das sollen Sie mir nicht erzählen. Ja so streng war er, so gerecht war er. Und andererseits, so liebevoll ist er noch immer. Wenn wir Hilfe brauchen, wenn wir Hilfe annehmen, wenn wir uns der göttlichen Kraft öffnen, so bekommen wir die Hilfe. Aber wir dürfen nicht feige sein. Wir müssen glauben und vertrauen, dann kommt es. Und noch einmal hat Bruno Gröning ganz energisch gesagt: „So zweifeln Sie doch nicht immer das Gute an! Ich wiederhole. So zweifeln Sie doch nicht immer das Gute an. Denn dann kommt das Ungute!"

Also meine Freunde, ich habe heute einiges klargestellt und ich bitte alle, alle, die da sind, das zu beherzigen. Aber ich bitte auch die Wahrheit den Menschen weiterzugeben, die nach der Wahrheit fragen. Danke für die Aufmerksamkeit. Frau Fuchs, wollen Sie noch etwas sagen?

Frau Fuchs: Ja ich möchte dazu sagen, dass wir den Vortrag, den wir jetzt gehört haben, eigentlich jeden Tag vor Augen halten sollen.

Fredy: Bitte ein bisschen lauter, ich bin ein alter Mann.

Frau Fuchs: Diese Worte sollen wir uns jeden Tag uns vor Augen halten. Und wirklich danach streben, die Versuchung zu erkennen. Meistens erkennen wir es und dann ist es zu spät.

Fredy: Ja ja der schwarze ……, der uns verführt. Den haben wir aber lange Frau Fuchs, den haben wir aber lange, gut.

Frau Fuchs: Danke.

Herr Wallner: In unser Weg ist ein hochinteressanter Artikel, wir werden programmiert, darum möchte ich die Freunde sehr darum bitten, dass Sie diesen  Artikel ganz genau durchlesen. Und sich durch den Kopf gehen lassen, inwiefern das für uns persönlich …... Jeder von uns ist so und so lange bei der Vereinigung. Und hat sich

doch bestimmt ...... durch das, das er mit seinen Gedanken ......
dabei ist. Hat sich doch bestimmt sehr viel verändert auch. Und es
ist sehr gut, wenn wir uns untereinander ein bisschen verständigen,
uns gegenseitig erzählen, was wir da beobachtet haben.

Fredy: Hör mal zu, Hermann, das Problem ist ganz woanders.
Bruno Gröning hat gesagt, wir sollen nicht das Wort, sondern den
eigenen ...... sollen wir in die Tat umsetzen. Damit kommen wir
mit anderen Menschen, ja wieso, ja wieso kannst du das? Wieso
hast du das erreicht, usw.? Allein mit der Theorie nützt das überhaupt nichts, meine Freunde.

Herr Wallner: Deshalb sage ich ja, ich möchte einen Fall, jetzt euch
erzählen. Wie es mir gegangen ist. Im September, wo ich plötzlich
ins Krankenhaus musste. Und zwar ich habe momentan an einem
Vormittag in der Brust einen ziemlich starken Schmerz verspürt.
Und meine Schwiegertochter war natürlich sehr, und meine Gattin
auch, meine Freunde, die mit mir zusammen sind, haben sofort
gesagt, da müssen wir etwas unternehmen. Mal schauen, wo das
herkommt. Natürlich wir hatten angerufen, nachdem ich jahrelang
schon mit dem Herz etwas zu tun habe. Verschiedene Medikamente
nehme. Sodass ich hier über den Berg komme, hat man mich gleich
in den Rettungswagen gesetzt und nach ...... gefahren. Die Fahrt
dahin war natürlich ziemlich ungut. Weil ich das Autofahren in
einem Kastenwagen überhaupt nicht vertrage. Ich bin verkehrt
drinnen gesessen und dementsprechend war das ein Durcheinander
schütteln. Ich weiß nicht mehr wie ich dort angekommen bin. Was
war auf alle Fälle? Ein paar Tage bin ich bewusstlos im Krankenhaus gewesen. Und erst so langsam, sind die Gedanken gekommen,
wer ich eigentlich bin. Ich habe mein Bewusstsein über mich selbst
verloren. Ich wusste nicht, wer ich bin, was ich bin. Ganz langsam
ist das zurückgekommen. Habe ich in Erfahrung bringen müssen,
du hast dir doch irgendetwas aufgebaut. Hast doch einen Beruf
gelernt. Hast in einem Beruf gearbeitet. Das kam so Stück für

Stück, ganz, ganz langsam. Inzwischen sind vierzehn, dreizehn Tage praktisch, wo ich sehr schlecht beisammen war. Und zwei Tage habe ich dazu gebraucht, dass ich wieder praktisch normalisiert worden bin. Nachmittag, den dreizehnten Tag, hat es schon ein bisschen gedämmert. Am vierzehnten Tag in der Früh werde ich wach, habe ein morz (großen), da muss ich allerdings dazu sagen, habe ich mich am Abend in ein intensives Gebet gegeben und habe so richtig vom Herzen heraus gebetet. Dass ich meinen normalen Gesundheitszustand wieder erreichen darf. Am nächsten Tag ging es ganz gut, in der Nacht habe ich sehr gut geschlafen.

Am nächsten Tag bin ich wach geworden, einen Tag vorher musste ich durch zwei Mann, wenn ich auf die Toilette musste, gelenkt werden, sodass ich nicht hinfalle. Zwei Meter hab ich abgewichen von meiner Linie, wo ich hingehen wollte. Am nächsten Tag bin ich wach geworden und habe schon in aller Früh einen anständigen Appetit verspürt. Da es ja noch kein Frühstück gibt heute und der hat nur gestaunt, der war gestern wie ein Halbtoter, heute hat er schon einen morz (großen) Hunger. Auf einmal habe ich verspürt, ich bin eigentlich ganz normal. Eigenartig, das ging so, so intensiv und so gut vorüber alles, als wäre nie etwas gewesen. Ich habe selbst gedacht …… Ich habe markiert, ich habe etwas vorgespielt.

Fredy: Weißt du, was die göttliche Kraft und das Gebet vermag? Was die Menschen immer noch nicht verstehen können, dass der Geist die Materie bestimmt. Das ist unglaublich, wenn man davon überzeugt ist. Wenn man den Geist nicht kennenlernt, dann kommt diese Mulde unter Anführungszeichen zustande.

Herr Wallner: Das war die intensive Einstellung, die Bitte, an Gott, ich möchte voll von Gesundheit sein. Ich hab da sehr gut geschlafen, diese Nacht. Nächsten Tag bin ich erwacht und das war, als wie wäre gar nichts gewesen. Also ich war selbst sehr überrascht, weil ich ja aus einem bewusstlosen und sehr bedrückten

Verstand, plötzlich angekommen bin. Dass ich das Richtige gemacht habe. Das war das Wesentliche.

Fredy: Wir haben das auch kritisch gesagt. Dein Glaube hat dir geholfen. Und das ist es, der Glaube an das Gute. Der Glaube an die Hilfe. Das ist das um und auf.

Herr Wallner: Ich habe ja den Gedanken gehabt, einen Tag vorher. Wenn du von Herzen bittest, wenn es dir so schlecht geht, nur vom Herzen geht es wirklich, mit aller Kraft von innen heraus. Du bittest, dass du gesund sein möchtest, dann wird dir gegeben. Da habe ich den Beweis dafür gekriegt. Ein ausgesprochener Beweis, bitte fasse dich kurz, nichts Unnötiges, du wirst sehen, deine Bitte wird erfüllt. Ich möchte jedem sagen, dass wir da nicht kleinlich im Denken sind, sondern dass wir wirklich überzeugt sind, dass es das auch gibt und dass es auch wirklich richtig stattfindet. Es ist eine wunderbare Kraft. Ich habe das, wenn etwas angekommen ist, dass ich etwas gehabt habe, das mich gestört hat, habe ich das immer gemacht. Und ich kann eines sagen, das ist so. Wir brauchen nur, unser Glaube muss innerlich eine richtige Wahrheit sein. Von innen heraus wahr sein und die Sache funktioniert.

Fredy: Und genau das wollen wir gemeinsam machen, indem wir Musik spielen. Bitte, meine Freunde, stellt euch auf die Kraft ein. …… Stellt euch auf die Kraft ein, glaubt an die Kraft. Vertraut an die Hilfe Gottes. ……, dass geholfen wird. Immer mehr, jede Sekunde. Wenn wir um Hilfe bitten, und wenn wir Vertrauen haben.

Musik

Fredy: Ja meine Freunde, damit wäre für heute die geistige Gemeinschaft 2005 beendet.